LOUISE HAY

삶을 크게 **긍정**으로 바꾸는
루이스 헤이의 행복한 **치유 메시지**

나는 나를 사랑하기로 했다

루이스 헤이 지음 | 엄남미 · 강소진 옮김

나는 나를 사랑하기로 했다

초판 1쇄 인쇄 2022년 12월 7일
초판 5쇄 발행 2025년 4월 22일

지은이   루이스 L. 헤이
펴낸곳   케이미라클모닝
옮긴이   엄남미 강소진
디자인   고은아
편집   김재익
출판등록 제 2021-000020 호
주소   서울 동대문구 전농로 16길 51, 102-604
전자우편 kmiraclemorning@naver.com
전화   070-8771-2052

ISBN   979-11-92806-00-6 (03190)
값   15,800원
Copyright 루이스헤이ⓒ 2022

• 잘못된 책은 구입하신 서점에서 교환해 드립니다.
• 케이미라클모닝 출판사 문에 노크해 주십시오. 어떤 영감과 생각이라도 환영합니다.

나는 나를
사랑하기로 했다

루이스 헤이 지음 | **엄남미 · 강소진** 옮김

THE POWER IS WITHIN YOU
by Louise L. Hay
Copyright ⓒ 1991, Louise L. Hay
Original English Language Publication 1991 by Hay House, Inc., California USA.
Korean translation rights arranged with Hay House, Inc., USA
and Kmiraclemorning Publishing Inc, Korea through Interlicense Agency
이 책의 한국어판 저작권은 Interlicense를 통한 저작권자와의 독점 계약으로
도서 출판 케이미라클모닝에 있습니다.
신저작권법에 따라 저작권 보호를 받는 서적이므로 무단 전재와 복제를 금합니다.

헌사

이 책을 저의 강의를 들으러 오신 모든 분과, 헤이 하우스 직원들, 수년간 편지를 보내주신 많은 분, 그리고 이 책을 쓰는 데 있어 큰 도움을 준 린다 카윈 톰친에게 바칩니다.
여러분 한 분 한 분을 아는 것만으로도 제 마음은 크게 성장했답니다.

추천사

　이 책의 저자인 루이스 헤이는 자신을 온전히 사랑하는 것만이 모든 치유의 시작임을 말한다. 그녀는 스스로를 절대 치유자가 아니라고 말한다. 그 이유는 우리 모두가 밖에서 찾고 있는 그 힘이 이미 우리 안에 있기 때문이다. 그 힘은 우리 스스로를 온전하게 받아들이고 자기 자신을 사랑하는 것이다.

　안타깝게도 우리는 어렸을 때 자신을 사랑하는 것이 얼마나 중요한지 배우지 못했다. 그렇기에 우리는 인생의 한 시점에 이르렀을 때 자신이 누구이며 무엇을 위해 살아야 하는지에 대해 생각하게 된다.
　스스로에게 '사랑해' 라고 스스럼없이 말할 수 있는 이가 얼마나 될까? 너무나 당연해야 할 사랑은 삶에서 뒤로 밀린 채 우리는 계속해서 사랑을 외부에서 찾고 있다.

그렇게 시간과 돈과 에너지를 다 쏟아붓고 난 뒤에야 우리는 뒤늦게 깨닫게 된다. 재정적인 어려움도, 틀어진 인간관계도, 건강 문제도 사실 나 자신을 충분히 사랑해 주지 못한 것 때문이라고.

우리는 현실의 모든 문제의 원인이 내 안에 있으며 그것을 해결할 방법이 바로 자신을 사랑하는 일임을 알아야 한다.

이 책은 우리가 어떻게 스스로를 사랑할 수 있는지에 대한 다양한 방법들을 제시한다. 그리고 우리 자신이 누구이며 무엇을 할 수 있는지를 알려준다. 우리 자신이 누구인지를 깨달을 때 우리 본연이 지닌 힘의 원천인 사랑의 에너지도 깨어나게 된다.

그럼으로써 삶은 다시 활력을 찾고 조화와 균형 속에서 흘러가게 된다. 모두가 바라는 건강하고 평안하며 물질적으로도 풍족한 삶은 우리 안에 사랑을 회복할 때 가능하다.

사랑은 그 어떤 것보다 가장 큰 에너지를 지니며 모든 생명 또는 삶의 원천이다. 사랑은 외부 어디에도 없다! 바로 여러분 안에 늘 자리하고 있으며 깨어나기를 간절히 기다리는 중이다.

루이스 헤이의 책 《나는 나를 사랑하기로 했다》를 통해 우리 모두 안에 잠든 사랑 에너지를 깨우길 바란다.

《더 마스터》 저자 클래스케이

목차

추천사　6
서문　10
소개　12

1부　의식하기

제1장　내면의 힘 · 20
제2장　내면의 목소리 따르기 · 31
제3장　입으로 선언하는 말의 힘 · 44
제4장　과거의 기억 테이프 다시 녹음하기 · 59

2부　장애물 해결하기

제5장　당신을 구속하는 장애물 이해하기 · 82
제6장　감정을 드러내기 · 97
제7장　고통을 뛰어넘는 움직임 · 122

3부   자신을 사랑하기

제8장   나를 사랑하는 방법 · 136
제9장   내면의 아이 사랑하기 · 165
제10장   성장하고 늙어가는 것 · 180

4부   내면의 지혜 적용하기

제11장   번영을 누리기 · 198
제12장   창조성 표현하기 · 217
제13장   가능성의 전체성 · 234

5부   과거와의 이별

제14장   변화와 그 과정 · 252
제15장   서로 사랑해도 안전한 세상 · 263

후기   280
부록   284

서문

이 책에는 많은 정보가 있습니다. 한 번에 흡수해야 한다고 생각하지 마십시오. 어떤 사상은 여러분의 기존 생각과 배치되는 것일 수도 있습니다. 그런 생각들을 먼저 읽고 느껴 보세요. 제가 한 말에 동의하지 않는다면 그냥 무시하세요. 만약 여러분이 이 책에서 좋은 아이디어를 얻어 삶의 질을 향상시키는 데 사용할 수 있다면, 저는 이 책을 쓴 것에 대해 큰 보람을 느낄 것입니다.

여러분이 책을 읽다 보면 '힘', '무한 지성', '무한한 마음', '더 높은 자아', '우주의 힘', '내면의 지혜' 등과 같은 용어들을 많이 사용한다는 것을 알게 될 것입니다. 이 말들은 우주를 운영하는 힘과 여러분 안에 있는 힘이라고 부르는 것에 어떤 제한도 없다는 사실을 알려주기 위함입니다. 만약 어떤 용어가 여러분의 의식을 방해한다면, 스스로 적합하다고 느끼는 다른 용어로 바꿔보세요. 예전에 저도 책을 읽을 때 맞지 않는 용어나 이름이 나오면 제가 더 좋아하는 용어로 바꾸어 쓰곤 했습니다. 여러분도 저와 똑같이 할 수 있습니다.

여러분은 또한 제가 보통 철자와 다른 두 단어의 철자를 쓴다는 것을 알게 될 것입니다. 질병disease을 불편함dis-ease 편안하지 않음으로 표기했습니다. 우리들은 자신과 환경이 조화를 이루지 못할 때 불편함이라는 용어를 씁니다. 에이즈AIDS는 대문자가 아닌 소문자aids로 써서 단어의 힘을 떨어뜨립니다. 이렇게 쓰면 그 단어의 힘을 감소시켜 불편함dis-ease이 됩니다. 이 아이디어는 원래 스테판 피터스Stephan Pieters 목사가 독자들에게 그렇게 쓸 것을 촉구했기 때문입니다. 저의 출판사 헤이 하우스에서는 이 개념을 진심으로 지지하여 독자들에게 알려드리고자 합니다.

이 책은 《치유-있는 그대로의 나를 사랑하라》의 연장선에서 시작되었습니다. 《치유》책을 쓰고 나서 많은 시간이 흘렀고, 새로운 생각들이 많이 생겨났습니다. 과거 수년간 더 많은 정보를 요청한 독자들과 이 아이디어들을 공유하고자 합니다. 생각이 드러나서 몇 년 동안 써온 글들을 나는 여러분들과 함께 나누고자 합니다. 우리가 모두 "밖에서" 찾고 있는 힘이 이미 우리 내면에 있고, 우리가 긍정적인 방법으로 그 힘을 사용할 수 있다는 것을 알아야 한다고 생각합니다. 이 책을 통해서 당신이 얼마나 힘 있는 존재인지 알 수 있기를 바랍니다.

소개

저는 치유자가 아닙니다. 저는 그 어떤 누구도 치유하지 않아요. 저는 사람들이 자기 발견의 길로 가는 데 도움이 되는 디딤돌이라고 생각합니다. 사람들이 스스로 사랑하는 법을 가르쳐줌으로써 그들이 얼마나 놀라운지 배울 수 있는 마음의 공간을 마련해 주는 역할을 합니다. 그게 제가 하는 일의 전부입니다. 저는 여러분들을 지지하는 사람입니다. 사람들이 자신의 삶에 책임지는 것을 돕습니다. 스스로 힘과 내면의 지혜, 힘을 발견하도록 돕습니다. 삶에서 어떤 일이 일어나든 환경과 상관없이 스스로 사랑할 수 있도록 장애물과 장벽을 없애는 방법을 발견하도록 돕습니다. 사람들이 결코 문제를 가지지 않게 되는 것이 아니라 문제에 반응하는 방법을 알려드리고자 합니다. 그것은 큰 차이를 만듭니다.

수년간 고객들과 개별 상담하고, 수백 개의 집중 훈련 프로그램을 전 세계적으로 실행한 결과, 한 가지 치료법이 있다는 것을 발견했습니다. 그것은 바로 모든 문제를 치유할 수 있는 단 한 가지 방법, '자신을 사랑하기'입니다.

사람들이 매일 자신을 더 사랑하기 시작하면, 삶이 어떻게 더 나아지는지 놀랍기만 합니다. 사람들은 기분이 훨씬 더 나아졌습니다. 원하는 직업을 얻었습니다. 필요한 돈을 가지게 됩니다. 관계가 개선되거나 부정적인 기존의 관계가 새로운 관계로 바뀌어 좋은 인연이 시작되었습니다. 치료법은 아주 간단한 전제인 '자신을 사랑하기'입니다. 저는 이 방법이 너무 단순하다는 비판을 받아왔지만, 단순한 것들이 가장 심오하다는 것을 깨닫게 되어 계속 그 말을 반복했습니다.

어떤 사람들은 최근에 저에게 이렇게 말했습니다.
"루이스 헤이, 당신은 저에게 가장 멋진 선물을 주셨습니다. '나'라는 선물을 주었습니다."

우리 중 많은 사람이 자신을 숨기려고 합니다. 심지어 우리가 누구인지도 모르는 채, 그렇게 자신을 알기를 회피합니다. 우리는 자신이 무엇을 느끼는지, 무엇을 원하는지도 모릅니다. 인생은 자기 발견을 위한 항해입니다. 깨달음이란 내면으로 들어가서 우리가 누구이며, 누가 진짜인지를 알아내는 것입니다. 자신을 더 사랑하고 돌봄으로써 더 나은 방향으로 변화시킬 수 있는 능력이 모두의 내면에 존재함을 아는 것입니다. 자신을 사랑하는 것은 이기적이지 않습니다. 자기 사랑은 우리가 다른 사람들을 사랑할 수 있을 만큼 우리 자신을 사랑할 수 있도록 내면을 정화해 주는 것입니다. 우리는 사랑과 기쁨이라는 공간에서 왔기에 정말로 지구의 모든 사람들의 치유를 도울 수 있습니다.

이 놀라운 지구를 창조한 힘은 종종 사랑이라고 불립니다. 창조한 힘 자체가 사랑입니다. 우리는 종종 "사랑은 세상을 잘 돌아가게 한다!"라는 말을 들어왔습니다. 그것은 모두 사실입니다. 사랑은 온 우주를 하나로 묶는 결합체입니다.

저에게 있어 사랑은 깊은 감사입니다. 제가 우리 자신을 사랑하는 것에 대해 말할 때, 각자가 누구인지에 대해 깊은 감사의 마음을 갖는 것을 의미합니다. 우리는 우리의 작은 성격적 특징들, 당혹감, 우리가 잘하지 못할 수도 있는 것들, 그리고 훌륭한 자질들 또한 모두 수용합니다. 우리 자신의 모든 다른 부분을 사랑으로 조건 없이 받아들입니다.

불행하게도 우리 중 많은 사람은 살을 빼거나, 직장을 얻거나, 봉급이 인상되거나, 남자 친구나 그 어떤 것이라도 가져야만 자신을 사랑할 수 있다고 생각합니다. 하지만 그때까지 스스로 사랑할 수 있어야 합니다. 우리는 종종 사랑에 대해 조건을 내겁니다. 하지만 우리는 변화할 수 있습니다. 우리는 지금 여기에서 있는 그대로의 모습을 사랑할 수 있습니다!

지구는 전체적으로 사랑이 부족합니다. 지구 전체가 에이즈라고 하는 불편함dis-ease을 품고 있다고 믿습니다. 그리고 점점 더 많은 사람이 매일 죽어갑니다. 이러한 생리적 도전은 우리에게 도덕적 장벽을 뛰어넘는 기회를 주었습니다. 그리고 종교와 정치의 다름을 뛰어 넘어 우리의 마음을 열 수 있는 기회를 주었습니다. 우리가 서로의 다름을 이해하고 뛰어넘을 때 더 빨리 해결책을 찾을 수 있을 것입니다.

우리는 개인과 세계의 거대한 변화 한가운데에 있습니다. 저는 이 시기에 사는 우리가 모두 이러한 변화의 일부가 되고, 변화를 가져오고, 세상을 예전에 살던 방식에서 조금 더 사랑스럽고 평화로운 삶으로 바꾸기 위해 이 세상을 택해서 살고 있다고 믿습니다. 물고기자리 시대에는 구세주를 "외부에서" 찾았습니다. "나 좀 살려주세요. 나를 좀 구해주세요. 나를 좀 살펴주세요."라고 외치며 "저기 어딘가"에서 찾았습니다. 이제 우리는 물병자리 시대로 이동하고 있습니다. 우리는 이 시대에서 구세주를 찾기 위해 내면으로 들이기는 법을 배우고 있습니다. 우리는 우리가 찾는 힘입니다. 우리는 스스로 삶을 책임지고 있습니다.

만약 여러분이 오늘 자신을 사랑할 의지가 없다면, 내일도 자신을 사랑하지 않을 것입니다. 왜냐하면 오늘 어떤 변명을 하든지 간에, 여전히 내일은 오게 될 것이기 때문입니다. 아마 20년 후에도 같은 변명을 하게 될 것이고, 심지어 이 변명을 평생 하게 될 것입니다.

오늘은 기대 없이 자신을 완전히 사랑하는 날입니다.
저는 우리가 서로를 사랑하며 안전한 세상을 만드는 것을 돕고 싶습니다.

우리가 누구인지 표현하고 판단, 비판, 편견 없이 주변 사람들에게 사랑받고 받아들여질 수 있는 세상 말입니다.

사랑은 가까운 가정에서부터 시작됩니다. 성경은 "네 이웃을 네 몸과 같이 사랑하라."라고 말합니다. 우리는 '네 몸과 같이'라는 마지막 두 단어를 잊어버리는 경우가 너무 많습니다. 우리는 사랑이 우리 안에서 시작하지 않는 한 그 누구도 사랑할 수 없습니다.

'자기 사랑'은 우리가 자신에게 줄 수 있는 가장 소중한 선물입니다. 왜냐하면 우리가 있는 그대로 사랑할 때, 우리는 자신을 해치지 않을 것이며, 다른 사람도 해치지 않을 것입니다. 평화롭다면 전쟁도, 갱단도, 테러범도, 노숙자도 없을 것입니다. 어떤 질병도 어떤 원조도, 암도, 가난도, 굶주림도 없을 것입니다. 그래서 제게는 자신을 먼저 사랑하는 것이 세계 평화를 위한 처방입니다. 평화, 이해, 연민, 용서, 그 무엇보다도 사랑입니다. 우리 안에는 이러한 변화를 일으킬 힘이 있습니다.

사랑은 우리가 분노, 증오, 슬픔을 선택하는 것과 같은 방식으로 선택할 수 있는 것입니다. 우리는 사랑을 선택할 수 있습니다. 그것은 항상 우리 내부의 선택입니다. 지금 바로 이 순간 사랑을 선택하기 시작합시다. 그것은 현존하는 가장 강력한 치유력입니다.

지난 5년 동안 제 강의의 일부였던 이 책의 내용은 여러분 자신에 대해 조금 더 알고, 여러분의 타고난 권리인 잠재력을 이해하기 위한 자기 성찰을 향한 또 다른 전환점입니다. 여러분은 자신을 더 사랑할 수 있는 기회를 얻고 있고, 그래서 놀라운 사랑이란 우주 일부가 될 수 있습니다. 사랑은 우리의 마음에서 시작되고, 그것은 우리로부터 시작됩니다. 여러분의 사랑이 우리가 사는 지구 행성의 치유에 이바지하도록 하세요.

루이스 L. 헤이

The Power is within you

1부
의식하기

우리가 사고와 믿음을 넓힐 때,
우리의 사랑은 자유롭게 흐릅니다
사고를 제약할 때는
마음의 문을 닫게 됩니다.

제 1 장

내면의 힘

내면의 힘에 더 많이 연결될수록
삶의 모든 영역에서 더 많은 자유를 누릴 수 있습니다.

당신은 누구인가요? 이 세상에 왜 왔나요? 당신의 삶에 대한 신념은 무엇인가요? 수천 년 동안, 이 질문에 답을 찾는 것은 내면으로 들어가는 것을 의미했습니다. 하지만 그것들이 뜻하는 바는 무엇인가요?

저는 우리 각자의 내면에는 완벽한 건강, 완벽한 관계, 완벽한 직업으로 우리를 사랑스럽게 인도할 힘이 있다고 믿습니다. 그리고 그 완벽한 상태는 우리에게 모든 종류의 풍요로움을 가져다줄 수 있습니다. 이런 것들을 가지기 위해서는 우리는 먼저 그것들이 가능하다는 것을 믿어야 합니다. 다음으로, 우리는 우리가 원하지 않는 조건들을 만들어 내는 삶의 유형들을 기꺼이 놓아버려야 합니다. 우리는 내면으로 들어가서 우리에게 가장 좋은 것이 무엇인지를 알고 있는 내면의 무한 지성의 힘에 접속합니다. 만약 우리의 삶을 내면에 있는 우리를 사랑하고 지탱해주는 위대한 힘에 맡기고자 한다면, 더 많은 사랑과 번영의 삶을 창조할 수 있을 것입니다.

저는 우리의 마음이 항상 무한한 마음과 연결되어 있다고 믿습니다. 그러므로 모든 지식과 지혜는 언제든지 이용할 수 있습니다. 우리는 우리를 창조한 이 우주적인 힘인 무한한 마음에 연결되어 있습니다. 이 보편적인 힘이 우리 안에 있는 빛의 불꽃을 통해 우리를 창조한 것입니다. 상위 자아自我 혹은 내면의 힘을 통해서 말이죠. 이 보편적인 힘은 그가 창조한 모든 것을 사랑합니다. 그것은 선善을 위한 힘이고, 우리 삶의 모든 것을 시휘합니다. 사랑의 힘은 증오, 거짓말, 처벌하는 법을 모릅니다. 힘은 순수한 사랑, 자유, 이해, 연민입니다. 삶을 더 높은 차원의 자아에 넘기는 것이 중요합니다. 왜냐하면 우리는 상위 자아로부터 행복을 얻기 때문입니다.

우리는 이 힘을 어떤 식으로든 사용할 수 있다는 것을 이해해야 합니다. 만약 우리가 과거에 살기로 선택하고, 과거로 거슬러 가서 모든 부정적인 상황과 조건들을 다시 반복한다면, 그때 당시의 부정적인 상황에 갇히게 됩니다. 만약 우리가 과거의 희생자가 되지 않기로 의식적으로 결심하고, 우리 자신을 위해 새로운 삶을 창조해 나간다면, 우리는 내면에 있는 무한한 이 힘으로 지지를 받게 되고 새롭고 행복한 경험들이 펼쳐지기 시작할 것입니다.

나는 두 개의 힘을 믿지 않습니다. 나는 단 하나의 '무한한 영혼'이 있다고 생각합니다. 불운이나 남 탓하기는 모두 쉽습니다. 힘이란 정말 우리뿐이고, 우리가 가진 힘을 현명하게 사용하거나, 아니면 그 힘을 오용하는 것 중 하나입니다. 우리 마음속에 악마가 있나요? 우리가 다른 사람들이 우리와 다르다고 비난하나요? 무엇을 선택해야 하나요?

책임감 대 비난

좋든 나쁘든 삶의 모든 조건은 사고방식, 느낌 유형을 통해 창조하는 데 이바지합니다. 우리가 생각하는 사고들이 감정을 만들고, 그러고 나서 우리는 이러한 감정과 신념에 따라 삶을 살게 됩니다. 감정과 신념들은 삶에서 잘못되고 있는 것에 대해 우리 자신을 탓하기 위해 온 것이 아닙니다. 책임감이 있는 것과 우리 자신과 타인을 비난하는 것의 차이만 있을 뿐입니다.

책임감에 대해서 말할 때, 저는 힘을 가지는 것에 대해서 진심으로 이야기합니다. 비난은 자신의 힘을 타인에게 주어버리는 것입니다. 책임감은 우리에게 삶을 변화시킬 힘을 줍니다. 만약 우리가 피해자 역할을 한다면, 우리는 무기력해지기 위해 우리의 개인적인 힘을 사용하는 것입니다. 만약 우리가 책임을 받아들이기로 한다면, 어떤 잘못된 문제에도 비난하기 위한 시간을 낭비하지 않게 됩니다. 어떤 사람들은 질병, 가난, 또는 문제를 일으키는 것에 대해서 죄책감을 느끼기도 합니다. 그들은 책임감을 죄책감으로 해석

하기로 선택한 것입니다. 어떤 언론에서는 뉴에이지 죄책감이라고 부르기도 합니다

이 사람들은 그들이 어떤 식으로든 실패했다고 믿기 때문에 죄책감을 느낍니다. 왜냐하면 그렇게 하는 것이 그들 자신이 잘못되었다고 만드는 또 다른 수단이기 때문입니다. 제가 말하는 건 그게 아닙니다.

만약 우리가 문제와 질병을 대할 때, 그것을 삶을 변화시킬 기회로 사용한다면, 우리는 힘을 가지게 될 것입니다. 불운을 겪은 많은 사람은 그것이 그들에게 일어난 일 중 가장 놀라운 경험이었다고 말합니다. 왜냐하면 그것은 그들에게 기존의 삶에서 벗어나 다른 삶을 살 수 있는 기회를 주었기 때문입니다. 반면에 많은 사람이 돌아다니면서 이렇게 말합니다.
"나는 피해자야. 슬프지 않나요? 제발, 의사 선생님, 고쳐주세요."
저는 이런 피해자라고 생각하는 사람들이 회복하거나 그들의 문제를 다루는 데 어려움을 겪을 것으로 생각합니다.

책임감이란 상황에 대응하는 우리의 능력입니다. 우리에겐 항상 선택권이 있습니다. 그것은 우리가 삶에서 스스로가 누구인지를 알아차리고, 우리가 가지고 있는 것들을 수용한다는 의미입니다. 그것은 단지 우리가 현재의 위치에 이바지했다는 것을 인정함을 의미합니다. 책임을 지면서 우리는 변화할 힘을 가지게 됩니다. 우리는 "어떻게 하면 이걸 다르게 만들 수 있을까?"라고 말할 수 있습니다. 항상 우리는 모두 개인의 힘이 있다는 걸 이해할 필요가 있습니다. 그것은 우리가 힘을 어떻게 사용하느냐에 달려 있습니다.

우리 중 많은 이들이 역기능적 가정에서 자랐다는 것을 이해할 필요가 있습니다. 우리는 우리가 누구인지 그리고 삶과 우리의 관계에 대해 많은 부정적인 감정을 지니고 있습니다. 저의 어린 시절은 성적 학대를 포함하여 폭력으로 점철되어 있습니다. 저는 사랑과 애정에 목말라 있었습니다. 자긍심이나 자존감 같은 것은 눈을 씻고 찾아볼 수 없었습니다. 심지어 15세 때 집을 나온 후에도 나는 여러 가지 형태의 학대를 경험했습니다. 그때 당시에는 어린 시절에 배운 생각과 감정의 유형이 저에게 학대를 가져온다는 걸 깨닫지 못했습니다.

아이들은 종종 그들 주변에 있는 어른들의 정신적인 분위기에 반응합니다. 그래서 저는 일찍부터 두려움과 학대에 대해 배웠고, 자라면서 저 자신을 위해 그러한 경험을 계속해서 재현했습니다. 저는 이 모든 것을 바꿀 힘이 있다는 것을 확실히 이해하지 못했습니다. 사랑과 애정의 부족은 스스로 나쁜 사람임이 틀림없다고 해석했기 때문에 무자비하게 스스로를 혹사했습니다.

지금까지 여러분이 평생 경험했던 모든 과거의 나쁜 사건은 당신 자신의 생각과 신념에 의해 창조되었습니다. 우리 인생을 수치스럽게 돌아보지 않았으면 합니다. 과거를 삶의 풍요로움과 충만함의 일부로 보아야 합니다. 과거 당신의 삶에서 풍요로움과 충만함이 없었다면, 우리는 오늘 여기에 있지 못했을 것입니다. 여러분이 더 잘하지 못했기 때문이라고 자책할 이유가 없습니다. 여러분은 할 수 있는 한 최선을 다했습니다. 과거를 사랑으로 풀어주고 새로운 인식을 갖게 한 것에 대해 감사하게 생각하세요.

과거는 우리의 마음속에, 그리고 우리가 그것을 마음속으로 바라보기로 선택한 방식으로만 존재합니다. 지금이 우리가 사는 유일한 순간입니다. 지금이 우리가 느끼고 있는 순간입니다. 지금이 우리가 경험하고 있는 순간입니다. 우리가 지금 하는 일은 내일 일의 토대를 마련하는 것입니다. 그래서 지금이 결정을 내려야 할 때입니다. 내일은 아무것도 할 수 없고, 어제는 할 수 없었습니다. 우리는 그것을 오늘 할 수 있습니다. 중요한 것은 우리가 지금 당장 생각하고, 믿고, 말하면서 선택해야 한다는 것입니다.

우리가 우리의 생각과 말을 의식적으로 표현하기 시작할 때, 우리는 사용할 수 있는 도구를 갖게 됩니다. 이것이 단순하게 들리겠지만, 힘의 요점은 항상 현재에 있다는 것을 기억하세요.

여러분의 마음이 통제되고 있지 않다는 것을 이해하는 것이 중요합니다. 당신이 마음을 통제하고 있어요. 여러분의 상위 자아가 통제하고 있어요. 그러니 낡은 과거의 생각은 그만해도 돼요.

여러분의 오래된 생각들이 들어와서 "바꾸기 너무 어려워"라고 말할 때, 정신적으로 명령을 내리세요. 여러분의 마음에 이렇게 말하세요.

"나는 이제 변화하는 것이 점점 더 쉬워지고 있어."

당신은 당신의 마음과 여러 번 대화를 나눌 수 있습니다. 여러분이 생각의 책임자라는 것과 말하는 것이 진심이라는 것을 인정하기 전에 이 대화(변화하는 건 쉬워)를 여러 번 반복해 보세요.

당신의 생각이 물방울 같다고 상상해 보세요. 한 가지 생각이나 한 방울의 물은 별로 큰 의미가 없습니다. 하지만 생각을 반복하면서 처음에는 카펫에 얼룩을 만들고, 그다음에는 작은 웅덩이를 만들고, 그다음에는 연못을 만듭니다. 이런 생각들이 계속되면, 마침내 호수가 되고, 바다가 될 수 있습니다.

당신은 어떤 바다를 창조하고 있나요? 오염되고 독성이 있어 수영하기에 부적절한 바다인가요? 아니면 맑고 푸른 바다인가요? 시원하고 상쾌한 물을 즐기도록 친구들을 초대하는 푸르고 수정처럼 맑은 바다인가요?

사람들은 종종 저에게 "생각하는 것을 멈출 수 없어요."라고 말합니다. 저는 항상 대답합니다.
"아니요. 멈출 수 있습니다. 할 수 있어요."

여러분은 얼마나 자주 긍정적인 생각을 하기를 거부해 왔나요? 여러분은 그저 마음속에서 그것이 여러분이 할 일이라고 말해야 합니다. 부정적으로 생각하지 않도록 마음을 먹어야 합니다. 상황을 바꾸기를 원할 때 생각과 싸워야 한다고 말하고 있는 게 아닙니다. 부정적인 생각이 떠오르면, 간단히

"그 생각을 나에게 알려줘서 고마워." 라고 말하세요. 그런 식으로 여러분은 그곳에 그런 생각이 있다는 것을 부정하지 않고, 힘을 부정적인 생각에 넘겨주지 않게 됩니다.

더 이상 부정적인 생각을 믿지 않을 것이라고 스스로 말하세요. 여러분은 다른 사고방식을 창조하고 싶어 합니다. 다시 말하지만, 여러분은 생각과 싸울 필요가 없습니다. 인정하고 그것들을 넘어서세요. 생명의 바다에 빠지지 마세요. 삶이라는 바다에 유유자적 뜰 수 있을 때, 자신의 부정성 바다에서 익사하지 않을 것입니다.

당신은 멋지고 사랑스러운 삶을 누리도록 예정되어 있어요. 인생은 당신이 주어진 행복을 받을 가치가 있다고 여기면서 마음을 열기만을 기다리고 있어요. 우주의 지혜와 지식은 여러분이 사용하도록 주어진 것입니다. 삶은 당신을 지지하기 위해 이곳에 있어요. 여러분 내면에 있는 힘을 믿으세요.

만약 삶에서 약간 겁이 난다면, 몸에서 들고 나가는 호흡의 흐름을 알아차리세요. 호흡은 여러분의 삶에서 가장 중요한 본질입니다. 더군다나 공짜로 여러분에게 주어졌어요. 여러분은 살아있는 한 충분히 호흡으로 잘 버틸 수 있어요. 하지만 여러분들은 이 귀중한 본질을 받아들이면서도, 삶이 또 다른 필요한 것들을 제공할 수 있을지 항상 의심하지요.

지금은 여러분 자신의 힘과 여러분이 무엇을 할 수 있을지에 대해 배울 때입니다. 내면으로 들어가서 자신이 진짜 누구인지를 찾아보길 바랍니다.

    우리는 모두 다른 의견을 가지고 있습니다. 여러분은 여러분의 권리가 있고, 나는 내 권리가 있습니다. 세상에서 무슨 일이 일어나든 간에, 여러분이 할 수 있는 일은 여러분에게 맞는 일이 될 것입니다.
    여러분이 어떻게 살아가야 할지 친구와 가족들이 조언할 때, 당신 자신의 내면의 목소리를 듣는 것은 쉽지 않습니다. 그러나 중요한 것은 여러분의 삶에 관한 모든 문제의 해답은 항상 여러분 안에 있다는 것입니다. 그래서 내면의 지혜에 주의해야 합니다. 왜냐하면 그 지혜가 해답을 알려주기 때문입니다.

    당신이 "모르겠어요."라고 말할 때마다 내면의 지혜로 가는 문을 닫게 됩니다. 상위 자아가 주는 정보는 긍정적이고 여러분을 지지할 것입니다. 만약 부정적인 정보를 받기 시작하면, 인간 고유의 에고자아와 상상력에 의해 지배받게 됩니다.
    다시 말해 여러분의 상상과 꿈을 통해 우리에게 긍정적인 정보가 전달되지만, 모르겠다고 하면 그 정보를 받지 못할 수도 있다는 말입니다.
    여러분을 위해 올바른 선택을 함으로써 스스로를 지지하세요. 의심스러울 때 자신에게 물어보세요.
    "이것이 진정 나를 사랑하는 결정인가? 지금 이게 나에게 맞는 것일까?"

    다음 시점의 어느 순간, 하루, 일주일, 또는 한 달 후에 다른 결정을 내릴 수도 있습니다. 하지만 매 순간 자신에게 이런 질문을 하세요.

우리는 우리 자신을 더 사랑하고 더 위대한 힘을 신뢰하는 법을 배우면서, 무한한 정신과 공동 창조자가 됩니다. 우리 자신에 대한 사랑은 우리를 희생자에서 승자로 만들어 줍니다. 자신에 대한 사랑은 우리에게 멋진 경험을 끌어당깁니다.

자신에 대해 기분 좋은 감정을 가진 사람들은 굉장히 매력적으로 보인다는 걸 눈치 챈 적이 있지요? 그들은 그런 자신에 대해 그저 자연스럽습니다. 굉장히 멋진 일이죠. 그들은 그들의 삶에 만족하고 행복해합니다. 뭔가 필요한 사물들이 애쓰지 않아도 그들에게 쉽게 들어옵니다.

저는 오래전에 제가 신의 존재와 능력을 갖춘 하나의 존재라는 것을 배웠습니다. 이것을 알기에 신성한 지혜와 이해가 내 안에 있고, 그러므로 나는 이 행성에 있는 다른 사람들과의 모든 관계에서 신성하게 인도됩니다. 모든 별과 행성들이 완벽한 궤도에 있는 것처럼, 나도 나의 신성한 질서와 순서에 따라 삶을 살고 있습니다. 제가 제한된 인간의 정신으로 모든 것을 이해할 수는 없겠지만, 우주적 차원에서는 모든 것이 올바른 장소에서, 적절한 시기에 올바른 일을 하고 있다는 것을 알고 있습니다. 저의 현재 경험은 새로운 인식과 새로운 기회를 향한 디딤돌입니다.

당신은 누구인가요? 무엇을 배우러 이곳에 오셨나요? 무엇을 가르치려고 이 행성에 왔나요? 우리는 모두 자신만의 독특한 목적이 있어서 이곳에 왔습니다. 우리는 우리의 성격, 문제, 두려움, 질병 그 이상입니다. 우리는 우리의 몸보다 훨씬 더 큰 존재입니다. 우리는 모두 지구상의 모든 사람들과 모든 생명들과 연결되어 있습니다. 우리는 모두 정신, 빛, 에너지, 진동, 사랑이며, 우리는 모두 목적과 의미가 있고, 살아갈 힘을 가지고 있습니다.

제 2 장

내면의 목소리 따르기

우리가 생각하기로 선택한 사고는
우리 삶의 캔버스를 그리기 위해 사용하는 도구입니다.

'생각을 바꿀 수 있다면 인생을 바꿀 수 있다'라는 말을 처음 들었을 때가 기억납니다. 그 생각은 저에게 꽤 혁명적인 발상이었습니다.

제가 뉴욕에 살 때 종교과학 교회가 있다는 걸 알게 되었습니다. (사람들은 종교과학 교회, 즉 어니스트 홈즈(Ernest Holmes)가 설립한 정신과학 교회를 메리 베이커 에디(Mary Baker Eddy)에 의해 설립된 기독과학 교회와 혼동하는 경우가 종종 있었습니다. 하지만 그것들은 모두 새로운 생각을 반영합니다. 그것들은 모두 다른 철학입니다.)

정신과학에서는 종교과학 교회의 가르침을 따르는 목사와 실무자들이 있습니다. 그들은 생각이 나의 미래를 만든다는 것을 말해준 첫 번째 사람들이었습니다. 처음에는 그것이 무슨 뜻인지 몰랐습니다. 하지만, 곧 이 개념은 내 안에 종이 울리는, 내면의 목소리라고 불리는, 직관의 장소를 건드렸습니다.

몇 년 동안 저는 그 직관을 따르는 법을 배웠습니다. 왜냐하면 그 지저귀는 소리가 "예!"라고 들릴 때, 그것이 미친 선택처럼 보일지라도, 저는 그것이 맞다는 것을 알고 있었기 때문입니다. 다른 사람들도 "네, 그 개념들이 맞아요."라고 말했습니다. 그래서 그런 개념들이 제 마음에 와 닿았습니다.

그런 다음, 저는 제 생각을 바꾸는 방법을 배우는 모험을 시작했습니다. 일단 그 생각을 받아들이고 "예!"라고 대답하자, "어떻게?"라는 문제가 생겼습니다. 저는 영성과 자기계발에 관한 책을 많이 읽었고, 집에 여러분들처럼 책으로 책장을 가득 메웠습니다. 여러 해 동안 수업을 들었고, 그 과목에 관련된 모든 것을 다시 탐구했습니다. 말 그대로 새로운 사상 철학에 완벽하게 몰두했습니다. 태어나서 처음으로 제대로 공부다운 공부를 했습니다. 그때까지만 해도 저는 아무것도 믿지 않았었습니다. 어머니는 무늬만 가톨릭 신자였고, 새아버지는 무신론자였습니다. 저는 기독교인들이 머리에다 셔츠를 입고 다닌다는 생각이 들었고, 그들이 사자에게 잡아먹힐 것 같은 이상한 생각이 들었고, 어느 쪽도 제게 매력적이지 않았습니다.

저는 '마음 과학'에 대해 깊이 연구했습니다. 왜냐하면 그것은 그 당시에 제게 열려있던 유일한 길이었기 때문입니다. 그리고 마음 과학이 정말 훌륭하다는 것을 알게 되었습니다. 처음에는 비교적 쉬웠습니다. 저는 몇 가지 개념을 이해했고, 조금 다르게 생각하고 말하기 시작했습니다. 그때 당시 저는 여전히 삶의 조건들에 대해서 계속 불평했고, 자기 연민에 가득 차 있었습니다. 저는 그저 동정이라는 절망의 구덩이에서 뒹굴고 있었을 뿐입니다.

제가 계속해서 자신을 연민하는 상황을 지속하고 있다는 사실을 몰랐습니다. 그 당시에는 더 나은 것을 알지 못했습니다. 하지만 차츰 새로운 생각을 지속하자 더 이상 그렇게 많이 불평하지 않는다는 것을 알게 되었습니다.

저는 제가 한 말에 귀를 기울이기 시작했습니다. 자신에 대해 비판할 때면 바로 깨닫고, 그것을 멈추려고 노력했습니다. 저는 '긍정 확언'이 무슨 뜻인지 모른 채, 그저 웅얼거리기 시작했습니다. 물론 쉬운 것부터 시작했죠. 몇 가지 작은 것부터요. 작은 변화들이 생기기 시작했습니다.

녹색 신호등과 주차 공간을 확보했고, 우아! 저 자신을 멋지다고 생각했으며 모든 것을 안다는 생각도 들었습니다. 곧 저는 꽤 건방지고 오만하며 제 신념에 독단적인 사람이 되었습니다. 모든 답을 안다고 느꼈습니다. 나중에 생각해보니, 이 새로운 영역에서 안전하다고 느끼려는 저의 방식이었습니다.

우리가 전에 모든 것을 완벽히 통제하고 있었다면, 예전의 엄격한 믿음에서 벗어나기 시작할 때, 아주 겁이 날 수 있습니다. 저 역시 그 새로운 영역이 매우 무서웠고, 그래서 안심할 수 있는 것이라면 무엇이든 손에 쥐려고 했습니다. 그것이 시작이었고, 갈 길이 아직 멀었다고 생각했습니다. 그리고 아쉽게도 여전히 아직도 그러합니다.

대부분의 사람들이 그런 것처럼, 저 역시 항상 이 길이 쉽고 순탄하지 않다는 것을 알았습니다. 왜냐하면 확언만 옹알거린다고 항상 효과가 있는 것은 아니기 때문입니다. 그리고 저는 왜 그런지 이해할 수 없었습니다. "내가 뭘 잘못하고 있지?"라고 스스로에게 물었습니다. 즉시, 저는 자신을 책망했습니다.
'이것이 내가 아직 충분치 않다는, 하나의 예가 아닐까?'
그 생각, '나는 충분치 않아'라는 오래된 믿음이 제가 가장 좋아하는 부정 확언이었습니다. 충분하다는 '긍정 확언' 대신, 충분치 않다는 부정 확언을 오랫동안 좋아하고 즐기며 사용했던 것입니다.

그때 당시에 저의 스승이었던 에릭 페이스는 저를 보고선, '분노(에 차 있다)'라고 언급하곤 했습니다. 저는 그가 무슨 말을 하는지 도무지 이해를 할 수 없었습니다.
분노에 차 있다? 제가요? 물론 저는 당시에 어떤 원한도 원망도 없었습니다. 저는 제 길을 잘 가고 있었고, 영적으로도 완벽했다고 생각했습니다. 당신은 그때 제가 제 모습을 얼마나 작은 부분만 보고 있었는지 알 수 있겠지요!

저는 제 인생에서 할 수 있는 한 최선을 다해서 계속 배움을 이어나갔습니다. 형이상학을 공부했고, 영성을 깊이 탐구했습니다. 가능한 나에 대해서 많이 배웠습니다. 내가 할 수 있는 것을 파악했고, 때때로 적용해 보기도 하였습니다. 우리는 많은 것을 듣습니다. 그리고 종종 아이디어를 생각해 내지만, 그것들을 삶에 적용하거나 잘 실천하지는 않습니다.

시간이 아주 빨리 지나갔습니다. 그 시점에서 저는 정신과학을 3년간 공부했습니다. 그리고 그 교회의 교사가 되어 정신과학 교회에서 설파하는 철학을 가르치기 시작했습니다. 하지만 많은 제자들은 잘 이해하지 못했습니다.

저는 왜 제자들이 그렇게 이해하지 못하고 허우적대는지 궁금했습니다. 저는 그들이 왜 그렇게 문제에 빠져 있는지 이해할 수 없었습니다. 나는 그들에게 아주 좋은 조언을 많이 했습니다.

하시만 왜 그들은 제 소언을 실행에 옮기지 않고 잘 지내지 못했을까요? 제가 진리를 찾아낼 수 있는 것보다 훨씬 더 많이 진리를 말하는데……. 이해가 가지 않았습니다.

부모들은 아이들에게 무엇을 해야 하는지 가르치지만, 아이들은 정반대로 하는 것처럼.

그러던 어느 날, 저는 '자궁암'을 선고받게 되었습니다. 처음에는 두려웠습니다. 제가 배운 이 모든 '긍정 확언'에 대해서 '소용이 없지 않나' 하는 의심까지 들었습니다. 평범한 사람들에게 그런 반응은 정상적이고 자연스러운 것이었습니다. 저는 자신에게 이렇게 말했습니다.

"만약 내가 아주 명확하고 중심이 잡혀있다면, 내가 내 몸에 질병을 창조할 필요가 없었을 거야."

돌아보니 암을 진단받았을 때 죽기 전까지 알지 못할 뭔가 숨은 비밀이 있다는 생각이 들었습니다. 질병으로 인해 뭔가 더 경지가 높은 정신적인 작업을 할 수 있을 것 같아, 표면에 나타난 증상에 대해 걱정이 되지 않았습니다.

그때부터 나로부터 더 이상 도망치지 않기 위해 많은 것을 알아냈습니다. 암이라는 것은 분노라는 불편함 dis-ease 인데, 오랫동안 그 감정이 몸을 갉아먹고 제 몸속에 잠복하고 있었다는 것을 알았습니다. 우리가 자신의 감정과 씨름하고 있을 때, 감정은 몸 어딘가에서 돌아다녀야 합니다. 오랜 시간, 그 감정과 싸우면, 결국 몸의 어디선가 불편한 증상으로 나타납니다.

그제야 저의 스승님께서 저에게 그렇게 분노를 많이 언급했던 걸 알아차렸습니다. 제 안에 분노가 육체적으로, 정신적으로, 감정적으로, 성적으로 학대당했던 어린 시절 '내면아이 inner child'의 상처가 몸속에 그대로 남아서 어딘가에서 돌아다니고 있었던 것입니다.

자연적으로, 항상 분노를 가지게 되었죠. 저는 과거를 용서하지 못하고 비참해했습니다. 저는 결코 그 비참함을 변화시키고 놓아주고 흘려보내지 못했습니다. 제가 집을 떠났을 때, 저에게 일어난 일에 대해서 할 수 있는 일은 그 작업밖에 없다는 걸 알았습니다. 저는 현실에서 그 분노를 묻어두고 외면했습니다.

제가 형이상학을 공부하는 길을 발견했을 때, 영성을 공부한다는 아주 좋은 포장지로 겹겹이 쌓아서 감정을 덮어버렸던 것이었습니다. 제 주변에 벽을 치고, 저 자신의 감정을 말 그대로 건드리지 못하게 철벽 방어를 했습니다. 제가 누구인지 어디에서 왔는지 알지 못했습니다.

암을 진단받고 나서야, 진짜 내면의 자아 발견 작업이라는 배움이 시작되었습니다. 신에게 감사하게도, 저는 배움의 도구들을 가지고 있었습니다. 영원한 변화를 위해선 내면 깊이 들어갈 필요가 있었습니다. 의사가 수술하고 잠깐은 질병을 돌볼 수도 있겠지요. 하지만, 만약 제가 생각과 말을 하는 방식을 바꾸지 않는다면, 아마 암이라는 질병을 다시 창조할 수도 있었을 겁니다.

몸의 어떤 부분에서 암을 일으키는지 배우는 것은 항상 흥미롭습니다. 종양이 왼쪽에서 나타나는지 오른쪽에서 나타나는지도 유의미합니다. 오른쪽에서 발견되면 발산하는 남성 에너지와 관련이 있습니다. 왼쪽은 우리가 흡수하는 걸 받아들이는 여성 에너지입니다. 제 인생에서 뭔가 잘못되고 있을 때는 항상 몸의 오른쪽에서 질병이 발생했습니다. 제 의붓아버지를 향한 강한 적개심을 몸속에 품고 있었고 그 감정이 질병을 흡수하고 받아들였습니다.

저는 더 이상 신호등이 초록색으로 바뀌고 주차장에서 자리를 얻은 것에

만족할 수 없었습니다. 저는 더 많이 배워야 했고, 더 깊이 내면 작업을 해야 했습니다. 제가 바라는 대로 삶에서 진전이 일어나고 있지 않다는 것을 알게 되었습니다. 왜냐하면 어린 시절부터 쌓인 낡은 쓰레기를 청소하지 않았기 때문입니다. 저는 제가 학생들에게 가르치는 대로 살고 있지 않았습니다. 저는 제 '내면아이'를 인식해야 했습니다. 그리고 그녀와 함께 작업을 해야 했습니다. 저의 '내면아이'는 지금까지도 고통이 너무나도 크다고 기꺼이 저를 도와주었습니다.

저는 진심으로 자기 치유 프로그램을 시작했습니다. 저 자신에게 온전히 집중했습니다. 그 외에는 관심을 거의 가지지 않았습니다. 회복하기 위해서 저 자신을 완전히 치유에 쏟았습니다. 치유 방법이 어떤 것은 이상한 것도 있었지만, 어쨌든 그걸 했습니다. 결국 이것이 제가 계속 삶의 줄을 잡고 있었던 방법입니다. 거의 6개월 동안 하루 24시간 치유 작업을 했습니다.

진심으로 믿었기 때문에 암을 치유하기 위한 대안 요법을 찾을 수 있도록 가능한 암에 관한 모든 책을 읽었고, 공부했습니다. 수년간 먹었던 쓰레기 음식들로부터 제 몸을 해독시키기 위해서 영양 세척 프로그램을 시행했습니다. 몇 달 동안 저는 시금치와 아스파라거스를 먹었습니다. 뭔가 더 많이 먹었던 것이 있지만, 그걸 가장 많이 먹었던 듯합니다.

저는 마음 과학 목사들과 교사인 에릭 페이스와도 함께 작업했습니다. 확언도 말하고 시각화와 영적 마음 치료도 하였습니다. 거울 앞에서 매일 하는 세션도 진행했습니다. 거울 명상으로 거울 속에 눈을 보면서 자신을 사랑한다는 말을 되풀이하는 작업도 했습니다.

가장 말하기 어려웠던 단어는 **"루이스. 난, 널 사랑해. 나는 너를 정말 사랑해"** 였습니다. 견디기 위해서 눈물을 많이 흘리고 심호흡해야 했습니다. 거울 작업을 할 때, 마치 도약하는 것처럼 새로운 세계로 들어가는 듯했습니다.

사람들이 분노를 해소하는 걸 돕는 정신치료 권위자를 찾아갔습니다. 오랜 시간 베개로 침대를 때리고 소리를 지르며 분노를 해소했습니다. 속이 시원했습니다. 한 번도 해보지 않은 너무나도 멋진 경험이었습니다. 제 삶에 있어서 그런 행위를 하는 것이 용납된 적이 한 번도 없었는데 기분이 너무 좋았습니다.

저는 어떤 방법이 효과가 있었는지 모릅니다. 아마 여러 방법에서 조금씩 도움이 되었고, 효과가 나타났겠지요. 무엇보다도 저는 섣불로 제가 하는 치유에 일관성을 가지고 지속했습니다. 깨어 있는 시간 동안은 계속 치유 작업을 했습니다.

낮에 한 일에 대해 잠들기 전에 감사했습니다. 잠을 자는 동안 몸 안에서 치유과정이 일어나고 있고, 자연치유를 통해서 아침에 밝고 상쾌하고 기분 좋게 일어날 것이라는 시각화와 확언 작업을 했습니다. 아침에 일어나 밤중에 치유를 위해 일해준 자신과 몸에 대해 감사를 전했습니다. '긍정 확언'을 많이 했습니다. 기꺼이 성장할 것이고, 매일 배울 것이라 단언했습니다. 스스로 나쁜 사람으로 보지 않고 변화를 일으킬 수 있다고 단호하게 스스로 '긍정 확언' 했습니다.

저는 또한 이해와 용서에 관해 연구했습니다. 그 방법 중 하나는 제가 할 수 있는 한 부모님의 어린 시절을 탐구하는 것이었습니다. 저는 부모님이 어린 시절 어떻게 취급받았는지를 이해하기 시작했습니다. 부모님들은 조부모님의 양육 방법 때문에 배웠던 것 이상으로 저를 양육할 수 없었던 것입니다.

제 의붓아버지는 어릴 때 집안에서 학대당했고, 이 학대받은 양육 방식을 자기의 자녀들에게 적용했습니다. 똑같이 학대한 것입니다. 어머니는 남자가 항상 옳다고 믿도록 길러졌고, 남자가 원하는 것을 하도록 내버려 두었습니다. 아무도 우리 부모님들에게 다른 삶의 방식을 가르치지 않았습니다. 그것은 그들의 삶의 방식으로 굳어졌습니다. 차근차근 부모님의 어린 시절을 이해하게 됨으로써 용서 과정을 시작할 수 있었습니다.

부모님을 점점 더 용서하게 됨에 따라, 저 자신을 더욱더 용서하게 되었습니다.

우리 자신을 용서하는 것은 매우 중요합니다. 우리 중 많은 사람은 부모님이 우리에게 준 것과 같은 상처를 자신의 '내면아이'에게 그대로 입히고 있습니다. 우리는 그저 배운 대로 그 학대를 계속하고 있습니다. 그것은 매우 슬픈 일입니다. 우리가 어릴 때나 다른 사람들이 우리를 학대했을 때는 선택의 여지가 많지 않았지만, 우리가 자라서 선택할 수 있는 상황이 되었어도 여전히 '내면아이'를 학대할 때, 그것은 정말이지 비참한 일입니다.

나 자신을 용서하면서, 나를 신뢰하게 되었습니다. 우리가 다른 사람들의 삶을 믿지 않은 것은 우리가 우리 자신을 믿지 못하기 때문입니다. 우리는 모든 상황에서 우리를 보살펴주는 상위 자아를 신뢰하지 않기 때문에 이렇게 말합니다.

"상처받기 싫어서 다시는 사랑을 안 할 거야."

"이런 일이 다시는 일어나게 하지 않을 거야."

우리가 정말로 우리 자신에게 하는 말은, "나는 나를 잘 돌볼 만큼 나를 신뢰하지 않아, 그래서 나는 모든 것을 멀리할 거야."입니다.

결국, 저는 저를 돌볼 수 있을 만큼 저 자신을 신뢰하기 시작했고, 일단 저 자신을 믿게 되면 저 자신을 사랑하는 것이 점점 더 쉬워진다는 것을 알게 되었습니다. 제 몸은 차츰 회복되었으며, 제 심장도 치유되었습니다. 저의 영적 치유 과정은 그렇게 뜻밖의 방식으로 시작되었습니다. 한 가지 덤으로, 이러한 치유 과정을 겪고 난 뒤 제가 더 젊어 보였다는 것입니다. 감사한 일입니다.

제가 지금까지 끌어당긴 고객들은 거의 모두 기꺼이 자신을 위해 일하고자 하는 사람들이었습니다. 제가 어떤 말을 하지 않아도 엄청난 진전을 이루었습니다. 그들은 제가 가르치는 개념들을 실천하며 살아가고 있다는 것을 감지하고 느낄 수 있었습니다. 그리고 그들은 이러한 생각을 받아들이기가 쉬웠습니다. 물론, 그들은 긍정적인 결과를 얻었습니다. 그들은 삶의 질을 향상하기 시작했습니다. 일단 우리가 내면적으로 우리 자신과 평화를 이루기 시작하면, 삶은 더 즐겁게 흐르게 마련입니다.

그렇다면 이 경험이 제게 개인적으로 무엇을 가르쳐줬을까요? 저는 만약 제가 생각을 바꾸고 저의 과거에 살던 유형을 풀어주고 싶다면 제 삶을 바꿀 힘이 있다는 것을 깨달았습니다. 이 경험은 만약 우리가 정말로 기꺼이 그 작업을 할 수 있다면 우리의 마음과 몸과 삶에 놀라운 변화를 일으킬 수 있다는 교훈을 주었습니다.

여러분이 인생에서 어디에 있든, 무엇을 창조하는 데 이바지하든, 무슨 일이 일어나든, 여러분이 가지고 있는 이해와 인식과 지식을 가지고 최선을 다하고 있습니다. 그리고 스스로에 대해 더 많이 알게 되면 여러분은 다르게 행동할 것입니다. 더 빨리 또는 더 잘 하지 않는다고 자신을 탓하지 마십시오.

"저는 제가 할 수 있는 최선을 다하고 있습니다. 비록 지금은 곤경에 처해 있지만, 어떻게든 벗어날 수 있습니다. 그러니 해결할 수 있는 최고의 방법을 찾아봐요."라고 말하세요.

만약 당신이 하는 모든 것이 스스로 어리석고 좋지 않다고 말하는 것이라면, 계속 갇혀 있게 됩니다. 변화를 원한다면 자신만의 애정 어린 지원이 필요합니다.

제가 사용하는 방법은 제 방법이 아닙니다. 대부분은 '마음과학'에서 배운 것들입니다. 기본적으로 마음과학에서 학생들에게 가르친 것들입니다. 이런 원칙들은 아주 오래되었습니다. 만약 여러분이 오래된 영적 가르침 중 하나를 읽는다면 똑같은 정보를 발견하게 될 것입니다.

종교과학 교회에서 목사로 훈련받았지만, 저에게 교회는 없습니다. 저는 자유로운 영혼입니다. 저는 그 가르침을 많은 사람에게 전달하기 위해 간단한 언어로 표현합니다. 그건 사람들이 서로 머리를 맞대고 함께 정신을 가다듬고 삶의 모든 것을 진정으로 이해할 수 있는 훌륭한 방법입니다. 그리고 삶을 책임지기 위해 어떻게 마음을 사용해야 하는지를 이해할 수 있는 훌륭한 도구입니다.

제가 20년 전쯤에 이 모든 것을 시작했을 때, 제가 오늘날 하는 일이 많은 사람에게 희망과 도움을 이렇게까지 줄 수 있는지 몰랐었습니다.

제3장
입으로 선언하는 말의 힘

매일 자신을 위해 삶에서 원하는 것들을 소리 내어 외치십시오.
이미 원하는 것들을 가지고 있다고 상상하며 소리를 내십시오.

정신의 법칙

중력의 법칙이 있고, 물리학이나 전기 같은 다른 법칙들도 있습니다. 대부분 제가 이해하지 못하는 것들입니다. 원인과 결과의 법칙과 같은 영적인 인과법因果法도 있습니다. 인과법은 여러분이 밖으로 발산하는 것은 무엇이든 부메랑처럼 되돌아온다는 것입니다.

정신의 법칙도 있습니다. 저는 전기가 어떻게 작동하는지 모르는 것과 마찬가지로 인과법이 어떻게 작동하는지는 모릅니다. 제가 스위치를 누를 때, 불이 켜진다는 것만 압니다.

저는 우리가 어떤 생각을 하거나, 어떤 단어나 문장을 말할 때, 그것이 어떤 식으로든 우리에게 정신의 법칙으로 발산되어 경험으로 우리 자신에게 돌아온다고 믿습니다.

우리는 이제 정신과 신체 사이의 상관관계를 배우기 시작하고 있습니다. 우리는 마음이 어떻게 작용하고 생각이 얼마나 창조적인지를 이해하고 있습니다. 우리의 생각이 마음속을 아주 빨리 지나가기 때문에 처음에는 생각들을 만들기가 조금 어렵습니다. 우리의 입은 생각에 반해 느립니다. 그래서 만약 우리가 말하는 것을 듣고, 입에서 나오려고 하는 부정적인 것들을 방지하여 말하는 방식을 편집하고자 한다면 생각을 새롭게 형성하기 시작할 수 있습니다.

말에는 엄청난 힘이 있습니다. 우리 중 많은 사람은 말이 얼마나 중요한지 모릅니다. 단어가 우리 삶에서 계속해서 경험을 창조한다는 것을 숙고해야 합니다. 우리는 항상 단어를 사용하지만, 우리가 진정으로 무엇을 말하고 있는지 또는 어떻게 말하고 있는지를 거의 생각하지 못합니다. 우리가 하는 말에 주의를 기울여야 합니다. 사실 우리 중 대부분은 부정적으로 말합니다.

어렸을 때 우리는 문법을 배웠습니다. 우리는 이런 문법의 규칙에 근거하여 단어를 선택하도록 배웠습니다. 그러나 저는 문법 규칙이 계속해서 바뀌고 어떨 때는 부적절했던 것이 어떤 때는 또 적절할 때도 있다는 것을 항상 발견했습니다. 과거에 속어였던 것이 현재에는 일반적으로 사용되고 있습니다. 그러나 문법은 단어와 의미와 그것이 우리 삶에 어떤 영향을 미치는지 고려하지 않습니다.

또한, 학교에서 자기가 선택하는 단어가 삶의 경험에 어떤 영향을 끼칠지는 배우지 않았습니다. 아무도 제게 생각은 창조력이 강력하고, 삶을 창조한다는 것을 가르쳐주지 않았습니다. 아무도 제게 단어의 형태로 발산하는 것들은 어떤 식으로든 제 삶의 경험으로 되돌아올 것이란 것을 알려주지 않았습니다. 황금률의 기본 목적은 우리에게 삶의 기본 원리를 보여주기 위함입니다.

"자신이 받고 싶은 대로 다른 사람들에게 해주라."

당신이 세상에 준 것은 자신에게 돌아옵니다. 그 말은 결코 죄책감을 일으키기 위한 것이 아닙니다. 아무도 저에게 제가 사랑받을 가치가 있는 사람이고, 좋은 것들을 받을 자격이 충분하다는 것을 가르쳐주지 않았습니다. 그리고 아무도 나에게 삶이 여기에 나를 도우러 왔다는 사실을 가르쳐주지 않았습니다.

어렸을 때, 우리가 종종 서로를 잔인하게 상처를 주는 비속어바보, 멍청이, 떨떨이로 부르고 서로를 비하하려고 노력했던 때를 기억합니다. 그런데 그때는 왜 그랬을까요? 어디서 그런 걸 배웠을까요? 우리 중 많은 사람이 부모님으로부터 우리가 멍청하거나 게으르다는 말을 반복적으로 들었습니다. 우리가 귀찮은 존재이고 매우 훌륭하지 못하다는 소리를 들었습니다. 때론 부모님이 우리가 태어나지 않았으면 좋았겠다고 말하는 것을 들었습니다. 어쩌면 우리는 이 말을 들었을 때 움츠러들었을지도 모르지만, 우리는 상처의 고통이 얼마나 깊이 자리 잡았는지는 거의 깨닫지 못했습니다.

내면의 말투 변화

너무 자주, 우리는 부모님이 우리에게 준 초기 메시지를 받아들였습니다. 사랑받기 위해 "시금치 좀 먹어라.", "방을 청소해라", "이부자리 정리해라"라는 말을 들었습니다. 인정과 사랑을 조건으로 아주 사소한 일을 해야만 당신이 받아들여질 수 있다고 생각하게 되었습니다.

하지만, 그것은 무엇이 가치 있는지에 관한 다른 사람들의 생각이지 여러분의 생각은 아닙니다. 그 생각은 여러분의 깊은 내면의 자기 가치와는 상관이 없습니다. 다른 사람들을 기쁘게 하려고 이런 일을 해야만 한다는 생각을 하게 되고, 그렇지 않으면 존재의 의미조차 허가 받지 못한다는 생각을 주입하게 되있습니다.

이러한 초기 정보들은 우리가 스스로 말하는 방식이라고 일컬어지는 '셀프 토크Self Talk, 스스로 말하는 방식'라고 제가 부르는 것에 이바지하게 됩니다. 왜냐하면 내면에다 말하는 방식은 굉장히 중요합니다. 그것들은 우리가 말하는 구어체의 기본이 되기 때문입니다. 그 말들은 우리의 경험을 끌어당기고 작동시킬 정신적 대기권을 형성하게 됩니다. 우리가 우리 자신을 경시하게 되면, 인생은 우리에게 별 의미가 없을 것입니다. 하지만 우리가 자신을 사랑하고 감사해한다면, 인생은 멋지고 즐거운 선물이 될 것입니다.

만약 우리의 삶이 행복하지 않거나 자신이 성취감을 느끼지 못한다면, 부모님이나 우리에게 잘못한 것 같은 사람들을 비난하기가 쉽습니다. 하지만, 만약 우리가 그렇게 비난한다면, 우리의 상황과 문제, 좌절감에 갇히게 됩니다. 비난의 말은 우리에게 자유를 주지 않을 것입니다. 우리의 말에는 강력한 힘이 있다는 사실을 기억하세요. 다시 한번 강조하지만, 우리의 힘은 삶을 책임지는 것에서 나옵니다. 삶을 책임진다는 것이 무섭게 들린다는 것을 알지만, 우리가 그것을 받아들이든 그렇지 않든 간에, 실제로 그러합니다. 만약 우리가 삶을 책임져야 한다면, 우리의 입에도 책임을 져야 합니다. 우리가 말하는 단어와 구절은 생각의 연장선에 있습니다.

당신이 말하는 것을 듣기 시작하세요. 만약 여러분 자신이 스스로 부정적이거나 제한적인 단어를 사용하는 것을 알게 된다면, 그것들을 바꾸세요. 저는 만약 사람들로부터 부정적인 이야기를 들으면 그 이야기를 다른 사람들에게 옮기지 않습니다. 부정적인 이야기가 너무 많이 사람들에게 퍼지면 그저 흘러가게 놔둡니다. 하지만 긍정적인 이야기를 들으면 반대로 모든 사람에게 이야기합니다.

여러분이 다른 사람들과 함께 외출할 때, 그들이 말하는 것과 그들이 말하는 방식에 귀를 기울이세요. 그들이 말하는 것과 그들이 삶에서 경험하는 것을 연결할 수 있는지 알아보세요. 정말로 많은 사람이 "~해야만 해!"라는 생각에 맞춰서 살아가고 있습니다.

"~해야만 해요!"는 귀에 아주 잘 들리는 단어입니다. 이 말을 들을 때마다 저에게는 마치 종이 울리는 듯합니다. 종종, 책에서 한 단락에 "~해야 한다!"라는 단어를 수십 번 쓰는 것을 발견합니다.

이런 글을 접할 때, 글을 쓰는 사람들의 삶이 얼마나 경직되어 있는지 또는 왜 그들이 상황에서 벗어날 수 없는지 궁금해집니다. 그들은 통제할 수 없는 것들에 대해 많은 통제를 원합니다. 그들은 자신이 잘못되었다고 스스로 그렇게 생각하고 또는 다른 사람들이 잘못되었다고 하면서 잘못하는 사람으로 만듭니다. 그리고 그들은 왜 자유의 삶을 살고 있지 않은지 의문을 품습니다.

우리는 또한 우리의 어휘와 사고에서 표현해야만 하는 것을 제거할 수 있습니다. 그렇게 할 때, 스스로 부과한 많은 압박감을 제거할 수 있을 것입니다.

"저는 일하러 가야 해요. 저는 이걸 해야 해요. 저는 ~해야 해요. ~해야 해요."라고 말함으로써 우리는 거대한 압박감을 느끼고 있습니다. 대신, 이제는 이렇게 말해봅시다.

"~하기로 선택했어."

예를 들어 이렇게 말하는 것이죠. "나는 일을 하면 월세가 나오기 때문에 나는 일하러 가는 것을 선택했어." "~하기로 선택했어!"라는 말은 우리의 삶을 완전히 다른 관점으로 보게 합니다. 우리가 하는 모든 활동은 그렇게 보이지 않을지라도 선택에 의한 것입니다.

우리가 많이 쓰는 단어 중에 "그러나!"도 있습니다. 무슨 말을 하고 나서, "그러나!"라는 말을 덧붙입니다. 이 말은 두 개의 다른 방향을 제시합니다. 스스로 상반된 정보를 전달하게 됩니다. 다음번에 말을 할 때 "그러나!"라는 말을 스스로 어떻게 쓰고 있는지 생각해 보세요.

우리가 유념해야 하는 또 다른 표현은 "이것저것 잊지 마!"입니다. 이런 말을 할 때 어떻게 될까요? 우리는 잊습니다. 우리가 정말로 기억하고 싶지만, 잊어버립니다. 그래서 "잊지 말라"는 말 대신 "기억해 주세요!"라는 말을 사용하기 시작할 수도 있습니다.

―――

아침에 일어날 때 우리는 일하러 가야 한다는 사실에 스스로 저주의 말을 하고 있진 않으신가요? 날씨에 대해서 불평하고 있진 않나요? 허리나 머리가 아프다고 투덜거리나요? 아침에 일어나서 두 번째와 세 번째로 자신에게 하는 말을 무엇인가요? 당신은 아이들에게 일어나라고 소리치나요?

사람들 대부분은 매일 아침 거의 같은 말을 합니다. 하루를 시작하는 말이 어떤가요? 긍정적이고 활기가 넘치고 멋진 말인가요? 아니면 징징대고 비난하고 있을까요? 만약 당신이 투덜거리고 불평하고 신음하고 있다면, 당신은 그런 날을 준비하고 있는 것입니다.

잠자리에 들기 전에 마지막으로 생각하는 것들은 무엇이 있을까요? 그런 생각들은 강력하고 자신을 치유하는 생각인가요? 아니면 부족하고 걱정이 되고 결핍된 생각인가요? 제가 가난한 생각이라고 말을 할 때 그것이 꼭 돈을 의미하는 것만은 아니란 것을 알아주셨으면 좋겠습니다. 삶에서 어떤 일에 대해 부정적으로 생각하는 것이 될 수도 있습니다. 삶이 자유롭게 흘러가지 않는 것에 대해서 부정적으로 생각하는 것이 가난한 생각이라고 할 수 있습니다. 잠을 잘 때 내일 있을 일에 대해 미리 걱정하나요? 보통 저는 잠자기 전에는 긍정적인 생각을 하게 하는 것들을 읽습니다. 잠을 자기 전에 하루에 있었던 많은 생각들을 정리하고, 정화하는 것은 다음 날을 준비시킨다는 사실을 인식합니다.

저는 제가 가진 문제나 질문들에 대해서 잘 모르겠다면 꿈에 요청하고 꿈 속에서 해답이 나오길 요청하는 것이 매우 유용하다는 것을 알았습니다. 저는 제 꿈이 삶에서 어떤 일이 일어나든지 잘 돌봐줄 것이란 걸 알고 있습니다.

당신이 당신의 마음속에서 유일하게 생각할 수 있는 사람인 것처럼 저도 제 마음속에서 생각할 수 있는 유일한 사람입니다. 아무도 우리에게 다른 식으로 생각하라고 강요할 수 없습니다.

우리는 우리의 생각을 선택하고 이런 생각들이 우리의 자기 대화에 기초가 됩니다. 이런 과정이 제 삶에서 얼마나 잘 적용되기 시작했는지 경험하고 나서부터는, 타인을 가르치는 삶을 살기 시작했습니다. 저는 정말로 제 생각과 말을 지켜보기 시작했고, 완벽하지 못한 것에 대해서 끊임없이 저 자신을 용서하기로 다짐했습니다.

저는 저 자신이 될 수 있도록 허락했고, 다른 사람들의 눈에 인정을 받기 위한 슈퍼우먼 superwoman, 집안일과 직장 일을 모두 잘하는 여자를 비유적으로 이르는 말이 되기로 투쟁하는 것보다는 저 자신이 되기로 했습니다.

제가 처음으로 삶을 신뢰하고 친근한 장소로 보기 시작했을 때 의식이 밝아졌습니다. 제 유머는 덜 신랄해지고, 더 재미있어졌습니다. 저는 저 자신과 다른 사람들에 대한 비판과 판단을 놓아주기 위해 노력했습니다. 그리고 재난 이야기를 하는 것을 멈췄습니다. 우리는 나쁜 소식을 전하는 데는 대단히 빠릅니다. 저는 신문을 그만 읽었고, 밤 11시 뉴스를 듣는 것도 포기했습니다. 그 뉴스들은 전부 재난과 폭력이 대부분이고, 좋은 소식은 거의 없었기 때문입니다. 저는 사람들 대부분이 좋은 소식을 듣고 싶지 않다는 것을 깨달았습니다. 그들은 나쁜 소식을 전하는 것을 좋아하기 때문에 불평할 게 있었습니다.

우리 중 너무 많은 사람이 세상에는 나쁜 일만이 있다고 믿기까지 부정적인 이야기들을 재활용합니다. 좋은 소식을 전해주는 라디오 프로그램이 한동안 있었습니다. 그 방송은 곧 사라졌습니다.

제가 암에 걸렸을 때, 저는 더 이상 다른 사람들에 대해 험담하기를 멈췄습니다. 그러자 놀랍게도 다른 사람들에 대해 아무것도 이야기할 게 없다는 걸 알았습니다. 제가 친구를 만날 때마다 즉시 그들과 최근에 일어난 일들에 대해 서로에게 쓰레기를 던진다는 것을 알았습니다.

결국, 다른 식으로 말하는 방법이 있다는 것을 발견했습니다. 과거의 습관을 깨는 것은 쉽지 않았지만, 그렇게 다른 식으로 말했습니다. 만약 제가 다른 사람들에 대해 험담한다면, 다른 사람들도 저에 대해서 험담을 하였습니다. 왜냐하면 우리가 밖으로 내뿜는 것은 언제나 다시 우리에게 돌아오기 때문입니다.

더 많은 사람과 일할수록, 그들이 하는 말을 귀담아듣고 싶어서 저는 정말로 그 단어들을 듣기 시작했습니다. 단지 일반적인 의미를 이해하기 시작한 것이 아닙니다. 보통 새 고객과 10분 정도 이야기하면, 그들이 사용하는 단어를 들을 수 있어서 왜 문제가 생겼는지 정확히 알 수 있었습니다.

저는 그들의 말투로 그들을 이해할 수 있었습니다. 저는 그들의 말이 그들의 문제에 기여하고 있다는 것을 알았습니다. 만약 고객들이 부정적으로 말한다면 그들의 자기 대화가 어땠을지 상상해 보세요. 그것은 제가 앞부분에서 말씀드렸듯이 부정적인 프로그래밍, 즉 빈곤한 사고임이 틀림없습니다.

제가 제안하는 간단한 연습은 전화기의 녹음 버튼을 누르고 통화 말투를 들어보는 것입니다. 당신이 상대방에게 하는 말과 상대방이 당신에게 하는 말을 잘 들어보세요. 놀라게 될 겁니다. 여러분은 여러분이 사용하고 있는 단어와 목소리의 변형을 듣게 될 것입니다. 당신은 알아차리기 시작할 것입니다. 무엇인가를 3번 이상 말하는 자신을 발견하게 되면, 종이에 적어보세요. 왜냐하면 그것은 자신의 말하는 패턴입니다. 몇몇 패턴은 긍정적이고 도움을 주는 말투일 것입니다. 하지만 계속 부정적인 패턴의 말을 반복하는 자신을 발견할 수도 있을 것입니다.

잠재의식의 힘

제가 말씀드린 것에 비추어 저는 우리의 잠재의식에 대해서 논의하고자 합니다. 우리의 잠재의식은 판단을 내리지 않습니다. 잠재의식의 마음은 우리가 말하는 모든 것을 받아들이고, 우리의 생각에 따라 창조합니다. 잠재의식은 항상 "예(네)"라고만 말합니다. 우리의 잠재의식은 우리가 선언한 것을 줄 만큼 우리를 사랑합니다. 하지만, 우리에게는 선택권이 있습니다. 만약 우리가 빈곤한 신념과 개념을 선택한다면, 우리의 잠재의식은 그것을 원한다고 가정하게 될 것입니다. 잠재의식은 우리가 더 좋은 것을 위해 우리의 생각과 믿음을 기꺼이 바꿀 때까지 우리에게 빈곤한 생각들을 계속 줄 것입니다.

하지만 우리가 다른 선택을 한다면 항상 다시 선택할 수 있어서 우리는 결코 갇혀 있지 않게 될 것입니다. 선택할 수 있는 생각은 수억 개에 이릅니다.

우리의 잠재의식은 거짓과 옳고 그름을 구분하지 못합니다. 우리는 어떤 식으로든 우리 자신을 비난하고 싶어 하지 않습니다.

"오 바보야, 늙은 나야."같은 말은 하고 싶지 않아 합니다. 왜냐하면 우리 내면이 나에게 말해주는 이 말을 받아들여서 곧 그런 기분이 들도록 하게 만들 것이기 때문입니다. 만약 그런 자신에게 비난하는 말을 자주 반복해 버리면, 그 말은 이제 신념이 되어버립니다.

잠재의식은 유머 감각이 없습니다. 이 개념을 이해하는 것이 중요합니다. 당신은 자신에게 농담하면서 그것이 아무런 의미가 없게 만들 순 없습니다. 자신을 비하한다면, 아무리 그 농담이 귀엽고, 웃기려고 노력한다고 해도 잠재의식은 그 농담이 사실이라고 받아들입니다.

저는 세미나와 집단 상담을 할 때 사람들에게 공개적으로 서로에 대해 저속한 농담으로 서로를 비하하지 말라고 합니다.

그러니 여러분 자신에 대해 농담하지 말고 자신에 대해서도 경멸적인 점수를 매기지 말기 바랍니다. 왜냐하면 그것들은 여러분을 위해 좋은 경험을 가져다주지 않기 때문입니다.

남을 업신여기지 마세요. 잠재의식은 여러분과 타인을 구분하지 않습니다. 잠재의식은 타인에 대해 하는 말도 자신에게 하는 말이라고 간주하고 그 말을 믿어버립니다. 누군가를 비판하고 싶을 때는 왜 그렇게 느끼는지 자신에게 물어보세요. 자신에게 있는 것만 타인에게서 봅니다. 비판하는 대신, 다른 사람들을 칭찬해 보세요. 한 달 안에, 당신은 당신 안에서 엄청난 변화를 맛보게 될 것입니다.

우리가 하는 말들은 접근법과 태도의 문제입니다. 외롭고, 불행하고, 가난하고, 아픈 사람들이 하는 말에 주목해 보세요. 그들은 어떤 단어를 쓰나요? 그들은 자신에 대해서 무엇을 진실로 받아들이나요? 그들은 자신을 어떻게 묘사할까요? 그들의 일과 삶과 관계를 또 어떻게 묘사하던가요? 그들은 무엇을 기대하던가요? 그들의 말에 주의를 기울여 보세요. 하지만 낯선 사람들에게 그들이 말하는 방식 때문에 그들의 삶을 파괴하고 있다며 말하며 교제하지는 마세요. 친구들과 가족들에게도 말하는 방식이 삶을 파괴한다고는 말하지 마세요. 왜냐하면 그 정보를 그들이 인정하지 않을 테니까요.

대신 이 정보는 자신이 진정으로 삶을 변화시키기를 원하는 사람이 있다면 스스로 연결을 만들고, 실천하세요. 왜냐하면 아무리 작은 수준이라도 말하는 방식을 바꾸면, 경험이 바뀔 것이기 때문입니다.

만약, 치명적인 병에 걸렸거나 죽을 것이라고 믿는 병에 걸린 사람이라면,

그리고 아무것도 이룬 것이 없어서 인생이 좋지 않을 것이라고 믿는다면 무슨 일이 벌어질까요?

여러분은 삶에 대한 부정적인 개념을 흘려보내도록 선택할 수 있습니다. 지금 이 글을 읽고 있는 독자들은 자신이 사랑스럽고 치유할 가치가 있으며, 신체적인 차원에서 치유에 필요한 모든 것을 끌어당기겠다고 '긍정 확언'하세요. 당신이 쾌유할 의향이 있다는 것과 쾌유하는 것이 안전하다는 것을 아십시오.

많은 사람은 아플 때만 안전함을 느낍니다. 그들은 보통 거절에 대한 두려움이 있는 부류의 사람들입니다. 그들이 거절할 수 있는 유일한 방법은 "너무 아파서 못 하겠어." 이 말은 완벽한 변명입니다. 저는 제 상담실에서 세 번의 암 수술을 한 여자를 기억합니다.

그녀는 누구에게도 거절을 잘하지 못했습니다. 그녀의 아버지는 의사였고, 그녀는 아버지의 착한 딸이었습니다. 그래서 아버지가 그녀에게 무엇을 하라고 하든지 그녀는 해야만 했습니다. 그녀가 거절하는 것은 불가능했습니다. 당신이 그녀에게 무엇을 요구하든 그녀는 "네, 알겠습니다. 아버지!"라고 말해야 했어요. 그녀가 목청껏 "안 돼!"라고 외치는 데 4일이 걸렸습니다. 제가 주먹을 흔들면서 말하라고 시켰어요.

"안 돼!, 안 돼!, 안 돼!"라고 말하자. 그녀는 그 말을 외치는 것을 매우 후련해했어요.

저는 유방암에 걸린 여성들이 "안 돼!"라는 말을 잘 못하는 것을 알아냈습니다. 그들은 스스로를 제외한 모든 사람에게만 잘해주는 양분을 제공했습니다.

저는 유방암에 걸린 여성에게 "아니, 나는 그것을 하고 싶지 않아!"라고 말하는 법을 배워야 한다고 상담해 주었습니다. 두세 달 동안 모든 것을 거절하면서 상황이 바뀌기 시작할 것입니다. 유방암에 걸린 여성이 "이것은 내가 하고 싶은 것이지, 네가 나에게 하라고 해서 하는 것이 아니야."라고 말함으로써 스스로 영양분을 줄 필요가 있었습니다.

제가 개인적으로 고객들과 일할 때, 저는 그들이 자신들의 한계를 위해 싸우는 것을 들었고, 그들은 항상 왜 이런저런 이유로 그들이 갇혔는지 제가 알기를 원했습니다. 우리가 갇혀 있다고 믿고 갇혔다고 인정한다면 우리는 결국 갇히게 될 것입니다. 우리의 부정적인 믿음이 실현되고 있으므로 우리는 "억울한" 상황에 부닥치게 됩니다. 따라서 우리는 우리의 장점에 집중해야 합니다.

많은 분이 제 강연 테이프가 그늘의 생명을 구했다고 말합니다. 어떤 책이나 테이프도 여러분의 생명을 구하지 못합니다. 플라스틱 네모 상자의 작은 조각은 여러분의 생명을 구하지 못합니다. 그 안에 들어있는 정보로 뭘 하느냐가 중요합니다. 제가 여러분에게 주는 것은 아이디어들이지만, 그것으로 무엇을 하느냐가 중요합니다.

테이프에 들어있는 아이디어가 습관적인 유형이 되도록 한 달 이상 특정 테이프(현재는 유튜브에 나왔는데 루이스 헤이 관련 자료-역자주)를 찾아서 듣는 것을 제안합니다. 저는 여러분을 치유하는 사람도 구원하는 사람도 아닙니다. 당신의 인생을 변화시킬 사람은 오직 당신밖에 없습니다.

이제, 내담자에게 이렇게 물어봅니다.

"듣고 싶은 메시지가 뭐죠?"

저는 계속해서 내담자에게 "스스로 사랑하세요!"라고 반복적으로 강조합니다.

"스스로 사랑하는 것은 당신이 할 수 있는 가장 중요한 일입니다. 왜냐하면 자신을 사랑할 때는 자기와 타인에게 상처를 주지 않기 때문입니다."

이 말이 세계 평화를 위한 저의 처방전입니다. 자신이 스스로 해치지 않는다면, 혹은 타인을 해치지 않는다면 어떻게 우리가 전쟁을 할 수 있겠습니까? 우리가 그런 상태에 더 많이 접근할수록, 세상은 더 좋아질 것입니다. 우리가 스스로 하는 말과 타인에게 하는 말을 조금 더 의식해 봅시다. 그러면 우리가 자신뿐만 아니라 세상의 나머지 지역도 치유할 수 있도록 돕는 변화를 만들 수 있습니다.

제4장
과거의 기억 테이프 다시 녹음하기

아무리 작더라도 기꺼이 첫발을 내딛으세요.
당신이 배우고자 하는 사실에 집중하세요.
절대적인 기적이 일어날 것입니다.

'긍정 확언'의 실제 효력

이제 우리의 생각과 말이 얼마나 강력한지에 대해서 좀 더 이해했으니, 유익한 결과를 얻기 위해서라면 생각과 말을 긍정적인 유형으로 다시 훈련해야 합니다. 여러분은 자신의 생각과 말을 긍정적인 패턴으로 바꿀 의향이 있나요? 여러분이 하는 생각과 말이 모두 확언이 된다는 사실을 명심하길 바랍니다.

확언은 시작점입니다. 그것은 변화의 길을 열어 줍니다. 본질적으로 잠재의식에 이렇게 말하고 있는 격이 됩니다.

==나는 책임을 지고 있어, 나는 알아. 내가 변화하기 위해서 할 수 있는 무엇인가 있다는 것을.==

제가 '긍정 확언'한다고 말할 때는 삶에서 어떤 것을 제거하거나 새로운 것을 창조하는 데 도움이 될 문장이나 단어를 선택하라는 뜻입니다. 확언할 때 긍정적인 방식으로 하라는 것입니다.

"더 이상 아프고 싶지 않아."라는 확언은 잠재의식이 이렇게 알아듣습니다.

"더 아파라!"

잠재의식은 긍정과 부정을 구분하지 못합니다. 강조하는 단어에 집중하므로 진심으로 자신이 무엇을 원하는지 명확하게 말해야 합니다.

==나는 지금 멋진 기분 좋은 감정을 느끼고 있어.== 혹은 ==나는 좋은 건강을 발산하고 있어.==라고요,

잠재의식은 매우 직설적입니다. 잠재의식은 전략이나 계획서를 모릅니다. 들리는 대로 그대로 합니다. 만약 지금 타는 차가 별로라면, "이 차 싫어", 이렇게 말하면 좋은 새 차가 멋지게 당신에게 오지 않습니다. 왜냐하면, 어떤 차를 원하는지 당신이 모르기 때문입니다.

새 차를 구매하게 되더라도 아마 곧 싫증이 날 것입니다. 왜냐하면 차가

싫다고 계속 말을 해왔기 때문입니다. 잠재의식은 차를 싫어한다는 말만 듣습니다. 욕망을 긍정적인 방식으로 명확하게 말해야 합니다.

"나는 나의 욕구에 딱 맞는 아름다운 새 차가 있어."

인생에서 정말 싫어하는 것이 있다면, 가장 빨리 놓아버리는 방법은 사랑으로 축복하는 것입니다.

"저는 당신을 사랑으로 축복합니다. 당신을 풀어주고 떠나보냅니다. 편안하게 가십시오."

이 방법은 많은 사람에게 효과가 있었습니다. 이 말은 상황이나 물건, 거주지에도 역시 효과가 있었습니다. 여러분이 자유로워지고 싶은 습관을 지니고 그 방법을 시도해 보고 무슨 일이 일어나는지 볼 수도 있습니다. 담배를 피울 때마다, "사랑으로 당신담배을 축복하고 내 삶에서 당신을 해방해드립니다"라고 말하는 한 남자가 있었습니다. 며칠이 지나자 그의 흡연 욕구는 상당히 줄었고, 몇 주 안에 금연을 하게 되었습니다.

당신은 선한 것을 받을 자격이 있습니다

잠시 생각해 보세요. 내가 지금 진짜로 원하는 게 뭐야? 오늘 삶에서 진정으로 하고 싶은 게 뭐야? 그 원하는 것들에 대해서 진정으로 생각해 본 후 이렇게 말해보세요.

"나는 나 자신을 위해 (   )하는 것을 허락한다."

빈칸에는 어떤 것이든 원하는 것을 넣어 보세요. 우리가 대부분 어려워하는 부분으로 빈칸을 채우는 것입니다.

무의식 깊은 곳에는 우리가 바라는 것들을 받을 자격이 없다는 굳어버린 생각이 있습니다. 우리의 힘은 우리에게 가치가 있다는 것을 인식하는 방식에 달려 있습니다. 좋은 것을 받을 자격이 있다는 신념만 있으면 그곳에서 힘이 나옵니다. 우리가 좋은 것을 받을 자격이 없다는 정보는 어린 시절에서 비롯됩니다. 다시 말하지만 우리는 이런 정보 때문에 변화할 수 없다고 느낄 필요가 없습니다. 사람들은 종종 저에게 와서 이렇게 말합니다.
"루이스, 확언이 잘 안 들어요. 효과가 없어요."
그건 확언과는 상관이 없습니다. 오히려 좋은 것들을 받을 가치가 없다고 믿는 사실과 관련이 있습니다.

자신이 무언가를 받을 자격이 있다고 믿는지를 알아내는 방법은 긍정의 말을 하고 자신이 말하는 대로 내면에서 떠오르는 생각을 알아보는 것입니다. 그런 다음, 그 생각들을 종이에 적어보세요. 왜냐하면 종이에 적은 것을 실제로 보게 되면, 분명해지기 때문입니다. 좋은 것을 받는 것과 자신을 사랑하는 걸 막는 이유는 다른 사람의 의견이나 신념을 사실로 받아들였기 때문입니다.

우리가 좋은 것을 받을 자격이 없다고 믿을 때, 우리는 다양한 방법으로 우리 자신을 속일 것입니다. 종종 혼란을 일으키기도 하고, 물건을 잃어버릴 수도 있고, 다칠 수도 있고, 넘어지거나 사고가 나서 신체적인 문제를 일으키기도 합니다.

우리는 삶이 제공하는 모든 좋은 것들을 받을 자격이 있다고 믿기 시작해야 합니다.

거짓이거나 부정적인 믿음을 다시 작성하기 위해, 여러분의 인생에서 새로운 '무엇인가'를 만들기 시작할 필요가 있습니다. 그 첫 번째 생각은 무엇일까요? 당신이 서 있어야 할 마땅한 토대는 어디인가요? 당신이 서 있어야 할 곳은 어디일까요? 당신이 스스로에 대해서 알아야할 사실에는 뭐가 있을까요? 믿는 것? 아니면 수용하는 것?

우선 다음과 같이 시작하는 것이 좋습니다.
"나는 가치가 있다."
"나는 그럴 자격이 있다."
"나는 나를 사랑한다."
"나는 나 자신이 성취되도록 허락한다."

이 개념들은 여러분들이 구축할 수 있는 신념의 기초를 형성합니다. 이러한 기본 구성 위에서 확언을 연습하여 원하는 것을 만드십시오.

제가 어디에서 말을 하거나 강의가 끝날 때쯤 누군가가 다가와서, 같은 공간에 있는 동안 치유를 받았다고 말하거나 편지를 써서 저에게 주곤 합니다. 가끔 그 내용이 사소한 일이기도 하고 때로는 극적인 일이기도 합니다.

얼마 전에 한 여성이 저에게 다가와 가슴에 혹이 생겼다고 말했는데, 강의 도중에 문자 그대로 그 혹이 사라졌습니다. 그녀는 제가 하는 말에서 무언가를 느끼고, 그녀의 무언가를 놓아 주기로 결심했더니 혹이 사라졌다는 것입니다. 이 여성의 사례에서 우리가 얼마나 힘 있는 존재인지를 알 수 있습니다.

우리가 뭔가를 그냥 놔 줄 준비가 안 되어있을 때, 우리가 정말로 어떤 것을 붙잡고 싶을 때, 그것이 어떻게든 우리에게 도움이 되기 때문에 붙잡고 있는 것입니다. 그것은 우리가 무엇을 하든 상관하지 않습니다.

이때는 놓아주는 것이 효과가 없습니다. 하지만 우리가 놓아주려는 준비가 되었을 때는 이 여성이 그랬던 것처럼 아주 최소한의 작은 환경에서 한마디를 듣더라도 우리가 붙잡고 놓지 못했던 것들을 놓아주는 게 가능합니다. 놀랍게도 단 '한 마디'가 탁 놓을 수 있게 도와줍니다.

만약 여러분이 아직도 풀지 못한 습관을 지니고 있다면, 그것이 여러분에게 어떤 상황이 되는지 물어보세요. 그 습관으로 얻은 건 뭐죠? 대답이 잘 나오지 않는다면, 이렇게 물어보세요.

"만약 내가 더 이상 이 습관을 지니지 않는다면, 무슨 일이 일어날까?"

대개는 이런 답이 나올 겁니다.

"삶이 훨씬 더 나아질 것 같아."

그것은 우리가 어떤 면에서 더 나은 삶을 살 자격이 있다고 믿는 상황으로 돌아오게 합니다.

우주 주방에서 주문하기

여러분이 처음 긍정할 때, 그것이 사실이 아닌 것처럼 보일 수 있습니다. 하지만, 기억하세요. 긍정이란 땅에 씨앗을 심는 것과 같습니다. 땅에 씨앗을 뿌리면 다음 날 다 자란 식물이 나오지 않습니다. 성장하는 동안 우리는 인내심을 기를 필요가 있습니다. 계속해서 '긍정 확언'할 때 원하지 않는 것들을 내려놓을 준비기간이 될 수도 있습니다. 그때는 그 확언들이 실제로 그렇게 이루어지게 할 것입니다. 또는 그 확언이 새로운 가능성의 문을 열어 줄 수도 있습니다.

번뜩이는 아이디어가 떠올라 발상이 이루어질 수도 있고, 친구가 전화해서 "이런 거 혹시 시도해 봤어?"라고 아이디어를 줄 수도 있습니다. 즉, 당신에게 도움을 줄 다음 단계로 안내될 것입니다.

'긍정 확언'할 때는 현재 범주로 하세요. 노래를 만들어서 부르면 좋습니다. 머릿속에서 계속해서 그 분구를 반복하는 것이 잠재의식에 새기기 좋습니다. '긍정 확언'으로 타인의 행동을 조정할 수는 없습니다. 그래서 저는 자기 '긍정 확언'이라고 부릅니다. 오직 스스로 긍정하세요. 그러면 나머지 환경은 저절로 바뀔 것입니다.

"존이 나를 사랑한다!"라는 확언은 조작된 것입니다. 다른 사람의 삶을 통제하는 것밖에 안 됩니다. 보통 부메랑 효과를 초래하게 됩니다. 만약 여러분이 원하는 것을 얻지 못하게 될 때는 굉장히 불행한 느낌을 경험하게 될 것입니다. 이렇게 확언하면 좋아요.

"나는 지금 (   )한 아주 멋진 남자에 의해 사랑받는다."

빈칸에는 여러분이 관계에서 바라는 아주 멋진 남자의 모습에 대해서 목록을 작성해 보세요. 목록의 모습에 맞는 당신 안에 있는 힘이 완벽한 사람을 데려올 것입니다. 그 사람이 존이 될 수도 있겠지요.

당신은 다른 사람의 영적인 교훈이 무엇인지 모르고, 그들의 삶에서 배워야 할 정신적인 과정에 간섭할 권리도 없습니다. 당신은 다른 누군가가 대신 해주길 원하지도 않을 것입니다. 누군가 아프면 축복하고 사랑을 보내지만, 쾌유를 요구하지는 마세요. 아픔을 통해서 배워야 할 정신적인 교훈은 당사자의 몫으로 남겨두세요.

저는 자기 '긍정 확언'을 우주 주방에 주문서를 넣는 것으로 비유하고자 합니다. 식당에 갔다가 웨이터나 웨이트리스가 손님에게 와서 주문받으면 주방장이 주문받았는지, 음식을 어떻게 준비하고 있는지 보기 위해서 부엌에 따라 들어가지 않을 것 아닙니까. 앉아서 물이나 커피, 차를 마시거나 친구와 이야기를 나누거나 롤을 먹으면서 기다릴 수도 있습니다. 여러분의 음식이 준비되고 있다고 생각하고 음식이 준비되면 나올 것입니다. 확언할 때도 마찬가지입니다.

우주 주방에 주문을 넣으면 위대한 우주 주방장 즉, 우리보다 훨씬 더 큰 상위의 힘이 작동하고 있습니다. 주문은 들어갔고, 잘 접수되어 어떤 일이 일어나는 중입니다. 그래서 당신은 당신의 삶을 살아가고 그것이 잘 처리되고 있다는 것을 알게 됩니다.

이제 주문한 음식이 나왔습니다. 그런데 그것이 주문한 것이 아니라면, 자궁심이 있는 분이라면 되돌려 보내고 다시 주문할 것입니다. 여러분이 원하는 것이 정확히 안 왔다면 이렇게 말할 것입니다.

"아닙니다. 이건 제가 주문한 게 아니에요. 저것이 제가 주문한 거예요."

우주 주방에서 여러분은 그렇게 할 권리가 있습니다.

물론 여러분이 주문할 때 명확히 주문을 안 했을 수도 있습니다. 자긍심이 없다면 어떻게 할까요? 그냥 나온 음식을 먹겠지요.

여기서도 중요한 건 놓아주는 것입니다. 치유와 명상이 끝날 때, 저는 항상 그 말을 사용합니다.

"더 높은 힘은 당신의 손에 달려 있습니다. 저는 모든 것을 그 높은 힘에서 내려놓습니다."

마음 과학에서 배운 영적인 마음치유 문구는 아주 효과가 좋습니다. 어니스트 홈즈Ernest Holmes의 책을 읽어보거나 지역 종교과학 교회를 통해 더 많은 정보를 얻을 수 있습니다.

잠재의식 재편성

우리가 매일 매 순간 하는 생각들은 축적됩니다. 또 모르는 사이에 과거의 기억들이 표면으로 스멀스멀 올라오기도 합니다. 우리가 마음을 재편성할 때 조금씩 앞으로 갔다가 다시 조금 돌아오기도 하고, 다시 전진하고 이렇게 아주 작게 하는 것이 정상적이고 자연스럽습니다.

이런 게 연습의 일부분입니다. 배우는 단계에서 처음 20분 만에 100% 배울 수 있는 새로운 기술은 없다고 생각합니다.

처음 컴퓨터를 배울 때 얼마나 좌절을 많이 했는지 기억나나요? 연습이 필요했습니다. 어떻게 작동하는지 배워야 했습니다. 컴퓨터의 법칙과 시스템을 배워야 했습니다.

저는 제가 처음 컴퓨터를 받았을 때 컴퓨터를 '마법의 여인'이라고 불렀습니다. 왜냐하면 제가 그녀컴퓨터의 마법에 숙달했을 때 그녀컴퓨터는 저에게 진심으로 마법처럼 보였기 때문입니다.

하지만 제가 배우는 동안 길을 잘못 들어서거나 잘못된 방향으로 가는 것을 가르쳐준 방법은, 다시 해야 할 일의 페이지를 날려버리는 것이었습니다. 그렇게 많은 실수 중에도 저는 시스템과 함께 흘러가는 법을 배웠습니다.

삶의 체계와 함께 흐르기 위해서, 여러분은 잠재의식이 컴퓨터와 같다는 것을 깨달아야 합니다. 쓰레기를 입력하면 쓰레기가 나옵니다. 부정적인 생각을 입력하면 부정적인 경험이 나옵니다. 그렇습니다. 새로운 사고방식을 배우는 데는 시간이 필요합니다. <u>스스로 인내할 것을 허용하세요</u>. 뭔가 새로운 걸 배울 때는 오래된 낡은 유형이 계속 나타납니다.

"음, 배운 게 없잖아?"

이렇게 말할 건가요? 또는 이렇게 말할 수도 있어요.

"좋아, 괜찮아. 힘을 내. 새로운 방법으로 다시 해 보자!"

또는 문제를 해결했다고 가정하고 다시는 문제를 처리할 필요가 없다고 생각해 보세요. 스스로 시험해 보지 않는 이상 어떻게 그걸 해냈는지 알 수 있죠? 그래서, 예전 상황을 다시 한번 꺼내서 어떻게 반응하는지 지켜보세요. 다시 예전의 방식으로 돌아간다면 그 교훈을 아직 배우지 못했다는 것을 알 수 있습니다. 그렇다면 더 큰 노력을 해야 합니다. 더 노력해야 한다는 것이 새로운 교훈으로 나타난 것입니다. 얼마나 멀리 왔는지를 보기 위한 작은 시험이라는 것도 깨달아야 합니다.

확언을 계속 반복하기 시작하면, 자신에 대한 진리의 진술문들이 다르게 대응할 기회를 스스로에게 줍니다. 건강상의 문제든, 재정적인 문제든, 관계상의 어려움이든, 만약 여러분이 상황에 새로운 방식으로 반응한다면, 여러분은 또 다른 문제를 맞게 될 것이고, 다른 분야로 나아갈 수 있습니다.

우리는 한 번에 여러 겹으로 잠재의식에 쌓인 감정들이 작업한다는 것을 기억하세요. 고원에 도달하고, "해냈어!"라고 생각하고 있는데 또 다른 문제가 생겨서 자신에게 상처를 줍니다. 그리고 얼마 동안은 더 좋아지지 않습니다.

잠재의식 깊이 깔린 굳어진 생각들이 무엇인지 살펴보세요. 뭔가 작업해야 할 것이 남아 있다는 걸 알게 될 것입니다. 왜냐하면 여러분은 더 깊은 차원으로 들어가는 과정에 있기 때문입니다.

당신이 충분히 좋은 사람이 아니라고 느끼지 마십시오. 왜냐하면 정화하려고 하려는 것들이 다시 수면 위로 떠오르기 때문입니다. 저는 제가 나쁜 사람이 아니라는 것을 발견했을 때 오래된 쟁점들을 직면하고는 계속 나아가는 것이 쉬워졌습니다. 저는 저 자신에게 이렇게 말하는 것을 배웠습니다.

"루이스, 너는 아주 잘하고 있어. 얼마나 네가 멀리 잘 왔는지 봐봐. 더 연습이 필요할 뿐이야. 나는 너를 사랑해."

저는 우리 각자가 지구라는 행성의 특정한 시간과 공간이라는 점을 택해서 태어나기로 했다고 믿습니다. 우리 모두는 정신적, 진화적인 길로 우리를 성장시킬 특별한 교훈을 배우기 위해 이곳에 오기로 했습니다.

삶의 과정이 여러분에게 긍정적이고 건강한 방식으로 펼쳐지도록 하는 방법의 하나는 여러분 자신의 개인적인 진실을 선언하는 것입니다. 여러분이 그렇게 원하는 혜택을 부정해 온 제한적인 믿음에서 벗어나기로 선택하세요. 부정적인 사고 유형이 마음에서 사라질 것이라고 선언하세요. 두려움과 짐을 놓아버리세요.

오랫동안 저는 다음과 같은 생각을 믿어왔고, 그것들은 효과가 있었습니다.

"내가 알아야 할 모든 것은 내 앞에 드러난다."
"내가 필요로 하는 것은 완벽한 시간과 공간 순서로 나에게 온다."
"인생은 기쁨이고 사랑으로 가득 차 있다."
"나는 사랑하고 있고, 사랑스럽고, 사랑받는다."
"나는 기꺼이 변화하고 성장한다."
"나의 세상에서 모든 것이 다 괜찮다."

우리는 항상 긍정적인 마음을 100% 유지하기는 어렵다는 것을 배웠습니다. 이 앎 안에 저 자신도 포함했습니다. 저는 가능한 삶을 멋지고 즐거운 경험으로 보려고 노력합니다. 저는 제가 안전하다고 믿습니다. 그 안전성을 제 자신을 위한 하나의 법칙으로 만들었습니다.

내가 알아야 할 모든 것이 드러난다고 믿기에 귀와 눈을 열어둘 필요가 있습니다. 암에 걸렸을 때는 발 반사 치료법이 큰 도움이 될 것으로 생각한 게 기억납니다.

어느 날 저녁 강의를 들으러 간 적이 있었는데 보통 때 같으면 앞줄에 앉아 연사 가까이에서 강연을 듣는 것을 좋아하는데 그날따라 뒷줄에 앉으라는 내적 충동이 일었습니다. 착석하자마자 발 반사 치료사가 제 옆에 앉는 것이 아니겠습니까. 우리는 대화를 시작했고, 집에 와서 치료해준다는 것이었습니다. 치료사를 찾을 필요도 없었습니다. 그가 저에게 왔어요.

저는 또한 필요한 긴 완벽한 순간에 완벽한 공간 순서로 온나는 것을 믿습니다. 인생에서 뭔가 잘못되어 가고 있을 때, 즉시 이렇게 생각하기 시작합니다.

"모든 것은 다 잘 되게 되어있어. 괜찮아. 이 일이 괜찮다는 것을 나는 잘 알아. 교훈일 뿐이야. 내가 배워야 하고 경험해야 하는 교훈이야. 어쨌든 그 일은 겪게 되어있어. 여기에서 뭔가 나를 위해 최상의 선이 주어질 것이라는 걸 알아. 모든 것이 다 좋아. 그저 심호흡해 보자꾸나. 괜찮아."

저는 스스로 평온하게 하도록 최선을 다합니다. 그래서 어떤 일이 일어나든 이성적으로 생각할 수 있습니다. 물론 모든 것을 통해 정신 작업을 합니다. 시간이 걸릴 수도 있습니다. 하지만 때때로 재앙이라고 생각했던 큰일이 결국에는 정말 좋은 일로 판명되거나 적어도 처음에 느꼈던 재난 정도는 아닌 때도 있습니다. 모든 일은 배우기 위한 경험입니다.

저는 긍정적인 자기 대화를 많이 합니다. 아침, 점심, 저녁으로 내적 의사소통을 '긍정 확언'으로 채우려고 노력합니다. 저는 가슴속 사랑이라는 공간에서 왔습니다. 그리고 저 자신과 타인을 가능한 한 많이 사랑하려고 연습합니다. 제 사랑은 항상 확장됩니다. 오늘 제가 하는 일은 6개월이나 1년 전에 했던 것보다 훨씬 더 많아요. 1년 뒤에는 제 의식과 마음이 더 넓어지고 확장되기 때문에 더 많은 일을 하고 있을 겁니다. 저는 제가 저 자신에 대해서 믿는 바가 저에게 진실이 된다는 것을 알고 있습니다. 그래서 나에 대해 멋진 것들을 믿기 시작했습니다. 그렇지 않았던 시절이 있었기에 제가 성장한 것을 알고, 계속 제 자신을 위해 노력하고 있습니다.

저는 또 명상의 힘을 믿습니다. 저에게 명상이란, 저의 깊은 지혜를 듣기 위해 충분히 오랫동안 내면의 대화를 중단하고 앉아있는 걸 의미합니다. 명상할 때는 보통 눈을 감고, 심호흡을 크게 한 후 이렇게 묻습니다.

"내가 알아야 할 것은 무엇일까?"

앉아서 고요히 답이 나올 때까지 기다렸다가 알아차립니다. 그런 다음 이렇게 물을 수도 있습니다.

"배워야 할 교훈은 무엇이 있을까?" 혹은 **"이 일에서 얻을 수 있는 교훈은 무엇이 있을까?"**

때때로 우리는 인생에서 모든 것을 고쳐야 한다고 생각합니다. 그리고 어쩌면 우리는 그 상황에서 무언가를 배워야 할 수도 있습니다.

제가 처음 명상했을 때는 3주 동안 두통이 심했습니다. 명상은 너무나 생소했고, 내면의 무의식 프로그램에 반하는 것들이었습니다. 그런데도 저는 참았고, 두통은 결국 사라졌습니다.

명상할 때 엄청난 양의 부정성이 올라올 때는 그것들이 올라와야 할 필요가 있기 때문입니다. 내면을 고요히 할 때는 부정성이 의식의 수면으로 흐르기 시작한다는 뜻입니다. 부정성이 풀리는 것을 보기만 하면 됩니다. 저항하지 말고, 그것이 필요한 만큼 오래 놔두세요.

명상할 때 잠이 오는 건 괜찮습니다. 몸이 필요한 걸 하게 해주세요. 놔두면 차츰, 제때 균형을 잡아갈 것입니다.

여러분의 부정적인 신념을 다시 편성하는 것은 매우 강력합니다. 신념을 재편성하는 좋은 방법은 '긍정 확언'을 만들어 자신의 목소리로 녹음하는 것입니다. 자면서 자신의 목소리로 녹음된 확언을 들려주세요. 자신의 목소리를 듣는 것이기 때문에 잠재의식에 잘 각인이 되는 아주 가치 있는 작업입니다. 그리고 자신의 목소리보다 더 효과가 강력한 것은 엄마의 목소리를 녹음하는 것입니다. 엄마가 자신을 얼마나 사랑하고 멋지다고 칭찬하는지 자신에 대해 좋은 긍정인 면들을 녹음해 달라고 하세요. 녹음본이 있으면 자기 전에 몸을 이완시키면서 듣습니다.

어떤 사람들은 발가락 끝에서 시작해서 정수리까지 올라가 긴장을 푸는 것을 좋아합니다. 어떻게 해서든 자기 전에는 몸에 긴장을 모두 풀고 주무세요. 개방성과 수용성의 상태로 들어가는 겁니다. 마음이 편할수록, 새로운 정보를 받기가 더 쉬워집니다. 기억하세요. 여러분은 항상 삶에 책임지고 있고, 늘 안전하다는 것을요.

테이프를 듣거나 자기 인생에 관련된 책을 읽고 몇 분 정도 '긍정 확언'을 하는 것은 멋진 일입니다. 하지만 하루 중 나머지 23시간 30분 동안에는 무엇을 하고 있을 겁니까? 그것이 더 중요하다는 것을 알 수 있어요. 앉아서 명상하고 일어서면서 직장에 급하게 가고 누군가에게 소리를 지른다면 그것도 부정 확언이기 때문에 중요합니다. 명상과 확언은 훌륭하지만, 나머지 시간에 내적 상태가 어떠한가도 중요합니다.

의심을 친근하게 상기시키는 것으로 간주

저는 종종 사람들이 '긍정 확언'을 올바로 하는지에 관한 질문을 받습니다. 일할 때에도 올바로 '긍정 확언'을 잘하고 있는지 물어올 때가 있습니다. 그러면 저는 지금까지 품어왔던 의심들을 조금 다르게 생각해봤으면 좋겠다고 말해요. 저는 잠재의식이 신체의 명치 부위에 존재한다고 믿습니다. 그곳에서 직감이 나옵니다. 무슨 일이 생기면 바로 직감이 떠오르지 않나요? 그곳이 여러분이 모든 것을 받아들여서 저장하는 곳입니다.

우리가 어린 아기였을 때 주위 환경으로부터 모든 정보를 받아들였습니다. 정보와 우리가 했던 모든 것, 우리가 말한 모든 것들이 바로 여기 명치장 明治臟 안에 있는 파일의 캐비닛으로 들어갑니다.

저는 그 안에 작은 전달자, 혹은 배달원이 있다고 생각합니다. 그리고 우리가 생각하거나 경험할 때 정보들이 들어가고, 전달자는 그것들을 적절한 파일로 정리해서 저장해 둡니다.

우리는 대부분 다음과 같은 라벨이 붙은 파일을 쌓아왔습니다.

"난 충분치 않아. 절대 할 수 없을 거야. 난 제대로 못 해."

우리는 이런 파일들 아래에 완전히 묻혀있습니다. 그런데 갑자기 이런 확언이 들어옵니다.

"나는 멋지고 나를 사랑해."

그러면 전달자, 또는 배달원들이 이렇게 생각합니다.

"이게 뭐야? 어디 파일로 분류해야 하지? 우리는 전에 이런 말을 들어본 적이 없어."

그래서 전달자들은 이 파일들을 "의심"이라고 부릅니다.

"의심하십시오! 이리로 와서 무슨 일인지 보십시오."

그래서 '의심'이라는 정보를 받고 의식 속으로 묻어버립니다. 의식적인 차원에서 우리는 두 가지 방법으로 반응할 수 있습니다. 하나는 이렇게 말할 수 있습니다.

"오. 네 말이 맞아. 나는 형편없어. 난 쓸모가 없어. 미안합니다. 그 '긍정확언'은 올바른 정보가 아닙니다."라고 말해 버리고는 예전의 방식으로 돌아갑니다. 또 하나는 의심에 대해서 이렇게 말할 수도 있습니다.

"그거 옛날이야기야. 지금은 시대가 바뀌었는데 그런 정보 필요 없어." 라고.

이것이 새로운 정보입니다. 앞으로 이런 사랑스러운 정보들이 상기하는 차원에서 많이 들어올 테니 의심에 새 파일들을 저장하기 시작하라고 하세요. 의심을 적이 아닌 친근한 친구로 대하는 법을 배우고 이렇게 의심에 이야기하는 겁니다.

"의심해줘서 고마워."

이 세상에서는 당신이 무엇을 하든 중요하지 않습니다. 은행 지점장이든, 식당에서 설거지하는 사람이든, 주부든, 선원이든 그런 건 중요하지 않습니다.

모든 사람들 안에는 우주의 진실과 연결된 지혜가 있습니다. 내면을 바라보고 "이 경험이 나에게 무엇을 가르쳐주려고 하는 걸까?" 같은 질문에 답을 얻고자 한다면 어떤 직업을 가졌든 어떤 신분이든 해답을 얻을 수 있습니다.

우리는 내면의 해답을 듣지 못하게 하는 삶의 연속극을 쓰느라 정신없이 돌아다니고 있습니다. 타인들의 옳고 그름에 자신을 맞추느라 힘을 낭비하지 마십시오. 우리가 그들에게 힘을 줄 때만 그들은 힘을 발휘할 수 있어요.

많은 사람이 힘을 타인에게 줍니다. 많은 문화에서 그런 현상을 발견할 수 있어요. "남편이 못 가게 해요."라는 말을 하기도 합니다. 그들은 자신의 힘을 빼앗기는 겁니다. 만약 당신이 그렇게 믿는다면 당신은 타인으로부터 허락받지 않는 한 어떤 것도 할 수 없는 곳으로 끌려가 꼼짝달싹 못하게 됩니다.

여러분은 더 마음을 여는 순간 더 많은 것을 배울 것이고, 더 많이 성장하고 변화할 것입니다.

예전에 어떤 여성은 자신이 단호하지 못하다고 저에게 말했어요. 그녀는 그렇기 자랐기 때문입니다. 그리고 그녀의 환경이 그녀를 고립시키고 있다는 것을 아는 데까지는 몇 년이 걸렸습니다. 그녀는 자신의 결혼 생활에 대해 남편과 시댁을 비난했어요. 결국, 그녀는 이혼했지만, 여전히 인생에서 일어나는 좋지 않은 일들에 대해 그들을 비난했습니다.

자신의 유형을 다시 익히고 힘을 찾는 데 10년이 걸렸습니다. 자신이 스스로 목소리를 내어 말하지 않고 스스로 옹호하지 않는 책임이 자기에게도 있다는 것을 깨달은 것입니다. 시댁과 남편은 내면에서 느끼는 감정, 무력감을 되돌아보기 위해 그곳에 있었습니다.

어디에서 읽은 것으로 당신의 힘을 분산시키지 마세요. 몇 년 전 유명한 잡지에서 기사를 읽었는데 기사에 묘사된 각 주제에 대해 우연히 알게 되었는데 제 기억으로는 그 기사가 완전히 잘못되었습니다. 그 잡지는 나에게서 신용을 완전히 잃었고 오랫동안 그 잡지는 읽지 않았습니다. 당신은 인생의 권위자입니다. 그러니 어떤 것이 문자로 인쇄되었다고 해서 항상 그것이 진실일 것이라고 생각하지 마세요.

영감을 주는 강연자 테리 콜 휘태커 Terry Cole-Whittaker 는 《당신이 저에 대해 하는 생각은 저와 관련이 없거든요 What you Think of Me is None of My Business》라는 멋진 책을 썼습니다. 사실입니다. 당신이 날 어떻게 생각하든 내가 상관할 바가 아닙니다. 결국에 당신이 나에 대해서 생각하는 바는 진동으로 그 힘이 다시 당신에게 갈 것입니다.

우리가 빛을 가지고, 무엇을 하는지 의식할 때 변화가 시작될 수 있습니다. 인생은 당신을 위한 것입니다. 스스로 질문할 필요가 있습니다. 당신이 원하는 것이 무엇인지 삶에 질문하고 좋은 일이 일어나도록 하세요.

The Power is within you

2부
장애물 해결하기

우리는 내면에서 무슨 일이 일어나는지 알고 싶어 합니다.
그러므로 우리는 무엇을 놓아야 할지 알 수 있을 겁니다.
고통을 숨기는 대신,
고통을 완전히 놓아줄 수 있습니다.

제5장

당신을 구속하는 장애물 이해하기

자기혐오, 죄책감, 자기비판이
만성적인 유형은 신체의 스트레스
수준을 높이고 면역체계를 약화시킵니다.

이제 우리 안에 있는 힘에 대해 조금 더 이해했으니, 무엇이 그 힘을 사용하지 못하게 하는지 살펴봅시다. 우리는 모두 이런저런 장벽을 가지고 있다고 생각합니다. 우리가 스스로 많은 일을 하고, 장애물들을 걷어내도 여전히 새로운 층의 낡은 장벽이 계속 올라옵니다.

우리 중 많은 사람은 스스로 결점이 너무 많다고 느껴서 우리가 충분하지 않고 결코 그렇게 될 수 없을 거라고 믿습니다. 그리고 만약 뭔가 잘못된 걸 발견하였다면, 우리는 다른 사람에게도 잘못된 걸 발견하게 될 겁니다. 만약 우리가 여전히 "어머니가 말씀하셨기 때문에, 아버지가 안 된다고 말씀하셨기 때문에 저는 이것을 할 수 없습니다."라고 계속 말하고 있다면 아직 철이 들지 않은 겁니다.

그래서 이제 여러분은 장벽을 풀고, 어쩌면 전에는 몰랐던 것을 배우고 싶어 할 것입니다. 아마 여기 이번 장의 한 문장이 여러분에게 새로운 생각을 불러일으킬 겁니다.

여러분은 매일 과거를 버리고 삶에 조화를 이루도록 도울 새로운 생각을 배운다면 얼마나 멋질지 상상할 수 있나요? 인생의 개별적인 과정을 이해하게 되면, 어떤 방향으로 나아갈지 알게 될 것입니다. 만약 여러분이 자신에 대해 배우는 데 힘을 쏟게 되면 결국 자신이 풀어야 할 문제들을 보게 될 것입니다.

우리는 모두 살면서 어려움을 겪습니다. 그렇지 않다면, 지구라고 불리는 이 특별한 학교에 온 목적이 무엇이겠습니까? 어떤 사람들에게는 건강상에 문제가 있고, 또 다른 사람들에게는 관계상 문제가 있을 수 있습니다. 혹은 직업이나 재정적인 문제가 있을 수도 있습니다. 어떤 사람은 문제가 적을 수도 있고, 또 어떤 사람들은 모든 면에서 문제가 있을 수도 있습니다.

제 생각에 우리의 가장 큰 문제 중 하나는 무엇을 놓아버리고 싶은지를 전혀 모른다는 것입니다. 무언가 제대로 흘러가지 않는다는 것을 알고, 삶에서 뭔가 다른 것을 원하는 것은 알고는 있지만 가로막는 방해물에 대해서는 전혀 알지 못합니다. 그럼 이번에는 우리를 가로막고 있는 장벽이 뭔지를 살펴보도록 합시다.

자신의 문제와 생각과 유형에 대해서 잠시 생각해 보세요. 당신을 망설이게 하는 것들. 비난, 두려움, 죄책감, 분노 이 4가지 영역에서 여러분은 어디에 해당하나요? 제가 큰 문제 4개라고 명명하는 이 4가지 영역 중에 여러분이 가장 좋아하는 건 뭔가요? 저는 비난과 분노의 조합입니다. 여러분도 아마 저와 같거나 2개나 3개 정도를 가지고 있다고 생각합니다. 항상 두려움이 올라오나요? 아니면 죄책감? 아주 비판적이거나 화가 났을 때를 떠올려 보세요. 원망을 억누르는 분노라는 점을 짚어보겠습니다. 그래서 만약 당신이 화를 표현하는 것이 허용되지 않는다고 믿는다면 그 화를 무의식 깊이 분노로 저장하게 됩니다.

우리는 감정을 부정할 수 없습니다. 우리는 감정을 쉽게 무시할 수 없어요. 저는 암진단을 받았을 때, 저 자신을 똑똑히 마주해야 했어요. 나에 대해서 인정하고 싶지 않은 말도 안 되는 것들을 인정해야 했어요. 예를 들면, 저는 굉장히 원망이 가득한 사람이었고, 과거로부터 많은 상처를 끌어안고 있었습니다. 그런데 내면에서는 "루이스, 넌 더 이상 그런 일에 몰두할 시간이 없어. 정말 변해야 해."라고 말했습니다. 또는 피터 윌리엄스가 말한 "부정적인 사고의 사치를 더 이상 감당할 수 없다."라는 말을 저에게 했어요.

당신의 경험은 항상 내면의 생각을 반영합니다. 여러분은 문자 그대로 여러분의 경험을 통하여 믿음이 무엇인지 결정할 수 있습니다. 생각해 보면 좀 혼란스러울 수도 있지만, 여러분의 삶에서 곁에 있는 사람들을 보면, 그들은 모두 여러분의 믿음을 반영하고 있습니다. 만약 당신이 직장에서 항상 비난받는다면, 그것은 아마도 당신이 비판적이고 한때 아이를 비판했던 부모였기 때문일 것입니다.

우리 삶의 모든 것은 우리가 누구인지를 보여주는 거울입니다. 뭔가 불가능한 일이 일어나고 있을 때, 우리는 내부를 들여다보고 이렇게 말할 기회를 얻게 됩니다.

"내가 이 경험에 어떤 이바지를 하고 있지? 내가 이런 일을 당해도 된다고 믿는 내면의 이유가 뭘까?"

우리는 모두 가족의 유형을 가지고 있고, 부모님, 어린 시절, 또는 환경을 탓하기 쉽지만, 탓하기만 하는 행동은 우리를 꼼짝 못하게 합니다. 우리는 자유롭지 못하고, 피해자로 남아서 같은 문제를 계속 반복할 뿐입니다.

그러니 다른 사람들이 당신에게 한 잘못된 행동이나 과거에 그들이 가르쳤던 것은 정말 중요하지 않습니다. 오늘은 새로운 날입니다. 당신은 지금에 있습니다. 지금 당신은 세상에서 당신의 인생과 미래를 창조하는 날입니다. 제가 지금 하는 말도 여러분에게 중요하지 않습니다. 왜냐하면 여러분만이 그 작업을 할 수 있으니까요.

여러분만이 생각하고 느끼고 행동하는 것을 변화시킬 수 있습니다. 저는 여러분이 그렇게 할 수 있다고 말해주는 것뿐입니다. 여러분은 반드시 할 수 있습니다. 왜냐하면 여러분이 마음만 먹는다면 내면의 더 큰 힘이 자유롭도록 의식을 일깨울 것이기 때문입니다.

어린아이였을 때 있는 그대로 사랑을 받았다는 것을 기억할 필요가 있습니다. 아기가 자기의 몸을 보며 엉덩이가 너무 크다고 생각하여 실망하지는 않을 것입니다. 아기들은 자기의 몸을 보며 기쁘고 즐거워합니다. 아이가 행복하다고 할 때는 보는 사람들도 다 압니다. 아이가 화가 났을 때도 동네 사람들이 다 압니다. 아기들은 순간에 존재합니다. 여러분도 아기 때는 그랬습니다. 자라면서 주변에 있는 사람들에게서 두려움과 죄책감, 비난을 배웠습니다.

비난이 주된 집안에서 성장했다면, 당신도 마찬가지로 어른으로 성장할 때 비판적으로 될 가능성이 있습니다. 화를 표현하는 것이 허용되지 않는 집안에서 자랐다면, 아마도 여러분은 화를 내는 데 대한 거부감, 또는 공포감을 느낄 것이고, 감정에 직면하지 않고 화가 나면 삼켰을 것입니다. 그리고 그 화가 몸에 잠재되었을 것입니다.

만약 여러분이 모든 가족의 구성원이 죄책감으로 똘똘 뭉쳐있는 가정에서 자랐다면, 아마도 커가면서 여러분도 그렇게 죄책감이 가득하게 될 것입니다. 항상 가정에서 '미안합니다. 죄송합니다.'라는 말을 했을 것입니다. 어떤 것도 바로 부탁을 못할 가능성이 큽니다. 원하는 걸 얻기 위해서 뭔가 조정 당해야 한다고 느낄 수도 있습니다.

우리가 성장하면서 이런 잘못된 신념을 고르기 시작했고, 내면의 지혜에 접속하는 법을 잊었습니다. 그러므로 우리는 정말 이런 아이디어들을 풀어줘야 하고 우리가 진심으로 자신을 사랑했던 정신의 순수성으로 돌아와야 합니다. 우리는 멋진 삶의 순진무결함과 순간순간의 존재하는 아기같이 세상의 경이로움에 지복祉福을 느끼는 기쁨을 재정립해야 합니다.

스스로 진실하게 되고 싶은 것을 생각해 보세요. 그것들을 부정적인 확언보다는 '긍정 확언'으로 말해보세요. 자, 거울로 가서 당신의 확언을 반복하세요. 방해되는 장해물이 무엇인지 살펴보세요. "나는 나를 사랑하고 인정해"라는 확언을 시작할 때, 어떤 부정적인 메시지가 나타나는지 정말로 주목해 보세요. 왜냐하면 그것들을 인식함에 따라서 장애물들이 자유의 문을 여는 보물이 되기 때문입니다. 보통, 그 정보들은 제가 앞에서 언급한 비판, 두려움, 죄책감, 원망, 이 네 가지 중 하나입니다. 아마 여러분은 사람들이 '뒤에서 하는 말이나 정보'를 배웠을 것입니다.

여러분 중 몇몇은 이생에서 한 가지 어려운 일을 선택했고, 누가 무슨 말을 해도 '스스로 사랑하기 위해 이곳에 태어났다'는 것이 제 신념입니다.

우리는 항상 부모님이나 친구들의 생각을 뛰어넘을 수 있습니다. 만약 여러분이 착한 어린 소년이거나 소녀였다면, 부모님의 제한적인 인생관을 배웠을 가능성이 큽니다.

당신도 알다시피, 당신은 나쁜 사람이 아닙니다. 당신은 어린 시절에 이상적인 아이였습니다. 부모님이 가르쳐준 것을 정확히 배웠습니다. 당신은 커서 부모님의 인생관과 똑같은 일을 하고 있습니다. 당신은 얼마나 많이 부모님이 어렸을 때 했던 말을 속으로 듣고 있나요? 축하합니다! 부모님은 당신의 좋은 선생님이었고, 당신은 부모님의 훌륭한 학생이었지만, 이젠 스스로 생각하기 시작해야 합니다.

우리 중 많은 사람이 거울을 보고 자신의 확언을 반복할 때 저항에 직면할 수 있습니다. 하지만, 걱정하지 마세요. 저항은 변화하기 위한 첫 번째 단계입니다.

우리 대부분은 우리의 삶이 바뀌기를 원하지만, 우리가 무언가 다르게 해야 한다고 들었을 때는, 우리는 이렇게 말합니다. "누구? 나라고? 내가 변해야 한다고? 난 그걸 원하지 않아."

어떤 사람들은 절망감을 경험할 수도 있습니다. 종종 거울을 보고 "사랑해"라고 말하면, '내면아이'가 "지금까지 어디에 있었던 거니?", 혹은 "네가 나를 알아차리길 기다렸어."라면서 슬픔의 물결이 밀려오기도 합니다. 이런 경우는 당신이 '내면아이'를 너무나도 오랫동안 거부했기 때문입니다.

제가 이 훈련을 제 작업실에서 했을 때, 어떤 여성 내담자가 '내면아이'를 직면하는 게 매우 무섭다고 했습니다. 제가 무엇이 그녀를 그렇게 두렵게 했냐고 물었더니, 그녀는 자신이 근친상간의 희생자이며 그런 아픔 가운데도 죽지 않고 살아남은 최고의 생존자라는 사실을 고백해 주었습니다. 우리 중 많은 사람이 근친상간이라는 경험을 해 왔고, 우리는 그것을 극복하는 법을 배우는 중입니다.

이런 일이 우리 행성에서 자주 일어난다는 것이 매우 흥미롭습니다. 요즘 근친상간 이야기를 너무 많이 읽었는데, 지금은 그 어느 때보다 더 이상 그런 일이 많이 일어나지는 않는 것 같습니다.

우리는 이제 아이들에게 권리가 있다고 느끼는 상태로 발전했고, 우리 스스로가 사회에서 이 아픈 곳을 볼 수 있도록 허용하고 있기 때문일 것입니다. 문제를 해결하기 위해서는 먼저 인식한 후에 해결할 수 있어야 합니다.

근친상간의 피해자들에게 치료는 매우 중요합니다. 우리는 이런 감정들을 헤쳐 나갈 수 있는 안전한 공간이 필요합니다. 우리가 분노와 노여움과 수치심을 떨쳐냈을 때 우리는 우리 자신을 사랑할 수 있는 공간으로 이동합니다. 우리가 어떤 일을 하고 있든지 간에, 올라오는 감정들이 그저 감정일 뿐이라는 것을 기억하도록 노력해야 합니다.

우리는 그런 경험을 이제 더 이상 하지 않습니다. 내면의 아이가 안심할 수 있도록 노력해야 합니다. 우리는 스스로 그런 상황에서도 잘 살아온 용기를 지님에 감사해야 합니다.

근친상간과 같은 문제들을 다룰 때, 상대방이 가지고 있는 이해와 인식과 지식을 가지고 그 당시에는 할 수 있는 한 최선을 다했다는 것을 받아들이기가 어려울 때가 있을 것입니다. 폭력 행위는 항상 폭력을 당한 사람들이 합니다. 우리는 모두 치유가 필요합니다. 우리가 있는 그대로를 사랑하고 소중히 여기는 법을 배울 때 더 이상 누구도 해치지 않을 것입니다.

모든 비판 중지

비판을 다룰 때, 우리는 항상 같은 일에 대해 계속 반복하며 자신을 비판

합니다. 언제 깨어나서 비판이 통하지 않는다는 것을 알게 될까요? 다른 전략을 써봅시다. 지금 있는 그대로의 모습을 인정해 봅시다. 비판적인 사람들은 비판이 그들의 습관적 유형이므로 종종 비난을 많이 받습니다. 밖으로 내보낸 건 언제나 돌려받습니다. 그들은 또한 항상 완벽해야 할 필요가 있을지도 모릅니다. 누가 완벽한가요? 당신은 완벽한 사람들을 만나본 적이 있나요? 전 아직 못 봤습니다. 만약 우리가 다른 사람들에 대해 불평한다면, 우리는 정말 우리 자신의 어떤 측면에 대해 불평하는 것입니다.

모든 사람은 우리의 반영이고, 우리가 다른 사람들에게서 보는 것은 우리 자신에게서 보는 것입니다. 많은 경우 자신의 일부분을 받아들이고 싶어 하지 않습니다. 술, 마약, 담배, 과식 등 충동적인 행위로 자신을 학대합니다. 이런 행위는 완벽하지 않은 것에 대해 자책하는 방법들입니다. 하지만 누구를 위해 완벽해져야 할까요? 아직도 누군가의 요구와 기대를 충족시키려고 하고 있나요? 기꺼이 그 일을 잊어버리세요. 그냥 있는 그대로 존재해야 합니다. 당신은 바로 지금, 이 순간 당신이 훌륭하다는 것을 알게 될 겁니다.

항상 인생을 부정적인 눈으로 보는 사람이라면, 자신을 좀 더 사랑하고 받아들이기 위해서는 시간이 걸릴 것입니다. 존재의 현실이 아닌 습관일 뿐인 비판을 떨쳐버리는 연습을 하면서 자신에게 인내하는 방법을 배우게 될 것입니다.

누구로부터도 비난받지 않고 살아갈 수 있다면 얼마나 좋을지 상상할 수 있나요? 완벽히 편안하고 여유로울 것입니다. 매일 새날이 될 것입니다. 아무도 당신을 비난하거나 무시하지 않을 것이기 때문에 아침에 일어나서 있는 그대로 사랑하고 받아들일 것입니다. 자신을 좀 더 특별하게 만드는 것들을 더 많이 받아들이면서 이 행복을 스스로에게 줄 수 있습니다.

자신과 함께 사는 것은 상상할 수 있는 가장 멋진 경험이 될 수 있습니다. 당신은 아침에 일어나서 자신과 다른 하루를 보내는 즐거움을 느낄 수 있을 겁니다.

있는 그대로의 자신을 사랑할 때, 당신은 자동으로 자신의 가장 좋은 장점을 끌어냅니다. 저는 당신이 더 나은 사람이 될 거라고 말하는 게 아닙니다. 왜냐하면 그것은 지금 충분하지 않다는 것을 의미하기 때문입니다. 하지만, 여러분은 여러분의 필요를 충족시키고, 자신이 진짜 누구인지 더 많이 표현할 수 있는 더 긍정적인 방법을 찾을 수 있을 것입니다.

죄책감은 우리를 열등하게 만든다

많은 경우 사람들은 부정적인 정보를 당신에게 던집니다. 왜냐하면 그것은 당신을 조정할 수 있는 가장 좋은 방법이기 때문입니다. 만약 어떤 사람들이 여러분을 죄책감 느끼게 한다면, 스스로 물어보세요. "맞아. 나는 죄를 지었어. 나는 그들이 말하는 대로 해야 해"라고 내면으로 동의하는 대신 **"그들은 무엇을 원할까?"** 그리고 **"왜 이런 짓을 하는 걸까?"** 라고 질문을 해보세요.

많은 부모님이 그들의 자녀를 죄책감으로 조종합니다. 왜냐하면 그 부모님들도 그렇게 자랐기 때문입니다. 그들은 자녀들이 본인들보다 죄책감을 덜 느끼도록 거짓말을 합니다. 어떤 사람들은 어른이 되어서도 여전히 친척이나 친구들에 의해 조종 당하는데, 그 이유는 첫째로 그들은 자신을 존중하지 않기 때문입니다. 그들이 자신을 존중한다면 그들은 그런 일이 일어나도록 내버려 두지 않을 것입니다. 두 번째로 그들은 그들 스스로 조종하고 있습니다.

여러분 중 다수는 죄책감 속에 살고 있습니다. 당신은 항상 잘못되었다고 느끼거나, 옳은 일을 하고 있지 않다고 느끼거나, 또는 무언가를 위해 다른 사람에게 사과합니다.

여러분은 과거에 한 일에 대해 자신을 용서하지 못할 것입니다. 당신의 인생에서 일어나는 많은 일들에 대해 자책합니다. 구름이 흩어지게 놔두세요. 당신은 이제 더 이상 그렇게 살 필요가 없습니다.

여러분 중 죄책감을 느끼는 사람들은 이제 싫다고 말할 수 있습니다. 말도 안 되는 소리를 하는 사람에게 전화를 걸어서 따질 수도 있습니다. 화를 내라는 것이 아니라 이제는 그들의 장난에 동조할 필요가 없다는 뜻입니다.

"아니요"라고 낯설지만 매일 간단하게 연습 삼아 말하세요.

"아니요. 아니요. 나는 그걸 할 수 없습니다."

이렇게 말할 수 없다는 변명을 하지 마세요. 그렇지 않으면 조정자들은 당신의 결정을 설득할 수 있는 실탄을 던질 것입니다. 사람들이 당신을 조종할 수 없다는 걸 알게 되면, 그들은 멈출 겁니다. 사람들은 당신이 허락하지 않는 한, 통제하지 않을 것입니다. 처음 거절했을 때는 죄책감을 느낄 수 있지만, 다음 몇 번은 더 쉬워질 것입니다.

제 강의 중 한 여성은 선천적인 심장 장애를 가지고 태어난 아기가 있었습니다. 그녀는 아이에게 자신이 뭔가 잘못했다고 믿었기 때문에 죄책감을 느겼습니다. 불행하게도 죄책감은 어떤 것도 해결하지 못합니다. 그 아이 엄마의 경우, 아무에게도 잘못한 게 없습니다. 아이에게는 그 장애가 영혼의 선택으로 결정된 것일 수도 있고, 엄마와 아이에게 영혼이 주는 교훈일 수도 있습니다.

제 대답은 그녀가 아기를 사랑하고, 자신을 사랑하고, 그녀가 뭔가 잘못했다는 느낌을 멈추는 것입니다. 그런 종류의 죄책감은 누구도 치유하지 못할 것입니다.

당신이 누군가에게 미안한 일이 될 행동을 한다면, 그 행동을 멈추세요. 만약 여러분이 과거에 여전히 죄책감을 느끼는 일을 했다면, 자신을 용서하세요. 만약 용서할 행동에 대해 보상할 수 있다면, 보상해주고, 다시는 그 행동을 반복하지 않겠다고 결심하세요. 삶에서 죄책감이 올라올 때마다 스스로 물어보세요,

"나에 대해서 여전히 무엇을 믿는 걸까?"
"나는 누구를 기쁘게 하려고 하는 걸까?"

어린 시절의 믿음이 떠오르는 것에 주목하세요.

교통사고와 관련된 누군가가 저를 찾아오면, 대개는 깊은 수준의 죄책감과 처벌의 필요성을 느낀다는 것을 알 수 있습니다. 또한 우리는 스스로 대변할 권리가 없다고 느끼기 때문에 억압된 적대감이 생길 수 있습니다. 죄의식은 처벌을 요구하여, 그래서 우리는 말 그대로 우리가 스스로 판사가 되고, 배심원이 되고, 스스로가 정한 감옥에 갇히게 합니다. 우리가 스스로 벌하는데, 주변에 우리를 방어해 줄 사람은 아무도 없습니다. 슬픈 일입니다.

이제 우리 자신을 용서하고 해방할 때입니다.

제가 하는 세미나에서 한 할머니는 그녀의 중년 아들에 대해 엄청난 죄책감을 느꼈습니다. 그는 매우 내성적인 사람으로 성장한 외동아이였습니다. 그녀는 그가 자라는 동안 그에게 매우 엄격했기 때문에 죄책감을 느꼈습니다. 저는 그녀가 아들을 키울 동안 할 줄 아는 한 최선을 다했다고 설명했습니다. 저는 그가 이 생애를 선택해 태어나기 전에 그녀를 어머니로 선택했다고 믿습니다. 그래서 영적인 차원에서 그는 자신이 무엇을 하고 있는지 알고 있었습니다.

저는 그녀에게 그녀가 바꿀 수 없는 어떤 것에 대하여 죄책감을 느끼며 모든 힘을 낭비하고 있다고 말했습니다. 그녀는 "아들이 이렇게 초라하게 있다니 너무나도 안타깝고, 내가 일을 잘못해서 미안해."라며 한숨을 지었습니다.

모두 알다시피, 그것은 힘을 낭비하는 것입니다. 왜냐하면, 죄책감은 지금 그녀의 아들에게 도움이 되지 않고, 확실히 그녀에게도 도움이 되지 않기 때문입니다. 죄책감은 매우 무거운 짐이 되어 열등감을 느끼게 합니다.

대신, 저는 그 감정이 떠오를 때마다 그녀가 이렇게 말할 수도 있다고 했습니다.

"아뇨, 이제 더 이상 그 감정을 느끼고 싶지 않아요. 이제 나는 기꺼이 나 자신을 사랑하는 법을 배울 것입니다. 아들을 있는 그대로 받아들일 것입니다."

만약 그녀가 이 '긍정 확언'을 계속한다면, 내면의 대화 유형이 바뀌기 시작할 것입니다.

비록 우리가 자신을 사랑하는 방법을 알지 못한다고 해도, 우리가 기꺼이 자신을 사랑할 의지가 있다는 사실은 다른 의미를 만들어 낼 것입니다. 죄책감의 유형을 고수하는 것은 가치가 없습니다. 항상 교훈은 너 자신을 사랑하라는 것이었습니다. 아들은 자신을 사랑하기 위해 이 세상에 왔습니다. 그녀는 그를 위해 그것을 대신해 줄 수 없고, 아들은 엄마를 위해 대신 할 수 없습니다.

조직화한 종교가 때로는 사람들에게 죄의식을 느끼게 만듭니다. 많은 종교가 사람들을 계율에 따르게 하여 규칙을 어기면 죄책감을 느끼게 하는 걸 좋아합니다. 특히 사람들이 어렸을 때 특정 종교에 종속하게 만듭니다. 하지만, 우리는 더 이상 어린아이가 아니며, 특정 종교 교리의 규칙에 따를 필요가 없습니다. 우리는 스스로 믿고 싶은 것을 결정할 수 있는 어른들입니다.

'내면아이'는 죄책감을 느낍니다. 그러나 죄책감을 느끼는 아이에게 다른 방식으로 가르쳐줄 수 있는 어른도 우리 안에 있습니다.

감정을 억누르거나 어떤 일들을 내면에 쌓아두게 되면, 여러분은 내면에 혼란을 일으킵니다. 여러분의 감정을 느낄 수 있도록 스스로 충분히 사랑하도록 허용하세요. 감정이 표면 의식으로 떠오르도록 허용하세요. 이렇게 감정을 마주하는 작업을 할 때 며칠 동안 화가 많이 나거나 눈물이 날 수도 있습니다. 아주 오랫동안 꾹꾹 눌러 놓았던 감정들을 보게 되는 과정을 겪을 수도 있습니다.

이러한 감정 풀기 작업을 하는 동안 이 과정을 보다 더 수월하고, 부드럽고, 편안하게 진행할 수 있는 말을 찾아 '긍정 확언'하길 제안합니다.

"나는 이제 모든 부정적인 신념들을 수월하게 풀어줄 거야."
"변하는 건 편안해."
"이제 내 길은 평탄해졌어."
"나는 과거로부터 자유로워."

덧붙여 제안해 드리는 것은, 여러분의 감정에 판단을 더하지 마세요. 판단하면 감정을 더 깊숙이 밀어 넣는 격이 됩니다. 만약 여러분이 믿을 수 없는 곤란한 상황이나 위기를 겪고 있다면, 기꺼이 그 감정을 느끼는 자신이 안전하다고 확언하세요. 이러한 긍정적인 감정을 긍정하는 것은 유익한 변화를 가져올 것입니다.

제6장
감정을 드러내기

비극도 성장을 위한 방법으로 접근한다면
가장 큰 최상의 선으로 판명될 수 있습니다.

긍정적인 방법으로 분노를 표출하기

　누구나 살면서 한 번쯤은 분노를 겪습니다. 화는 정직한 감정입니다. 화가 외부로 표현되거나 처리되지 않을 때, 그것은 몸 안에서 쌓이게 될 것이고, 보통 몸의 어떤 부분이 질병 dis-ease 으로 진행되거나 그 이외의 어떤 불편한 증상들이 화로 인해 나타날 것입니다.

비판처럼, 우리는 대개 같은 것에 대해 계속해서 화를 냅니다. 우리가 화가 났을 때, 그리고 그것을 표현할 권리가 없다고 느낄 때, 화를 삼킵니다. 그리고 그 화는 원망, 쓰라림 또는 우울증을 유발하기도 합니다. 그래서 화가 일어났을 때 바로 다스리는 것이 좋습니다.

긍정적인 방법으로 화를 다스리는 몇 가지 방법이 있습니다. 가장 좋은 방법의 하나는 당신이 화가 난 당사자와 공개적으로 말하여 억눌린 감정을 풀어주는 것입니다. 이렇게 말할 수도 있습니다.

"나는 너에게 화가 나! 왜냐하면 (   ) 때문이야." 라고 솔직한 감정을 말합니다. 우리가 누군가에게 소리를 지르고 싶을 때는, 그 분노가 오랫동안 쌓여왔기 때문입니다. 종종, 오랫동안 분노를 쌓아 놓고 다른 사람에게 말할 수 없다고 느끼기 때문일 때가 많습니다. 그래서 화를 표출하는 두 번째 가장 좋은 방법은 거울 속의 사람에게 말하는 것입니다.

여러분이 안전하다고 느끼고 방해받지 않을 장소를 선택하세요. 거울에 비친 자신의 눈을 보세요. 만약 눈을 제대로 똑바로 볼 수 없다면 코에 집중하세요. 여러분 자신 또는 여러분이 믿는 사람이 여러분에게 뭔가 잘못했다는 걸 보세요. 화가 나는 순간을 기억하고 분노가 여러분을 통해 오는 것을 스스로 느끼도록 하세요. 이 사람에게 왜 그렇게 화가 났는지 정확히 말하기 시작하세요. 느끼는 모든 분노의 감정을 보여주세요. 이렇게 말할 수도 있겠습니다.

"나는 너에게 화가 나. 왜냐하면   ."
"나는 너에게 화가 나 왜냐하면 너는   ."
"나는 너무나 두려워. 왜냐하면 네가   ."

    모든 감정을 다 꺼내서 털어놓으세요. 만약, 여러분이 신체적으로 자신을 표현하고 싶다면, 베개를 들고 침대나 벽을 후려치세요. 분노가 자연스럽게 표출되도록 내버려 두는 것을 두려워하지 마세요. 당신은 이미 자신의 감정을 너무나도 오랫동안 방치했습니다. 죄책감이나 수치심을 느낄 필요는 없어요. 기억하세요, 감정은 생각이 활동하고 있다는 의미입니다. 생각들은 어떤 목적이 있습니다. 그리고 생각을 몸과 마음에서 풀어놓으면, 여러분은 더 긍정적인 다른 경험을 위한 공간을 내부에 허용하게 됩니다.

    화가 나는 사람에게 분노를 표현하는 것을 마쳤다면, 그들을 용서하기 위해 최선을 다하세요. 용서하면 자신이 가장 큰 이득을 얻게 됩니다. 용서하는 행위는 그 사람이 아니라 자신의 이익을 위해서 하는 것입니다. 용서는 당신 자신을 위한 자유의 행위입니다.
    만약 어떤 사람을 용서할 수 없을 때는, 화를 표출하는 것이 단순한 '부정 확언'이 되어 여러분에게 치유를 선물하지 않을 것입니다. 화를 풀어주는 것과 화를 재탕하는 것에는 차이가 있습니다. 다음과 같은 말을 하고 싶을지도 몰라요.

"좋아요. 이제 그 상황은 과거에 일어난 일이에요. 저는 당신의 행동은 인정하지 않지만, 그 당시에 당신이 알고 있던 상식으로 할 수 있는 한 최선을

다했다는 것을 이해해요. 난 이제 당신과 화에 관련된 부분은 끝났어요. 당신을 풀어주고 보내줄게요. 당신도 자유고 나도 자유입니다."

여러분은 진정으로 모든 분노를 제거했다고 느끼기 전에 이 연습을 여러 번 하고 싶을지도 모릅니다. 또는 한 가지 문제나 여러 가지 자신에게 맞는 화 풀기 작업을 할 수도 있습니다. 자신에게 맞는 방법을 찾아 화를 꼭 놓아주세요.

화를 풀기 위해 우리가 사용할 수 있는 또 다른 방법들이 있습니다. 베개에 대고 소리를 지르고, 베개를 차고, 샌드백을 두들길 수도 있습니다. 화나는 대상에게 편지를 써서 해주고 싶은 말을 다 쏟아버리고 태웁니다. 차 안에서 창문을 다 닫고 소리를 지를 수도 있습니다. 테니스를 하거나 골프 연습장에 가서 골프공을 죽어라 칠 수도 있겠고요. 동네 몇 바퀴를 돌면서 달리기를 할 수도 있어요. 자신이 자주 쓰지 않는 손으로 우리의 감정을 쓰거나 그릴 수도 있어요. 창조적인 과정은 감정의 자연스러운 방출입니다.

제 세미나에서 한 남자분이 그가 베개에 대고 소리를 지르기 시작할 때 달걀 타이머를 사용했다고 말했어요. 그는 자신의 모든 좌절과 분노를 표출하기 위해 자신에게 딱 10분만 허용했습니다.

타이머 시간 10분 덕분에 아버지에 대한 화와 좌절, 분노를 놓아주었습니다. 분노 표출 시간을 드린지 5분 후,, 그 남성은 지쳐, 30초마다 달걀 모양의 타이머를 들여다보고 시간이 더 남았다는 것을 알았습니다.

저는 베개로 침대를 내려치기도 하였습니다. 소리가 요란했습니다. 지금은 못 합니다. 왜냐하면 애완견들이 자기네들에게 화를 내는 것인가 느껴 두려워하기 때문입니다. 이제 저는 차에서 창문을 모두 다 닫고 소리를 지르거나 정원에 구멍을 파는 것이 가장 효과적이라고 생각합니다.

여러분이 위의 예에서 볼 수 있듯이, 감정 표현에서 다양한 창의적인 방법을 사용할 수 있습니다. 여러분이 흥분된 감정을 안전한 방법으로 발산하기 위해서는 몸의 에너지를 밖으로 빼내는 방법을 사용했으면 합니다. 자신이나 타인에게 위험하거나 무모하게 굴지는 마세요. 자신의 상위 자아와 접속하고 소통하는 것도 좋습니다. 내면으로 들어가서 여러분의 분노에 대한 해답이 있고, 스스로가 그 해답을 찾을 거라는 걸 알아두세요.

명상을 하면서 분노가 몸 밖으로 자유롭게 흘러나오는 것을 상상하는 것은 치유 효과가 큽니다. 상대방에게 사랑을 보내고, 어떤 불협화음이 있더라도 사랑으로 해결되는 것을 보세요. 기꺼이 조화로워지세요. 분노를 느끼는 이유는 타인들과 소통이 잘 안 된다는 것을 상기시켜 주는 것일 수도 있습니다. 그걸 인식함으로 인해서 고칠 수 있습니다.

얼마나 많은 사람이 다른 사람들에 대한 화를 놓아주는 이 작업을 하고선 행복해졌는지 보게 되면 놀랍습니다. 마치 큰 짐이 탁 놓아지는 느낌이라고 했습니다.

제자 중 한 명이 화를 내는 데 어려움을 겪고 있었습니다. 이성적으로는 자신의 감정을 이해했지만, 겉으로는 표현하지 못했습니다. 그녀는 안전한 장소에서 화를 표현하는 것이 허용되자, 발길질과 비명을 지르며 어머니와 알코올 중독자인 자신의 딸, 그리고 화나는 사람들 이름을 불렀습니다. 그녀는 엄청난 체중이 상승함을 느꼈습니다. 그녀의 딸이 결국 방문하자, 딸을 꼭 안고 놓아주지 않을 정도였습니다. 그녀는 자신의 내면에 분노로 억압되었던 사랑의 공간을 허락했습니다.

아마도 여러분은 인생의 대부분 동안 화가 난 사람일 수도 있을 것입니다. 이른바 말해서 '습관적인 화'를 가지고 있는 것이지요. 어떤 일이 일어나면 당신은 화가 납니다. 뭔가 또 다른 일이 일어나면 또 화를 내지요. 한 번 더 화는 일어납니다. 그러면 계속해서 화를 내게 되어버립니다. 그러나 결코 화를 내는 것 이상으로는 가지는 않습니다. 습관적인 화는 유치한 것입니다. 항상 당신은 자신의 방식을 고수하려 합니다. 스스로에게 이렇게 물어 보세요.

"왜 나는 항상 화내기를 선택할까?"
"날 화나게 하는 상황이 일어난 후에 상황을 바꾸기 위해 나는 무엇을 하고 있는가?"
"이게 내가 삶에 반응할 수 있는 유일한 방법인가?"
"내가 원하는 게 이거냐?"
"아직도 내가 누구에게 벌을 주고 있지? 혹은 아직도 내가 누구를 사랑하고 있지?"
"왜 내가 이런 화나는 상황에 있기를 원하는 거지?"
"이 모든 좌절감을 일으키는 나의 믿음 체계는 무엇이지?"
"타인이 나를 화나게 하도록 내가 그들의 어떤 것들을 끌어당기도록 행동하고 있지?"

다시 말해, 당신은 왜 자기식대로 화를 내야 한다고 믿나요? 제가 화에 대해서 올바른 것이 전혀 없다고 말하는 것이 아닙니다. 화를 낼 필요가 없을 때도 있습니다. 습관적인 화는 몸에 좋지 않습니다. 왜냐하면 화는 몸에서 살고 있기 때문입니다.

대부분의 시간 동안 여러분은 어디에 집중하고 있는지 보세요. 10분 동안 거울 앞에 앉아서 이렇게 물어보세요.

"너는 누구니?"
"너는 무엇을 원하니?"
"내가 너를 행복하게 하려면 해줄 건 뭐니?"

지금이 뭔가를 해야 할 때입니다. 사랑스럽고, 낙천적이며, 경쾌한 패턴을 위한 새로운 공간을 내면에 창조해 보세요.

～⚜～

사람들은 차를 운전하면서 종종 화를 냅니다. 때론 도로 위의 운전자들에게 불만을 표출합니다. 오래전, 저는 다른 누군가가 도로 위의 규칙을 위반하는 데 대해 화를 표출한다는 사실을 간과했습니다. 그래서 제가 차를 운전하는 방식은 우선, 차에 사랑을 담는 것입니다.

다음으로 저는 항상 훌륭하고, 유능하고, 행복한 운전자들에게 둘러싸여 있다는 것을 알고 확언합니다. 제 주변 사람들은 운전을 잘합니다. 제가 길을 떠날 때마다 스스로 확신을 두고 한 '긍정 확언'들 덕분에 제 주변에는 운전을 잘못하는 운전자들이 거의 없습니다. 그들은 주먹을 흔들며 소리를 지르는 운전자들에게서 떨어져 있습니다.

～⚜～

당신의 차는 모든 것과 마찬가지로 당신의 연장선에 있습니다. 그러니 차에 약간의 사랑을 담으세요. 그리고 차를 타고 길거리와 고속도로에 있는 주변에 있는 모든 사람에게 사랑을 보내세요. 저는 여러분의 자동차 부품이 여러분 몸의 일부와 비슷하다고 믿습니다.

예를 들어, 제 직원 중 한 명은 자신에게는 "장래성이 없다"라고 느꼈습니다. 그녀는 자기의 삶이 어디로 가는지, 어디로 가길 원하는지 알 수 없었습니다. 어느 날 아침, 그녀가 일어났을 때, 그녀의 차의 앞 유리가 박살이 난 것을 발견했습니다.

또 다른 지인은, 그의 인생에서 "막힌 느낌"이 들었다고 합니다. 그는 앞으로 가거나 뒤로 가지는 않았지만, 전혀 움직이지 못했습니다. 그는 타이어가 터져서 아무 데도 갈 수 없었습니다.

처음에는 바보같이 들릴지 모르지만, 이 두 사람이 그들의 현재 정신 상태를 묘사하기 위해 사용했던 용어 또한 그들의 차와 관련이 있다는 것이 흥미롭습니다.

"장래성이 없다"라는 것은 여러분이 앞을 볼 수 없다는 것을 의미합니다. 앞 유리는 완벽한 비유이고, 마찬가지로 "막혔다"라는 표현은 구멍 난 타이어의 완벽한 예입니다.

다음에 차에 무슨 일이 생기면, 고장 난 부분이 무엇을 나타내는지 메모해 보세요. 그 특정한 순간에 여러분이 어떻게 느끼는지 연결해 보세요. 그 결과에 놀랄지도 모릅니다. 언젠가 저는 작은 책을 써서 이런 제목을 붙이고 싶군요.

"당신의 차를 치유하라."

사람들이 몸과 마음의 연결을 이해하지 못하던 때가 있었습니다. 이제는 우리의 사고를 더욱 확장하고 기계와 마음의 연결도 이해할 때입니다. 여러분의 삶의 모든 상황은 학습 경험이고 그것이 여러분에게 효과가 있도록 다룰 수 있습니다. 분노는 새로운 것이나 독특한 것이 없습니다. 아무도 그 분노의 경험으로부터 도망칠 수 없습니다. 핵심은 분노가 무엇인지를 인식하고 그 에너지를 더 건강한 방향으로 바꾸는 것입니다.

만약 여러분이 아프다면, 그 아픔 때문에 화내지 마세요. 여러분의 몸에 분노를 넣는 대신에, 화를 사랑으로 채우고 자신을 용서하세요. 혹시 아픈 사람들을 돌보고 있는 분이 계신다면 자신 또한 돌볼 필요가 있다는 것을 기억하는 게 좋습니다.

만약 자신도 돌보지 않는다면, 여러분은 자신이나 가족, 친구에게 전혀 도움이 되지 않을 것입니다. 그러면 완전히 몸의 기력이 소진될 것입니다. 당신의 기분을 풀어줄 것들로 행동 하세요. 일단 여러분이 화를 쉽게 긍정적인 방법으로 대처하는 법을 배우면, 여러분은 삶의 질에서 많은 놀라운 변화들이 일어나는 것을 발견하게 될 것입니다.

분노는 다양한 질병을 초래

분노는 오랫동안 묻혀있던 화입니다. 분노의 주된 문제는 보통 체내에 같은 장소에 머무른다는 것을 알아야 합니다. 그리고 시간이 지나면, 분노로 몸이 부글부글 끓고, 갉아먹으며 종종 종양과 암으로 변하기도 합니다. 그러므로 화를 억누르고 그것이 다시 우리 몸에 가라앉게 하는 것은 건강에 도움이 되지 않습니다. 다시 한번 이러한 감정을 털어놓을 때입니다.

많은 사람이 화내는 것이 허용되지 않는 가정에서 자랐습니다. 특히 여성들은 화내는 것은 나쁜 것이라고 배웠습니다. 분노는 보통 부모님을 제외하고는 수용되지 않았습니다. 그래서 우리는 분노를 표현하기보다는 참는 법을 배웠습니다. 다시, 우리는 이제 우리가 분노를 고수하고 있다는 것을 깨달을 수 있습니다. 다른 사람들은 전혀 관여하지 않았습니다.

진주조개는 굵은 모래 한 톨을 가지고, 아름다운 진주가 될 때까지 그 위에 석회임층을 층층이 쌓습니다. 마찬가지로 우리는 우리의 감정적인 상처를 받아들여 그 감정들을 계속 쌓아 갑니다. 제가 표현하는 방법에 의하면, 우리의 마음속에 있는 오래된 영화를 계속 반복하면서 잠재의식 깊이 계속 상처의 감정들을 상영합니다. 우리가 그 감정들에서 벗어나고 싶다면, 이제 상처를 넘어서야 합니다.

여성들이 자궁에 물혹, 혹은 종양을 만드는 이유 중 하나는 제가 이름 붙인 "그가 나에게 잘못된 행동을 했습니다"라는 정신적인 상처 때문입니다.

생식기는 신체의 가장 남성적인 부분과 남성적인 원리, 가장 여성적인 부분, 여성적인 원리 중 하나를 나타냅니다. 사람들이 감정적인 사건을 겪을 때, 보통 연애할 때, 그들은 그것을 이러한 부분 중 한 곳에 영향을 미치게 됩니다. 여성의 경우 가장 여성적인 부분인 여성의 장기에 영향을 미쳐 물혹이나 종양이 될 때까지 상처를 쌓는지도 모릅니다.

분노는 우리의 마음 깊숙이 묻혀있으므로, 분노를 해소하기 위해 큰 노력을 해야 할지도 모릅니다. 저는 세 번째 자신의 암 종양을 연구하고 있는 한 여성으로부터 편지를 받았습니다. 그녀는 여전히 분노를 없애지 않았고 계속해서 그녀의 몸에 새로운 종양을 만들어 냈습니다.

저는 그녀가 겪고 있는 고통의 쓴맛에 대해 매우 독선적으로 느낀다는 것을 알 수 있었습니다. 그녀에게는 용서를 구하는 것보다 의사가 종양을 제거하도록 하는 것이 더 쉬웠습니다. 그녀가 둘 다 할 수 있었다면 종양이 다시 나타나는 것을 막을 수 있습니다. 용서와 치료, 모두 하면, 종양이 다시 나타나지 않을 가능성이 큽니다.

때로 우리는 삶의 습관 유형을 바꾸느니 차라리 죽는 게 낫겠다고 합니다. 그리고 실제로 그런 사람들이 있습니다. 많은 사람이 식습관을 바꾸는 것보다 죽음을 선택하는 경우들을 많이 봐 왔습니다. 이런 일이 우리가 사랑하는 사람들에게 일어나면 매우 충격적입니다. 우리는 그들이 다른 대안적인 선택을 할 수 있었음을 압니다.

우리가 어떤 선택을 하든, 그것은 항상 우리에게 올바른 것입니다. 우리가 지구를 떠난다고 해도 비난받을 것이 없습니다. 우리는 모두 제시간에 지구를 떠날 것이고, 적절한 시기에 떠날 길을 찾을 것입니다.

다시 말하자면, 우리는 실패하거나 잘못한 것에 대해 자신을 탓할 필요가 없습니다. 우리는 죄책감을 느낄 필요가 없습니다. 사람들에게는 나무랄 데가 없습니다. 아무도 잘못하지 않았습니다. 자신이 배운 이해와 지식으로 아는 한 최선을 다해 살고 있을 뿐입니다.

기억하세요, 우리는 모두 내면에 힘이 있습니다. 그리고 우리는 교훈을 배우기 위해 여기에 왔습니다. 우리의 상위 자아는 현세에서의 우리의 운명과 진화 과정에서 나아가기 위해 우리가 배우는 것을 알고 있습니다. 잘못된 방법은 결코 없습니다. 단지 존재할 뿐입니다.

우리는 모두 영원을 통해 끝없는 여행을 하고 있고, 끊임없이 반복되는 삶의 시간이 있습니다. 우리가 이 생애에서 하지 않은 것은, 다음 생에서 할 수 있을 것이라고 저는 믿습니다.

억압된 감정이 우울증을 초래

우울증은 분노가 내면적으로 변해서 생기는 것입니다. 당신이 가질 권리가 없다고 느끼는 것 또한 분노입니다. 예를 들어, 여러분은 부모님, 배우자, 고용주 또는 가장 친한 친구에게 화를 내는 것은 잘못된 일이라고 생각할 수도 있습니다. 하지만 여러분은 화가 납니다. 그리고 꽉 막힌 기분을 느낍니다. 그 답답함이, 분노가 우울증이 됩니다.

오늘날 우리 사회는 너무나 많은 사람이 우울증을 앓고 있습니다. 심지어 만성 우울증을 앓고 있는 사람도 많습니다. 우리가 그렇게 우울함을 느낄 때쯤, 그 상황에서 벗어나는 것은 매우 어렵습니다. 우울증은 뭐든지 하게 만드는 희망이 없는, 절망을 느끼게 하는 감정입니다.

당신이 얼마나 영적이건 저는 상관없습니다. 가끔 설거지해야 합니다. 그런데 설거지를 안 하고 싱크대에 더러운 접시를 쌓아 놓고, "오, 나는 형이상학적인 사람이야."라고 말할 수는 없습니다.

감정도 마찬가지입니다. 만약 여러분이 자유롭게 흐르는 마음을 가지고 싶다면, 내면의 더러운 접시들을 치우세요.

가장 좋은 방법의 하나는 여러분이 그렇게 우울한 상태를 유지할 필요가 없도록 스스로 화를 표출할 수 있도록 허락하는 것입니다. 이제 분노 해소를 전문적으로 하는 치료사들이 있습니다. 그들 중 한 명과 한두 번의 수업을 하는 것이 도움이 될 수 있습니다.

우리는 화가 나든 안 나든 일주일에 한 번씩 침대에다 베개를 내려치는 분노 표출을 허락하는 것이 좋습니다. 화를 표현하도록 하는 치료 방법이 몇 가지 있으나, 저는 그 방법들이 종종 분노를 푸는 과정에 너무 오래 몰입하게 한다고 생각합니다.

화는 겉으로 드러나는 감정과 마찬가지로 들어오고 나가는 것이 몇 분 동안만 지속됩니다.

아기들은 그들의 감정에 매일 빠르게 들어갔다가 나옵니다. 그래서 울다가 바로 웃을 수 있습니다. 우리가 감정을 억제하게 하는 것은 우리의 반응입니다.

작가인 엘리자베스 퀴블러 로스 Elizabeth Kubler Ross는 세미나에서 멋진 연습을 합니다. 그녀는 그 연습의 이름을 '외형화(밖으로 꺼내기)'라고 부릅니다. 그녀는 고무호스와 오래된 전화번호부 몇 권을 가져다 놓고 고무호스로 여러 번 두들겨 패서 온갖 감정이 나타나게 합니다.

여러분이 분노를 표출할 때 당황하는 것은 당연합니다. 특히 화를 내는 것이 어린 시절 가정에서 규칙에 어긋나는 일이었다면 말입니다.

처음에는 창피할 것입니다. 하지만, 막상 해보면 정말 재미있고 역동적일 수 있습니다. 신은 화를 낸다고 해서 싫어하지는 않으실 겁니다. 일단 이 오래된 분노 일부를 풀면, 지금의 상황을 새로운 시각에서 보고 새로운 빛을 발견할 수 있을 겁니다.

우울한 이들을 위해 제안하고 싶은 또 다른 방법은 훌륭한 영양사와 함께 식단을 풍성하게 하는 것입니다. 건강에 좋은 맛있는 식사가 우울한 마음에 얼마나 큰 도움을 주는지 알게 되면 놀라게 될 것입니다. 우울한 사람들은 식단이 때론 아주 형편없이 초라합니다. 이는 우울증이라는 문제를 가중시킵니다. 우리는 모두 섭취하는 음식이 우리 몸에 좋도록 최고의 선택을 해야 합니다. 또한, 어떤 종류의 약물 복용은 몸을 악화시키는 화학적 불균형을 일으킨다는 것을 발견하기도 합니다.

환생 요법 Rebirthing 은 심리 요법의 일종으로, 이 치유과정은 이성을 뛰어넘기 때문에 감정을 풀어주는 아주 멋진 과정이 될 수 있습니다. 환생 요법 수업을 경험해 본 적이 없는 경우 시도해 보는 것도 좋습니다. 이 치유법은 많은 사람에게 도움이 되었습니다.

오래된 쟁점들을 긍정적으로 해결할 수 있도록 호흡으로 돕는 방법입니다. 환생 요법 수업을 지도하는 분들이 내담자에게 '긍정 확언'을 반복하도록 합니다. 아이다 파울린 롤프 Ida Pauline Rolf 에 의해 개발된 이 치료법은, 몸의 깊은 연결 조직의 조작 과정입니다.

명치에 호흡을 깊이 하여 치유하는 롤핑 Rolfing 같은 신체 작업도 있습니다. 헬러 워크 heller work, 스트레스를 풀어주는 마사지 기술, 트레이저 작업 Milton Trager 가 평생 몸-마음 관계를 탐구하여 개발한 Body work.

이 모든 작업은 몸에 제한적인 유형들을 방출하는 탁월한 방법입니다. 어떤 과정은 어떤 사람들에게 적용이 잘 되어 효과가 있을 수 있으나 다른 사람들에게는 효과가 없을 수도 있습니다. 본인만이 자신에게 딱 맞는 치유법을 찾을 수 있습니다.

서점에서 자기계발 코너는 다른 요법들에 관해 읽을 책이 많은 훌륭한 장소입니다. 건강식품 가게들은 종종 건강 관련 모임이나 수업 게시판을 운영하고 있습니다. 학생이 준비되면 스승이 나타나는 법입니다.

두려움은 신뢰가 없는 것

지구상에 공포가 만연해 있습니다. 여러분은 매일 뉴스에서 전쟁, 살인, 탐욕 등의 형태로 나타나는 공포에 대해 듣고 볼 수 있습니다. 두려움은 우리 자신에 대한 신뢰가 모자란 것입니다. 그러므로 우리는 삶을 믿지 않습니다.

우리가 더 높은 수준에서 보살핌을 받고 있다고 믿지 않기 때문에, 모든 것을 실체적인 수준에서 통제해야 한다고 느낍니다. 분명히, 우리는 삶의 모든 것을 통제할 수 없으므로 두려움을 느낄 겁니다.

신뢰는 우리가 두려움을 극복하고 싶을 때 배우는 가치입니다. 신뢰는 믿음의 도약입니다. 그 안에는 권력에 대한 보편적인 지성과 연결되어 있습니다. 물질적인 세계만을 신뢰하는 대신 보이지 않는 것을 신뢰하십시오. 저는 아무것도 하지 말라는 말을 하는 것이 아닙니다.

만약 우리에게 신뢰가 있다면, 우리는 삶을 더 쉽게 헤쳐 나갈 수 있을 겁니다. 앞에서 한 말을 기억하십니까?

"내가 알아야 할 모든 것이 나에게 드러난다."

비록 주변에서 일어나는 일을 통제할 수는 없지만, 저는 돌봄을 받는다고 믿습니다.

두려운 생각이 떠오를 때, 그 생각은 정말 여러분을 보호하려고 하는 것입니다. 저는 여러분이 두려움에 대해 이렇게 말할 것을 제안합니다.

"저는 '두려움'님이 저를 보호하길 원한다는 것을 압니다. 저를 도와주려고 하셔서 감사합니다."

두려운 생각을 인정하세요. 두려움은 적이 아니라 당신을 보호하러 왔습니다. 두려운 생각, 그것은 당신을 돌보기 위해 거기에 있습니다. 여러분이 겁을 먹게 되면, 위험으로부터 보호하기 위해 아드레날린이 몸을 통해 뿜어져 나옵니다. 마음속에서 만들어 내는 두려움이라는 감정도 마찬가지입니다.

여러분의 두려움을 잘 관찰하고, 자신이 두려움 자체가 아니라는 것을 알아차리세요. 여러분이 영화 화면에서 이미지를 보는 방식에 대해 생각해 보세요. 화면에 보이는 것은 실제로 존재하지 않습니다. 움직이는 사진들은 단지 셀룰로이드의 프레임일 뿐이고, 그것들은 매우 빠르게 변하고 사라집니다. 우리가 느끼는 두려움은 계속 붙잡지 않는 한, 그 그림들만큼 빠르게 왔다가 사라질 것입니다.

❦

두려움은 우리 마음의 한계입니다. 사람들은 병에 걸리거나 노숙자가 되는 것에 대해 많은 두려움을 가지고 있습니다. 분노는 두려움으로서 여러분의 방어기제가 되어버립니다. 분노는 여러분을 보호하지만, 마음속에 두려운 상황을 재현하는 것을 멈추는 것이 좋습니다.

두려움을 통해 자신을 사랑할 수 있도록 확언하는 것이 더 강력할 것입니다. 다시 말하지만, 우리의 외부에서는 아무것도 나오지 않습니다. 우리는 삶에서 일어나는 모든 일의 중심에 있습니다. 모든 것이 내면에 있습니다. 모든 경험과 관계는 우리 안에 있는 정신적 유형의 거울입니다.

두려움은 사랑의 반대입니다. 우리가 기꺼이 우리 자신을 사랑하고 신뢰할수록, 우리는 이러한 능력들을 더 많이 끌어당깁니다. 우리가 정말로 겁먹거나 화가 나거나 걱정되거나 자신을 좋아하지 않을 때, 인생에서 얼마나 많은 일들이 잘못되는지 알게 된다면 놀랄 것입니다. 연달아서 하나, 둘, 뭔가 잘못된 느낌이고, 결코, 멈추지 않을 것입니다.

자, 그러니 이제는 우리가 자신을 정말 사랑할 때도 마찬가지입니다. 모든 것이 연속으로 승리하기 시작하고, 신호등을 지나갈 때마다 "초록불"과 "주차 공간"이 나타납니다. 이런 일들은 삶을 너무나도 멋지게 만듭니다. 크건 작건 멋진 것들로 가득 차게 됩니다. 아침에 일어날 때 하루가 아름답게 흐릅니다.

스스로 잘 돌볼 수 있도록 자신을 먼저 사랑하세요. 여러분의 심장, 몸 그리고 마음을 강화하기 위해 할 수 있는 모든 것을 하세요. 내면의 힘에 의지하세요. 좋은 영적 유대감을 가질 수 있는 곳을 찾아보고, 계속해서 그 연결감을 유지하세요.

만약 여러분이 위협을 느끼거나 두려움을 느낀다면, 의식적으로 숨을 쉬세요. 우리는 뭔가 긴장되거나 두려울 때 숨을 얕게 쉽니다. 호흡은 내부의 힘의 공간을 열어 줍니다. 호흡은 척추를 곧게 펴게 해줍니다. 호흡은 여러분의 가슴을 열고 심장을 확장할 수 있는 공간을 줍니다. 숨을 쉬면서 여러분은 장벽을 내리고 개방하기 시작합니다. 수축보다는 확장하게 될 것입니다. 이제 당신의 사랑은 흐릅니다. 이렇게 확언하십시오.

"나는 나를 창조한 권능인 힘과 하나입니다. 나는 안전합니다. 나의 세상에서는 모든 것이 다 좋습니다."

중독 치료

두려움을 감추는 가장 기본적인 방법의 하나는 중독입니다. 중독은 감정을 조작해서 우리가 감정을 느끼지 못하게 합니다. 그러나 화학적인 중독 외에도 많은 종류의 중독이 있습니다. 제가 유형 중독이라고 이름 붙인 것인데, 지금, 현재에 존재하지 못하게 하는 중독입니다.

삶에 존재하는 것, 우리 앞에 닥친 문제들을 다루고 싶지 않거나, 지금 있는 곳에 있고 싶지 않다는, 우리의 삶과 우리를 접촉하지 못하게 하는 유형을 가지고 있습니다.

또 어떤 사람들은 그 유형이 음식 중독이거나 화학 물질 중독을 가지고 있습니다. 어떤 사람들에게는 유전적인 기질에 의해 알코올 중독이 있을 수도 있습니다. 그러나 병든 상태로 있을 것인지는 선택입니다. 지극히 개인적입니다. 그래서 종종 유전에 관해 이야기할 때, 어린아이가 두려움을 다루는 부모의 방식을 받아들이는 것입니다.

다른 사람들에게는, 감정적인 중독이 있을 수 있습니다. 여러분은 사람들의 흠을 잡는 것에 중독이 될 수 있습니다. 무슨 일이 있어도, 이런 중독이 있는 사람들은 항상 비난할 사람들을 찾을 것입니다.

"그들 잘못이야. 그들이 나에게 그렇게 대했다고."라고 말하면서요.

아마도 여러분은 청구서에 중독되어 낭비를 일삼고 있을지도 몰라요. 여러분 가운데 많은 사람이 빚지는 것에 중독되어 있습니다. 여러분은 빚에 쪼들리지 않으려고 모든 일을 다 합니다. 그것은 당신이 가진 돈의 양과는 아무 상관이 없는 것 같습니다.

당신은 거절에 중독되어 있을 수도 있어요. 어딜 가든 자신을 거부하는 사람들을 유혹합니다. 당신은 그런 사람을 찾을 수 있을 겁니다. 하지만, 외부의 거절은 자신의 내부 거절의 반영입니다. 만약 당신이 자신을 거부하지 않는다면, 다른 누구도 그렇게 하지 않을 것이고, 그들이 그렇게 한다고 해도, 그것이 나 자신에게 문제가 되지 않습니다. 스스로 다음과 같이 물어보세요.

"내가 나에 대해 받아들이지 않고 있는 부분이 무엇일까?"

실병에 중독된 사람들도 있습니다. 항상 무언가에 집착하거나 아픔으로 인해서 걱정합니다. 그들은 "이번 달에 병에 걸린 사람들 모임"에 속해 있는 것 같습니다.

만약 여러분이 어떤 것에 중독되어 있다면, 왜 자신을 사랑하는 것에는 중독되지 않을까요? '긍정 확언'을 하는 것에 중독될 수도 있거나 자신을 지지하는 '긍정 확언'하는 활동에 중독될 수도 있습니다.

강박적인 과식

저는 체중에 문제가 있는 사람들로부터 많은 편지를 받습니다. 그들은 2~3주 다이어트를 하고 나서 중단합니다. 그러고는 다이어트를 그만둔 것에 대해서 죄책감을 느끼고, 조금이라도 시도했다는 자신의 노력에 대한 수고를 인식하는 대신에, 인내심 없이 중단 했다는 것에 대해 그들은 스스로 화가 나고 죄책감을 느낍니다. 그리고 나서 스스로를 벌주려고 합니다. 죄책감은 항상 벌을 추구하기 때문에, 그들은 밖에 나가서 몸에 좋지 않은 음식을 먹습니다.

하지만 그들이 2주 동안은 진심으로 다이어트를 시도했기 때문에 몸에 뭔가 놀라운 일을 했다는 것을 알아차리기만 한다면 성장할 것입니다. 그들은 스스로 죄책감을 부여하는 것을 멈추기 시작하여 스스로에게 벌을 주는 유형을 깰 수 있을 것입니다. 그들은 또한 이렇게 말하기 시작할 수도 있습니다.

==*"예전에는 내 몸무게에 문제가 있었는데 이제는 나를 위해서 완벽한 몸무게를 가지길 바라고 있어."*==

그러면 이제 유형은 외부가 아니라 내면으로 집중하기 시작할 겁니다. 너무나 많은 음식을 먹는 것에 집중하지 않을 것입니다. 왜냐하면 그것이 진짜 문제가 아니기 때문입니다.

과식은 항상 보호가 필요하다는 것을 의미합니다. 불안하거나 두려움을 느낄 때, 안전하기 위해 겹겹이 지방층으로 몸을 덮습니다. 몸무게는 음식과 관계가 없습니다.

여러분 중 대부분은 평생 뚱뚱한 자신에 대해 화를 내면서 보냅니다. 얼마나 에너지 낭비가 심한가요. 대신, 뭔가 삶에서 불안하고 불안정하게 느끼게 만드는 것이 일어나고 있다는 것을 깨달으십시오. 그 불안함의 원인이 직장, 배우자, 성관계, 전반적인 삶의 전체 과정일 수도 있습니다. 만약 과체중이라면, 음식과 체중 문제는 제쳐두고, 유형에 대해서 작업해 보세요. 과체중의 유형은 다음과 같습니다.

"나는 지금 불안해서 보호가 필요해."

우리의 세포가 정신에 어떻게 반응하는지는 알게 되면 놀랍습니다. 보호에 대한 욕구가 사라지고, 안전하다고 느끼기 시작하면 우리 몸의 지방은 녹아 없어집니다.

저는 제 삶에서 제가 안전하지 않다고 느낄 때, 살이 찐다는 것을 알아챘습니다. 제 삶이 너무 빨리 지나가서 여기저기 흩어져 다닐 때, 저는 보호와 보안에 대한 필요성을 느낍니다. 그래서 제가 저 자신에게 다음과 같이 말합니다.

"좋아. 루이스, 이제 안전에 대한 내면의 작업을 할 때야. 루이스, 너는 정말 안전하다는 것을 알았으면 해. 괜찮아. 넌 이 모든 것들을 할 수 있고 모든 장소를 갈 수도 있어. 지금 일어나고 있는 모든 것을 가질 수 있어. 너는 안전하게 다 할 수 있어. 나는 너를 사랑해."

체중은 당신 안에 있는 두려움이 외부로 표출된 것뿐입니다. 여러분이 거울을 보고 뚱뚱한 사람이 뒷모습을 응시하는 것을 볼 때, 오래된 생각의 결과를 보고 있다는 것을 기억하세요.

생각을 바꾸기 시작할 때, 여러분은 스스로 무엇이 진실인지에 대한 씨앗을 심게 됩니다. 오늘 여러분이 선택한 것은 내일 여러분의 새로운 모습을 만들어 낼 것입니다. 과체중을 해결하는 최고의 책 중 하나는 산드라 레이 Sondra Ray의 《유일한 다이어트 해결책 The Only Diet There Is》이 있습니다. 이 책은 부정적인 생각 다이어트에 관한 것입니다. 어떻게 부정적인 생각을 줄일 수 있는지 단계별로 제시합니다.

자기 계발 모임

자기 계발 모임은 새로운 사회적 형태가 되었습니다. 저는 이것을 매우 긍정적인 움직임으로 봅니다. 이 프로그램들은 아주 좋습니다. 비슷한 문제를 가진 사람들이 함께 모입니다. 모여서 불평하거나 불만을 터뜨리는 것이 아니라 비슷한 문제들을 극복하고 삶의 질을 향상할 방법을 찾는 것입니다. 이제 여러분이 생각할 수 있는 거의 모든 문제에 대한 모임들이 있습니다. 이들 중 대다수는 전화번호부 공동체 서비스가 있습니다. 여러분에게 딱 맞는 단체가 있을 겁니다. 현재 많은 교회 단체들이 이런 모임들을 지원하고 있습니다.

건강식품을 다루는 가게에 가서 그들의 게시판에 있는 것을 볼 수도 있습니다. 만약 여러분이 인생을 바꾸는데 진지하다면, 그 길을 보여주는 곳을 찾을 수 있을 것입니다.

12단계 프로그램은 미국 어디에나 있습니다. 12단계 프로그램은 계속해서 존재해왔고, 정말 효과가 있었습니다. 놀라운 결과들을 가져오는 시스템을 만들었습니다. 중독된 사람들과 그렇게 자라온 사람들을 위해 그들을 잘 아는 프로그램은 모든 종류의 사람들을 위한 최고의 그룹 중 하나였습니다.

느낌은 우리 내면의 신호

문제가 있거나 문제가 있는 가정에서 자랄 때, 우리는 가능하면 충돌을 피하는 방법을 배우고, 이것은 우리의 감정을 부정하는 결과를 낳습니다. 우리는 종종 다른 사람이 우리의 요구를 충족시켜줄 것이라고 믿지 않기 때문에 도움을 요청조차 하지 않습니다.

우리는 스스로 어떤 것도 잘 꾸려갈 수 있을 만큼 아주 강해야 한다고 확신합니다. 유일한 문제는 우리가 자신의 진정한 감정과 접촉하지 못한다는 것입니다. 감정은 우리 자신, 다른 사람들, 그리고 우리를 둘러싼 세상과의 관계에 가장 도움이 되는 연결고리이고, 그것 중 무엇은 작동이 되고 무엇은 작동이 안 되는지 알려주는 표시입니다.

감정을 차단하는 것은 더 복잡한 문제와 신체적인 불행을 초래할 뿐입니다. 느낄 수 있는 것은 치유할 수 있습니다. 만약 여러분이 내면에서 일어나는 일을 느끼도록 허용하지 않는다면 어디에서 치유과정을 시작해야 할지 모를 것입니다.

반면에 우리 중 많은 사람은 항상 죄책감, 질투심, 두려움, 슬픔을 느끼며 삶을 사는 것처럼 보입니다. 우리는 우리가 원하지 않는다고 말하는 것과 똑같은 경험을 계속 습관적인 유형으로 개발합니다. 여러분이 계속해서 화가 나거나 슬프거나, 두렵거나, 질투심을 느끼고 근본적인 원인과 접촉하지 않는다면, 계속해서 더 많은 분노, 슬픔, 두려움 등을 만들어 낼 것입니다.

우리가 피해자처럼 느끼는 것을 멈추면, 힘을 되찾을 수 있습니다. 우리는 기꺼이 교훈을 배워야 합니다. 그래야 문제가 사라질 것입니다.

우리가 삶의 과정과 우주와의 영적인 교감을 믿을 때, 분노와 두려움이 나타나는 즉시 사라지게 할 수 있습니다. 우리는 삶을 믿을 수 있고 모든 것이 신성한 올바른 순서와 완벽한 시공간 순서로 일어나고 있다는 것을 알 수 있을 겁니다.

제7장
고통을 뛰어넘는 움직임

우리는 우리의 몸과 성격 그 이상입니다.
겉모습이 어떻게 변하든 내면의 성장은 항상 아름답고 사랑스럽습니다.

죽음의 고통

긍정적인 것은 멋진 일입니다. 당신이 느끼고 있는 것을 아는 것 또한 멋진 일입니다. 자연은 당신에게 특정한 경험을 이겨낼 수 있는 느낌을 주었습니다. 그 감정이 더 많은 고통을 일으키게 하는 원인을 부인하도록 자연은 우리에게 느낌을 주었습니다. 기억하세요. 죽음은 실패가 아닙니다. 모든 사람은 죽습니다. 그것은 삶의 과정 중의 일부분입니다.

사랑하는 사람들이 죽으면, 애도哀悼 과정은 적어도 1년은 걸립니다. 그러니 그 공간을 자신에게 주세요. 사랑하는 사람과 지낸 명절, 사계절 함께한 시간, 밸런타인데이, 생일, 기념일, 크리스마스 등 함께 했던 추억 때문에 힘들 거예요. 그러니 자신에게는 매우 친절하게 슬퍼하도록 하세요. 규칙이 없으니 스스로 만들지 마세요.

누군가 죽었을 때 화를 내고 히스테리를 일으키는 것도 괜찮아요. 아프지 않은 척할 수는 없어요. 당신은 감정을 표출하고 싶어 할 것입니다. 우는 것을 스스로 허용하세요. 거울을 보며 소리치세요, "이건 불공평해"라고 내면에서 어떤 감정이 올라오든 소리치세요. 감정을 밖으로 표출하세요. 그렇지 않으면, 몸에 문제를 만들어 낼 것입니다. 할 수 있는 한 최선을 다해서 여러분이 스스로 돌보세요. 저는 이 과정이 쉽지 않다는 것을 알아요.

우리 중 에이즈에 걸린 사람들과 일해 본 경험이 있는 사람이 있다면 슬픔을 느끼는 과정이 계속된다는 것을 발견하게 됩니다. 전쟁에서도 슬픔이라는 감정을 다루는 것이 계속됩니다. 한꺼번에 너무나도 많은 감정이 쏟아져 다루기 힘들 때가 있습니다. 너무 많을 때는 히스테리로 변하기도 합니다. 친구들에게 이야기해서 해결할 수 없을 때는 감정적으로 변해버립니다.

저의 경우 엄마가 돌아가셨을 때가 훨씬 쉬웠어요. 엄마의 91년 생애 주기의 자연스러운 충만함을 느꼈습니다. 슬퍼했지만, 억울함이나 분노 같은 감정은 없었습니다. 전쟁과 전염병은 모든 것에 불공평해 보이는 것에 대한 좌절감을 일으킵니다.

비록 죽은 사람에 대한 애도는 시간이 걸리지만, 때로 감정이 바닥을 쳐서 구덩이에 빠진 것처럼 느껴질 때도 있습니다. 만약 당신이 몇 년이 지난 후에도 여전히 슬퍼한다면, 당신은 그 감정에 빠져서 나오지 못하게 된 것입니다. 자신을 위해서라도 다른 사람들과 자신을 용서하고 자유롭게 놓아줘야 합니다. 우리는 누가 죽어도 그 사람을 잃는 게 아니란 걸 기억하세요. 왜냐하면 애초부터 누구도 결코 누군가를 소유할 수 없으니까요.

놓아주기가 어렵다면, 여러분이 할 수 있는 몇 가지가 있습니다. 우선, 사라진 사람과 함께 명상하는 걸 제안합니다. 그들이 살아있을 때, 그들이 지구를 떠날 때, 가면이 걷히고 그들은 삶을 매우 선명하게 보게 됩니다. 그래서 그들은 더 이상 여기에 있을 때 가졌던 두려움과 신념을 가지지 않게 됩니다.

당신이 여전히 많이 슬퍼한다면, 죽은 사람들은 당신을 사랑하니까 걱정하지 말라고 할 거예요. 왜냐하면 그들은 정말 잘 있을 거니까요. 모든 것이 다 괜찮아요. 명상할 때 죽은 사람에게 이 시기를 잘 넘어갈 수 있도록 도움을 달라고 요청하세요. 그녀 혹은 그를 사랑했다고 말해주세요.

살아있을 때 충분히 잘해주지 못한 부분을 스스로 판단하고 자책하지 마세요. 그건 애도 과정에다 죄책감까지 더할 뿐입니다. 어떤 사람들은 지금 자신의 삶을 살아가지 못한다는 핑계로 삼기도 합니다. 또는 너무나 슬퍼서 이 세상을 떠나고 싶은 생각이 들기도 합니다. 또는 사랑하는 사람이 죽거나 아는 사람들이 죽으면 자신의 죽음을 두려워하기도 합니다.

이런 애도의 시간을 여러분 자신에 대한 내면 작업을 하는 데 사용하면 마음에서 집착하고 있는 부분을 놓아줄 수도 있어요. 사랑하는 사람이 죽을 때 많은 슬픔이 수면 위로 떠 오릅니다. 슬픔을 느끼도록 허용하세요. 오래된 고통이 올라오게 될 만큼 안전하다고 느끼는 지점에 도달해야 합니다. 2일에서 3일 정도 울면 슬픔과 죄책감이 많이 사라질 거예요.

만약 필요하다면, 여러분이 감정을 발산할 수 있도록 매우 안전하다고 느끼는 치료사나 치유 모임을 찾으세요. 또 제가 제안하는 방법은 다음과 같은 확언을 자꾸 반복해서 스스로 말해주는 것입니다.

"나는 당신을 사랑합니다. 그리고 나는 당신을 자유롭게 놔줍니다. 당신은 자유고, 나도 자유롭습니다."

제 워크숍에서 한 여성은 아픈 이모에 대한 분노를 떨쳐버리는 데 매우 어려움을 겪었습니다. 그녀는 자기 이모가 돌아가실까 봐 두려워했고, 과거에 대한 자신의 진심을 말할 수 없을 것 같았습니다. 하지만 그녀는 이모와 말하기를 원하지 않았습니다. 말하게 되면 울컥해서 못 할 것 같았습니다. 저는 1대 1로 하는 게 도움이 될 터이니 치료사와 함께 작업을 해보자고 제안했습니다. 우리가 어떤 영역에 갇혔을 때 그 영역은 도움받고, 자신을 사랑하기 위한 행동을 하기 위함입니다.

이런 분야에 경험이 많은 전문가들이 아주 많습니다. 오랫동안 이 치유의 과정을 끌고 갈 필요가 없습니다. 아주 짧은 기간 안에 이 어려운 시기를 극복할 수 있습니다. 애도 기간을 도와주는 지지 모임도 많습니다. 이 시기를 잘 지나갈 수 있도록 여러분을 도와줄 어떤 워크숍이든 참여하는 게 도움이 될 것입니다.

우리의 고통을 이해하기

우리 중 많은 이들이 하루하루를 고통이 해소되지 않은 채 살아갑니다. 그 고통은 작은 것일 수도 있고, 참을 수 없을 정도로 큰 것일 수도 있습니다.

고통이란 뭘까요? 우리 대부분은 그것이 우리가 자유로워지고 싶은 것이라는 것에 동의할 겁니다. 고통을 통해 우리가 배울 수 있는 것을 살펴봐요.

고통은 어디에서 온 것일까요? 고통이 우리에게 무슨 말을 하려는 걸까요?

고통의 사전적 의미는 "정신적 혹은 감정적 아픔"뿐만 아니라 "신체적 상해나 장애로 인한 불쾌감"으로 정의됩니다. 고통은 정신적, 육체적 불편함 dis-ease의 결과이기 때문에, 심신이 고통에 취약하다는 것은 분명합니다.

저는 최근 1991년에 공원에서 놀고 있는 두 어린 소녀들을 보면서 고통을 설명하는 멋진 예를 목격했습니다.

첫 번째 소녀가 장난스럽게 다른 소녀를 때리려고 팔을 들었습니다. 다른 소녀는 팔에 닿기도 전에 "아야!"라고 말했습니다. 첫 번째 소녀가 두 번째 소녀에게 물었습니다. "왜 아직 때리지도 않았는데 '아야' 이런 소리를 내는 거니?" 그 친구는 대답했습니다. "음, 아파질 줄 알았어."

이런 예를 보더라도, 정신적인 고통이 신체적인 고통을 이미 기대하고 예상한다는 것을 알 수 있습니다.

고통은 여러 형태로 우리에게 옵니다. 긁힌 자국, 멍, 불편함dis-ease질병, 불면증, 협박, 속이 울렁울렁한 기분, 팔이나 다리에 때로는 감각이 없는 형태로 오기도 합니다. 때론 몹시 아프기도 하고, 때론 조금 아프기도 하지만, 우리는 고통이 있다는 것을 압니다.

대부분 고통은 우리를 통해 뭔가를 말하려고 합니다. 때로 그 정보는 분명합니다. 주말이 아닌 주중 근무시간에 경험하는 속이 쓰린 것은 이직의 필요성을 나타낼 수도 있습니다. 그리고 우리 중 많은 사람은 과도한 음주 후 발생하는 고통의 중요성을 알고 있습니다.

정보가 무엇이든지 간에, 우리는 인간의 몸이 기막히게 만들어진 조각이라는 것을 기억해야 합니다. 인간의 몸은 무슨 문제가 있는지 말해줍니다. 그러나 우리가 들을 의향이 있을 때만 말해줍니다. 불행하게도 우리 중 많은 사람은 시간은 내거나 들으려고 하지 않습니다.

고통은 사실 우리의 삶에서 무언가가 잘못되었다는 것을 알려주기 위한 신체의 마지막 해결 정보 중 하나입니다. 우리는 어디선가 완전히 빗나가 있습니다. 우리의 몸은 우리가 무엇을 하든 건강을 열망하고 있습니다. 그러나 우리가 신체를 혹사한다면 우리가 불편함dis-ease 질병을 가져오게 됩니다.

고통을 느낄 때 우리는 무엇을 하나요? 대개는 약통을 찾거나 약국에 갑니다. 그리고는 약을 먹습니다. 결과적으로 우리는 몸에다 이렇게 말하는 격이 됩니다.

"입 다물어. 네 말을 듣고 싶지 않아."

몸은 잠시 잠잠해지다가 다시 속삭일 것입니다. 이번에는 좀 더 크게 속삭임이 들려옵니다. 그러면 아마 병원에 가서 의사한테 주사 한 대 놔달라고 하거나 약을 처방받아 옵니다. 혹은 뭔가 다른 걸 할 것입니다.

어떤 시점에서는 주의를 기울여야 할 것입니다. 왜냐하면 질병이 상당히 진행된 상태일 수도 있기 때문입니다. 그때조차도 어떤 사람들은 피해자 역할을 자초합니다. 그리고 여전히 몸이 하려는 말을 듣지 않습니다. 몸이 하는 소리를 잘 듣는 사람들은 무슨 일이 일어나고 있는지 깨닫고 기꺼이 변화를 시도합니다. 뭐든지 다 괜찮습니다. 우리는 모두 다른 방식으로 삶의 교훈을 배우는 중입니다.

답은 잠을 푹 자거나, 일주일 내내 밤에 늦게까지 밖에서 있지 않기로 하는 것입니다. 또는 직장에서 무리하지 않는 것처럼 간단히 불편함을 없앨 수 있습니다. 몸이 좋아지기를 원하기 때문에 몸을 잘 돌보십시오. 여러분의 몸은 건강하기를 원하고, 여러분은 몸과 협력할 수 있습니다.

저는 아프거나 불편함을 느낄 때는 조용히 마음을 가라앉힙니다. 저보다 훨씬 더 큰 '상위 자아'가 삶에서 변화해야 할 부분을 저에게 알려줘서 이런 불편함에서 자유로워질 수 있을 거라고 믿습니다.

이 조용한 시간에 시각화를 합니다. 가장 좋아하는 꽃들이 내 주위에서 풍성하게 자라고 있는 가장 완벽한 자연의 배경을 떠올립니다. 사랑스럽고 따뜻한 공기가 제 얼굴을 부드럽게 스쳐 지나가는 것을 떠올리고 그 공기의 향과 감각을 느끼는 시각화를 합니다. 몸의 모든 부분의 근육을 이완하는 데

온 주의를 집중합니다.

완전한 이완에 이르렀다고 느끼면, 간단히 이렇게 내면의 무한 지성의 지혜에게 묻습니다.
"내가 이 문제에 어떻게 기여하고 있습니까? 내가 필요한 것은 무엇입니까?"
그러고 나서 대답이 쏟아지게 했습니다. 그 순간 답이 나오지 않을 수도 있지만, 곧 저에게 대답이 들려올 것이란 것을 압니다. 무엇이든지 필요한 변화가 나에게 꼭 맞는 것을 알고 있고, 내 앞에 무엇이 펼쳐지든 나는 안전하리라는 것을 압니다.

때때로 당신은 어떻게 그런 변화를 성취할 수 있는지 궁금해합니다.
"어떻게 살 것인가?"
"애들은 어쩌고?"
"청구서는 어떻게 지불합니까?"
고통 없이 풍족하게 살 방법을 보여주는 '상위 자아'의 힘을 믿어보세요.

또한 천리길도 한 걸음부터 시작합니다. 노자가 말했듯이, 하나의 작은 발걸음이 다른 발걸음을 더하게 되면 상당한 발전을 이룰 수 있습니다. 다만 여러분이 변화를 시도한다고 해도 고통이 하루아침에 사라지지 않는다는 것을 기억하세요. 통증이 표면화되기까지는 시간이 걸리며, 따라서 통증이 더 이상 필요하지 않다는 것을 인식하기까지 시간이 걸릴 수도 있습니다. 자신에게 온화해지세요. 다른 사람의 것을 당신의 성장 진도와 비교하지 마세요. 여러분은 독특하고 자신의 삶을 다루는 자신만의 방법이 있습니다. 더 높은 자아에 대한 믿음을 가지세요. 모든 육체적, 감정적 고통에서 벗어나기 위해서요.

용서는 자유의 열쇠

저는 종종 고객들에게 "올바른 게 낫나요, 아니면 행복해지는 게 낫나요?"라고 묻습니다.

우리는 모두 자신의 인식에 따라 누가 옳고 누가 그른지에 대한 의견을 가지고 있습니다. 모든 사람은 자신의 감정을 정당화 할 수 있는 방법을 찾을 수 있습니다. 우리는 그들이 한 나쁜 짓에 대해 그 사람들을 벌하고 싶어 합니다. 그리고 우리는 그 이야기를 계속 마음속에서 반복합니다.

하지만 이런 마음은 자기 자신을 해칠 수 있습니다. 과거에 사로잡혀 자기 스스로가 괴롭게 됩니다. 과거에 누군가가 우리를 해쳤다고 해서 현재의 우리 자신을 벌하는 것은 어리석은 일입니다.

과거를 놓아주기 위해, 우리는 비록 방법을 모르지만, 기꺼이 용서하기를 원합니다. 용서는 우리의 상처받은 감정을 포기하고 우리 안에 있는 그 모든 것을 그냥 내버려 두는 것입니다. 용서하지 않는 상태는 실제로 우리 안에 있는 무언가를 파괴합니다.

어떤 영적인 길을 따르든 용서가 언제나 엄청난 문제라는 것을 알게 됩니다. 특히 아플 때, 우리는 정말로 주위를 둘러보고 우릴 용서해야 하는 사람이 누구인지를 알아볼 필요가 있습니다. 그리고 보통 우리가 절대 용서하지 않을 것 같은 바로 그 사람은 우리가 가장 많이 베풀어야 할 사람입니다. 다른 사람을 용서하지 않는 것은 그 사람을 조금도 해치지 않지만, 용서하지 않으려는 마음은 우리에게 큰 피해를 줍니다. 그 용서의 문제가 그들의 문제만이 아닙니다. 그 문제들은 우리 모두의 것입니다.

여러분이 느끼는 원망과 상처는 다른 사람이 아닌 자신을 용서하는 것과 관련이 있습니다. 당신이 모든 사람을 기꺼이 용서할 것이라고 단언하세요.

"저는 과거로부터 스스로를 자유롭게 할 용의가 있습니다. 나는 나를 해칠지도 모르는 모든 사람을 용서할 용의가 있고, 다른 사람들을 해칠지도 모르는 나 자신을 용서할 용의가 있습니다."

만약 인생의 어떤 시점에서 여러분에게 해를 끼칠 수 있는 누군가를 생각한다면, 그 사람을 사랑으로 축복하고 놓아준 다음, 그 생각을 버리세요.
만약 저도 저에게 상처를 준 사람들을 용서하지 않았다면 지금 이 자리에 없었을 것입니다. 저는 그들이 과거에 나에게 한 짓에 대해 오늘 나를 벌하고 싶지 않습니다. 쉬운 일은 아닙니다. 하지만 이제 그런 것들을 돌아보며 **"오, 그래. 그런 일이 있었구나."** 라고 말할 수 있게 되었습니다. 이제 저는 더 이상 그곳에 머물러 있지 않습니다. 그것은 그들의 행동을 묵인하고 감싸주라는 의미가 아닙니다.

만약 여러분이 다른 사람에게 바가지를 쓴다고 느껴진다면, 아무도 여러분의 것을 빼앗을 수 없다는 것을 알아두세요. 만약 그것이 당신의 것이라면, 그것은 적절한 시간에 당신에게 돌아올 것입니다. 만약 뭔가가 당신에게 돌아오지 않는다면 그건 여러분이 의도한 것이 아닙니다.

자유로워지기 위해선, 자기 정당화의 분노와 당신의 연민 가득한 냄비에서 벗어날 필요가 있습니다. '미국 알코올 중독자 익명 협회'에서 유래한 이 진언은 정확하고 멋진 문구가 아닐 수 없습니다.

연민의 냄비 위에 앉아있을 때는 전혀 힘이 없는 무기력한 사람이 됩니다. 힘을 찾기 위해서는 스스로 두 발로 서서 책임을 져야 합니다.

잠시 시간을 가지고 눈을 감고 여러분 앞에 아름다운 물줄기가 있다고 상상해 보세요. 오래된 고통, 상처, 그리고 용서받지 못한 경험을 가지고 모든 사건을 모두 떠올리고 그것들이 완벽히 소멸해 녹기 시작하고 하류로 떠내려가는 것을 보세요. 할 수 있는 한 이 시각화 기법을 자주 사용해 보세요.

지금은 연민과 치유의 시간입니다. 내면으로 들어가 어떻게 하는지 아는 당신 자신의 부분과 연결하세요. 당신은 믿을 수 없을 만큼 유능해요. 자신이 알지 못했던 능력을 찾기 위해 5가지 새로운 단계로 나아가세요. 단순히 장애를 치유하는 것이 아니라, 가능한 모든 수준에서 스스로 진정으로 치유할 수 있습니다.

가장 깊은 의미의 온전한 자신을 받아들이기 위해 자신의 모든 부분과 경험했던 모든 것을 받아들이고, 이 모든 것이 이 시대 당신의 삶의 태피스트리 여러 색으로 그림을 짜 넣은 직물 일부라는 것을 아는 것입니다.

저는 임마누엘의 책을 좋아합니다. 좋은 메시지가 있어서 소개합니다.

임마뉴엘에게 묻는 질문

"어떻게 하면 그들에게 원통해 하지 않고 고통스러운 환경을 경험할까요?"

임마뉴엘은 대답은 다음과 같습니다.

"그 환경을 보복이 아닌 교훈으로 보십시오. 삶을 믿으세요. 친구들, 아무리 멀리 떨어져 있어도 이 여행은 꼭 필요합니다. 당신은 진실이 어디에 있고 왜곡이 어디에 있는지 확인하기 위해 경험이라는 넓은 지형을 횡단하게 되었습니다. 그러면 여러분은 고향인 상위 영혼의 자아(고차원적인 자아)로 상쾌하고 현명하게 돌아갈 수 있을 겁니다."

만약 우리가 소위 말하는 모든 문제가 단지 우리가 성장하고 변화할 수 있는 기회일 뿐이고, 그 문제의 대부분은 우리가 발산해 온 진동으로부터 나온다는 것을 이해할 수 있다면! 우리가 정말 해야 할 일은 우리가 생각하는 방식을 바꾸고, 적개심을 풀고, 기꺼이 용서하는 것입니다.

The Power is within you

3부
자신을 사랑하기

마지막으로 타인과 사랑에 빠져서 행복했던 때를 기억합니까?
아마 어지러울 정도로 세상이 환하게 빛났고 항상 웃고 있고
너무나도 멋진 기분이 들었을 것입니다.
당신이 자신과 영원히 떠나지 않는다는 점만 제외하면,
자신을 사랑하는 것은 타인을 사랑하는 것과 같습니다.
자기 자신을 사랑하면 그 사랑은 일생동안 이어집니다.
그러니 지금까지 가졌던 관계보다 더 소중하게 가꾸고 지켜야 합니다.

제8장

나를 사랑하는 방법

용서하고 놓아주면 어깨를 누르던 무거운 짐이 덜어질 뿐만 아니라
자신을 향한 사랑도 활짝 열리게 된다.

자신을 사랑하기 위해 노력해 온 사람들이나 이제 막 사랑을 해보려는 사람들에게 도움이 될 이야기를 해드리겠습니다. 나는 이것을 10단계라고 부릅니다. 지금의 이 10단계를 수천 명에게 적용해 봤습니다.

자신을 사랑하는 것은 놀라운 경험입니다. 그것은 마치 하늘을 나는 법을 배우는 것과 똑같습니다. 원하는 대로 자신이 날 수 있다고 상상을 해봅시다. 얼마나 신나겠습니까. 지금부터 자신을 사랑해 봅시다.

많은 이들은 자아존중감이 부족합니다. 그것으로 인해 고통을 많이 받습니다. 자신을 있는 그대로 사랑하기 힘든 이유는 자신의 마음속에 간직한 열등감과 단점들을 생각하고 있기 때문입니다. 우리는 대개 자신이나 다른 사람들과 사랑을 할 때 조건을 붙입니다. 자신을 사랑하지 않으면 그 누구도 사랑할 수 없다는 말을 들어본 적이 있을 겁니다. 지금까지 자신에게 쳐 놓은 사랑을 방해하는 장애물을 알아봤습니다. 이제는 어떻게 하면 그 장애물들을 뛰어넘을 수 있을지 그래서 다음 단계로 나아갈 수 있을지를 살펴봅시다.

자신을 사랑하는 10가지 방법

1. 스스로 비난하는 것을 멈추세요.

자신을 사랑하는 가장 중요한 열쇠는 지금 당장 스스로를 '비난하는 걸 멈추기'입니다. 이미 전에도 비판에 대해서 이야기를 했습니다. 무슨 일이 있어도 괜찮다고 자신에게 말한다면, 삶을 쉽게 변화시킬 수 있습니다. 스스로를 나쁘게 만들 때 큰 어려움을 겪습니다. 우린 모두 변합니다. 매일매일은 새로운 날이고, 우리는 전날과 조금 다르게 일을 합니다. 삶의 과정에 적응하고 순응하는 능력이 우리의 힘입니다.

문제가 있는 가정에서 자란 사람들은 종종 책임감이 극도로 강해집니다. 자신을 무자비하게 판단하는 버릇이 생기곤 합니다. 역기능적인 가정에서 자란 사람들은 긴장과 불안 속에서 성장했습니다. 문제가 있는 가정의 자녀가 받는 메시지는 다음과 같습니다. "내게 뭔가 문제가 있는 게 틀림없어." 속으로 꾸짖을 때 사용하는 단어들을 잠시 생각해 보세요. 사람들이 나에게 하는 말 중에 이런 것들이 있었습니다. "바보, 나쁜 애야, 못된 여자, 쓸모없는 것 같으니, 부주의해, 멍청해, 못생겼어, 가치 없어, 덜렁대네, 더러워" 등. 이런 종류의 비난 중 여러분에게도 해당되는 것도 있나요?

여기서 우리는 스스로의 자존감과 가치를 세워 나가야 할 필요가 있습니다. 충분히 좋지 않다고 느낄 때, 비참함에 머물 방법을 찾기 때문입니다. 몸에 병이나 고통을 만들거나 하면 이로울 것들을 미루기도 합니다. 음식, 술, 약물로 몸을 학대하기도 합니다.

인간이기 때문에 어떤 면에서 우리는 모두 불안합니다. 완벽한 척한 상태를 멈추는 법을 배워보도록 합시다. 잘 알겠지만 완벽해지려는 것은 자신에게 엄청난 압박만 가하게 됩니다. 완벽주의는 오히려 삶에서 치유가 필요한 영역을 보지 못하게 방해할 뿐입니다. 그대신, 우리는 이렇게 할 수 있습니다. 우리의 창조성을 잘못 사용하고 있다는 것을 알아채고, 개성을 찾아볼 수도 있습니다. 우리를 다른 사람들과 차별화시키는 자질들에 대해 오히려 감사할 수도 있습니다. 우리는 각자 이 땅에서 할 수 있는 독특한 역할이 있습니다. 그러나 스스로에 대해 비판적일 때, 그 역할은 모호해집니다.

2. 스스로를 겁주는 것도 멈춰야 합니다.

많은 사람들은 무서운 생각으로 스스로를 공포로 몰아넣습니다. 결과적으로, 그 상황을 실제보다 더 악화시킵니다. 우리는 작은 문제를 큰 괴물로 만들기도 합니다. 항상 최악의 상황을 예상하며 사는 삶의 방식은 참으로 끔찍합니다.

여러분 중 문제의 최악의 시나리오를 만들어 잠자리에 드는 분이 몇이나 될까요? 그것은 마치 침대 밑에 괴물을 상상하고 겁을 먹는 어린 아이와 같아요. 그러니 잠들지 못하는 것이 당연하지요. 어릴 때는 부모님이 달래주는 게 필요했을 것입니다. 이제 어른으로서 스스로를 잠잠하게 할 수 있는 능력이 있다는 것을 인지하세요.

아픈 사람들은 자주 이렇게 합니다. 최악의 상황을 시각화하거나 지금 당장 일어나지도 않은 장례식을 계획하기도 하지요. 그들은 자신이 가진 힘을 미디어에 스스로를 통계적 수치로 바라봅니다.

당신은 관계에서도 이렇게 할지 모릅니다. 누군가가 전화를 하지 않으면 당신은 즉시 자신이 전혀 사랑스럽지 않다고 생각합니다. 다시는 전화하지 않은 사람과 관계를 맺지 않을 것이라고 결정합니다. 그 사람들에게 버림받고 거부당했다고 느끼죠.

당신은 직업에 대해서도 똑같은 방식을 적용합니다. 누군가 직장에서 올바른 발언을 하면 해고될 거라고 생각합니다. 당신은 이렇게 스스로를 무기력하게 만드는 생각을 마음속에 쌓아둡니다. 기억하세요. 이런 종류의 두려움을 주는 생각들은 부정적인 확언들입니다.

만약 여러분이 마음속의 부정적인 생각을 습관적으로 하고 있다는 것을 알아차린다면, 바로 간절히 대처하고 싶은 이상적인 이미지를 찾으십시오. 아름다운 경치일 수도 있고, 일몰일 수도 있고, 꽃, 스포츠, 여러분이 좋아하는 무엇이든 좋습니다. 당신이 스스로를 겁주고 있다는 것을 발견할 때마다 그 이미지들로 대체해 보세요.

스스로에게 말하세요, **"아니, 더 이상 그런 생각하지 않을 거야. 석양, 장미, 파리, 요트, 폭포에 대해 생각할 거야."** 여러분의 이미지가 무엇이든 간에 말입니다. 당신이 계속 이렇게 해 나간다면, 당신은 결국 그 부정적인 확언의 습관을 끊어버리게 될 것입니다. 다시 말하지만, 새로운 습관을 형성하는 것은 연습이 필요해요.

3. 또 다른 방법은 스스로에게 온화하고, 친절하며 인내하는 것입니다.

오렌 아놀드Oren Arnold는 유머러스하게 이렇게 썼습니다. "신이시여, 인내심을 주시길 기도합니다. 지금 당장 원합니다." 인내심은 아주 강력한 도구입니다. 우리 대부분은 즉각적인 만족감에 시달리고 있습니다. 당장 그걸 가져야만 합니다. 우리는 어떤 것도 기다릴 인내심이 없습니다. 줄을 서야 하거나 차가 막히면 짜증을 냅니다. 지금 당장 모든 해답과 좋은 것들을 바랍니다. 우리는 너무 자주 조급함으로 인해 다른 이들의 삶을 비참하게 하기도 합니다. 조급함은 배움을 향한 저항입니다. 우리는 교훈을 배우거나 필요한 단계를 수행하지 않은 채 답부터 얻기를 원합니다.

당신의 마음을 정원이라고 생각하세요. 처음엔 정원은 그저 흙무더기일 뿐입니다. 당신의 정원에는 자기혐오 나무 열매와 절망과 분노, 걱정의 돌덩이들이 많을 지도 모릅니다. '공포fear'라고 불리는 오래된 나무는 가지치기를 해야 합니다. 일단 이런 것들을 좀 치우고 흙이 좋은 상태가 되면 기쁨과 번영의 씨앗이나 작은 식물들을 더하세요. 햇볕이 내리쬐면 물을 주고 영양분을 공급하고 사랑과 관심을 쏟으세요.

처음에는, 정원에서 뭐가 안 보일 겁니다. 하지만 멈추지 않고 정원을 계속 가꾸고 돌보세요. 여러분이 인내심을 가지면 정원에서 많은 것이 자라고 꽃이 필 것입니다. 동일하게 마음에도, 보살핌을 받고 키워 나가야 할 생각들을 선택하세요. 인내가 필요해요. 그러면 그것들이 자라고 자라서 당신이 원하는 멋진 경험의 정원을 만드는데 도움을 줄 것입니다.

실수를 허용하기

배우는 동안 실수를 해도 괜찮아요. 말씀드렸듯이, 여러분 중 너무나 많은 분들이 "완벽주의"의 저주를 받았습니다. 무엇인가를 할 때 처음 3분 안에 완벽하게 하지 않으면 부족하다고 저주의 말을 퍼붓습니다. 그렇게 자신에게 부정적인 확언을 하면, 새로운 것을 배울 기회를 주지 않을 것입니다.

배우는 데는 시간이 걸립니다. 어떤 일을 처음 시작할 때, 그 일은 보통 옳다고 느껴지지가 않습니다. 지금 당장 할 수 있는 걸 보여드리겠습니다. 지금 잠시 시간을 내서 두 손을 꼭 잡으세요. 이것을 하는 데 옳고 그른 방법은 없습니다. 손을 꼭 잡고 어떤 엄지손가락이 위에 있는지 보세요. 왼쪽인가요? 오른쪽인가요? 이제 손을 벌리고 다른 엄지손가락을 위에 올려놓고 다시 깍지를 끼세요. 아마 낯설게 느끼질 수 있고, 이상하게 느껴질 수도 있고, 잘못 되었다고 생각할 수도 있습니다.

첫 번째 방법으로 다시 한 번 잡아보세요. 그리고 이젠 반대 방향으로 그리고 다시 첫 번째 방법으로, 그리고 두 번째 방법으로 그리고 잠시 반대 방향으로 깍지 낀 손가락을 그대로 두세요. 어떤 느낌인가요? 처음보다 이상하지 않죠. 그렇게 나쁘지도 않죠. 새로운 방식이 점점 익숙해지고 있습니다. 어쩌면 여러분은 두 가지 방법 모두 배울 수 있을지도 몰라요.

우리가 무엇인가를 새로운 방식으로 할 때도 마찬가지입니다. 그것은 다른 느낌일 수 있기에 당신은 바로 그것을 판단하게 됩니다. 하지만 조금만 연습하면 정상적이고 자연스러워질 수 있습니다. 우리 자신을 하루 만에 완전히 사랑할 수 없는 일입니다. 매일 조금씩 더 우리 자신을 사랑할 수 있습니다.

힘은 당신의 안에 있습니다

하루하루 우리 자신에게 조금 더 많은 사랑을 준다면 두세 달 뒤에는 자신을 사랑하는 데 훨씬 더 많이 다가왔을 것입니다.

기억하세요. 실수는 발판입니다. 실수들은 당신의 반면교사가 되어 줍니다. 실수는 그만큼 가치가 있습니다. 실수했다고 당신 자신을 자책하지 마세요. 만약 당신이 그 실수로부터 배우고 성장하고자 한다면, 실수는 당신의 삶에서 성취하고자 하는 곳으로 가는 디딤돌이 되어 줄 것입니다.

우리들 중 몇몇 사람들은 매우 오랫동안 우리 자신에 대한 공부를 해왔을 겁니다. 그러면서 왜 아직도 우리에게 문제들이 계속 나타나는지에 대해 의아해합니다. 우리가 아는 것을 계속 강화시킬 필요가 있습니다. 허공에 손을 들고 '이게 무슨 소용이 있느냐?'고 새로운 방식에 대해서 저항할 일이 아닙니다. 새로운 방법을 배울 때, 스스로에게 온화하고 친절할 필요가 있습니다. 전에 언급했던 정원을 기억하세요. 부정적인 잡초가 자라면, 뽑으세요. 가능한 한 빨리 말이죠.

4. 우리 마음에게도 친절하게 대하는 방법을 배워야 합니다.
　우리가 부정적인 생각을 가졌다고 우리 자신을 미워해서는 안 됩니다. 생각이 우리를 무너뜨리기는 것이 아니라 세워주는 것이라고 생각해볼 수 있습니다. 우리는 부정적인 경험에 대해 우리 자신을 탓할 필요가 없습니다. 경험을 통해서도 배울 수 있습니다. 자신에게 친절하다는 것은 모든 비난, 죄책감, 모든 처벌, 고통을 주고자 하는 마음을 멈추는 것을 의미합니다.

　휴식 또한 우리에게 도움이 됩니다. 당신이 긴장하거나 겁을 먹으면 내면의 에너지가 막혀서 차단됩니다. 따라서 당신이 내면의 힘을 이용하려 한다면 이완휴식은 필수적입니다. 하루에 몇 분만 투자하면 당신의 몸과 마음이 놓이고 긴장을 풀 수 있습니다. 언제든지 심호흡을 몇 번 하고 눈을 감고 어떤 긴장감을 가지고 있던지 풀어주세요. 숨을 내쉬면서, 중심을 잡고 조용히 자신에게 말 하세요. "사랑해." "모든 것은 잘 될 거야." 곧 당신이 훨씬 더 많이 침착해 졌는지 알게 될 것입니다. 당신은 사실 굳이 삶에서 겪을 필요가 없는 긴장이나 두려움을 주는 메시지들을 내면에 축적해가고 있어요. 에너지가 막히지 않게 자주 풀어주세요.

매일 명상하기

자신을 사랑하는 방법으로 명상을 추천합니다. 자신의 내면의 지혜를 듣는 것이 좋습니다. 우리 사회는 명상을 신비롭고 하기 어려운 것으로 만들었지만, 그럼에도 명상은 내면의 평화를 유지하는 가장 간단한 과정 중 하나입니다. 당신은 그저 편안한 상태로 '사랑'이나 '평화'와 같은 말을 묵묵히 반복하는 것입니다. OM(옴)이라는 소리는 워크숍에서 자주 하게 하는데, 꽤 효과가 있습니다.

이런 말을 반복할 수 있습니다. **"나는 나를 사랑해", "나는 나를 용서해", 아니면 "나는 용서받았어."** 그러고 나서 조용히 내면을 들여다보세요.

어떤 사람들은 명상을 하면 생각을 멈춰야 한다고 생각합니다. 마음에서 생각이 일어나는 것을 멈출 수는 없지만, 생각을 늦추고 그냥 흘러가게 할 수는 있습니다. 어떤 사람들은 패드와 연필을 들고 앉아 부정적인 생각을 적는 사람들이 있는데, 이는 그렇게 하는 것이 부정적인 생각들을 더 쉽게 소멸시키는 것 같다고 합니다. "아, 두려움이 있구나. 아 약간의 분노도 있고, 이제 사랑도 있네. 그리고 지금은 좌절이 있네. 버림받음이 있군, 즐거움도 있네." 우리 안에 떠도는 이런 생각에 중요성을 부여하진 마세요. 그 생각들에게 심각하게 반응하지 마세요. 그저 생각들을 지켜보고 알아차리는 상태에 이를 수 있을 때 우리는 우리의 엄청난 힘을 지혜롭게 사용하기 시작합니다.

명상은 어디서든 시작할 수 있고 그것이 습관이 되도록 하면 좋습니다. 명상을 당신의 '더 높은 힘'에 집중하는 방식이라고 생각하세요.

명상을 하면 지금의 나와 더 큰 자아, 내면의 지혜와 연결됩니다. 당신이 좋아하는 느낌으로 어떤 형태로든 내면에 접속할 수 있습니다. 어떤 사람들은 조깅을 하거나 걷는 동안 일종의 명상에 잠깁니다. 다시 한 번 말하지만, 다른 사람들이 하는 방법과 다르다고 해서 틀렸다고 생각하지 마세요. 저는 정원에서 무릎을 꿇고 흙을 파서 구덩이를 만드는 것을 좋아합니다. 저에게는 그것이 정말 좋은 명상입니다.

긍정적인 결과 시각화

시각화Visualization 또한 매우 중요하며, 여러분이 사용할 수 있는 많은 기술들이 있습니다. 칼 사이먼튼Carl Simonton 박사는 그의 책 《마음 의술 (한국어 설빈)Getting Well Again》에서 암을 앓고 있는 사람들을 위해 시각화 기술을 많이 추천하고 있습니다. 그 시각화 방법은 실제로 훌륭한 결과를 냅니다.

시각화를 통해 말의 힘인 확언affirmation을 강화시킬 수 있습니다. 확언은 명확하고 긍정적인 이미지를 만들어 냅니다. 많은 분들이 확언과 함께 시각화를 하고 있고, 그 시각화 기술들에 대해 저에게 편지를 많이 보내고 있습니다. 시각화에 대해 기억해야 할 중요한 점은 시각화가 느낌으로 와 닿아야 한다는 것입니다. 감정이 잘 느껴지지 않으면 시각화가 작동하지 않습니다.

예를 들어, 암에 걸린 한 여성은 그녀의 몸에 있는 좋은 암 사멸killer 세포가 암을 공격하여 죽이는 모습을 상상했습니다. 시각화가 끝날 때, 그녀는 제대로 했는지 의심했고, 효과가 있을 것이라고 느끼지 못했습니다. 그래서 저는 그녀에게 "당신은 살인자killer예요?" 라고 물었어요. 저는 개인적으로 제 몸 속에서 전쟁을 일으킨다는 것이 기분이 좋지 않습니다. 저는 그녀에게 그녀의 시각화를 조금 더 부드러운 것으로 바꾸라고 제안했습니다. 아픈 세포를 녹이는 태양이나 마법 지팡이로 그 세포들을 변형시키는 마술사 같은 이미지를 사용하는 게 좋을 거라고 생각했습니다.

제가 암에 걸렸을 때, 저는 몸에서 병든 세포를 씻어내는 시원하고 맑은 물을 상상했습니다. 시원한 물이 폭포처럼 떨어져서 암세포를 사라지게 한다는 시각화 기법을 이용했습니다. 잠재의식적인 차원에서 너무 공격적이지 않은 시각화를 할 필요가 있습니다.

우리 중 아픈 가족이나 친구가 있는 사람들은 계속 그들이 아픈 것을 보면서 부당함을 느낍니다. 그들을 향해 시각화를 잘 해보세요. 그들에게 좋은 진동을 보내주세요. 하지만, 건강을 회복하는 것은 그들에게 달려있다는 것을 기억하세요. 그들에게 줄 만한 시각화와 명상 가이드를 담은 좋은 오디오 테이프가 많이 있는데, 그들이 마음이 열려 있다면 이 과정을 통해 도움을 줄 수 있습니다. 만약에 그들이 원하지 않는다면 그저 그들에게 사랑을 보내주세요.

누구나 시각화를 할 수 있습니다. 당신의 집을 묘사하거나, 성적 환상fantasy을 가지거나, 당신에게 상처를 준 사람에게 어떻게 행동할지 상상하는 것은 모두 시각화입니다. 마음이 할 수 있는 일은 참으로 놀랍습니다.

5. 다음 단계는 자신을 칭찬하는 겁니다.

비판은 내면의 정신을 무너뜨리고, 칭찬은 내면의 정신을 세웁니다. 당신의 능력을 인정하세요. 당신 안에 있는 무한 지성을 인정하세요. 우리는 모두 무한한 지능이 있습니다. 당신이 자신을 꾸짖을 때, 스스로를 창조한 힘을 약하게 만듭니다. 작은 것부터 시작하세요. 당신이 훌륭하다고 스스로에게 말하세요. 한 번 했다가 멈추면 효과가 없어요. 계속 꾸준히 하세요. 그것이 한 번에 1분일지라도 꾸준히 하세요. 절 믿으세요. 정말 더 쉬워질 거예요. 다음번엔 새로운 것을 시도하세요. 기존에 하던 것과 다른 것을 하거나, 막 배운지 얼마 안 된 것이라든지 잘 모르는 분야를 도전해 보세요. 자신을 위해 새로운 배움에 마음을 열어보세요.

제 이야기

제가 뉴욕 종교과학 교회에서 처음으로 연설했을 때 큰 스릴을 느꼈습니다. 저는 그때를 생생하게 기억합니다. 금요일 정오였어요. 사람들이 연설자인 저에게 질문을 하려고 질문지를 바구니에 담아서 줬어요. 저는 그 바구니를 단상으로 가져와 질문에 답하고 간단한 치유 세션을 했어요. 끝나고 나서, 저는 연단에서 내려와 혼잣말을 했죠. "루이스, 이번이 처음 연설이라는 걸 감안해볼 때 넌 참 환상적으로 잘 했어. 이 연설을 여섯 번 정도 할 때쯤이면, 넌 프로가 되어 있을 거야."

저는 제 자신을 꾸짖으며, "오, 너 이런 말도 했어야 했는데. 잊었구나. 저

말도 해야 하는데 까먹었구나." 라고 말하지 않았습니다. 저는 앞으로 해야 할 두 번째 기회가 저를 두렵게 하는 것을 원하지 않았습니다.

만약 제가 첫 번째 시도에서 자책한다면, 두 번째 시도에도 자책할 것입니다. 그러다 보면 결국 말하는 것을 두려워할 것입니다. 몇 시간 후, 저는 나아지기 위해 무엇을 바꾸어야 할지 생각했습니다. 저는 결코 제 자신을 틀렸다고 하지 않았습니다. 저는 자신을 칭찬하고 멋있다고 자축하는 것이 매우 조심스러웠습니다. 제가 여섯 번의 연설을 했을 때, 저는 정말 프로가 되어 있었습니다. 저는 이 방법을 우리 삶의 모든 분야에 적용할 수 있다고 생각합니다. 저는 꽤 오랫동안 모임에서 계속 스피치 speech를 했습니다. 그 경험은 제게 스스로 생각하고 결정하는 방법을 가르쳐 주었던 훌륭한 훈련장이었습니다.

자신을 향해 오는 선 good을 받아들이세요. 혹시 본인이 그것을 받을 자격이 없다고 느낄지라도 말이죠. 저는 "난 자격이 없어."고 믿는 것은 사실 우리의 삶에서 '좋은 것들을 받아들이기 꺼려하는 것이다."라고 주장해왔습니다. 그런 생각이 우리가 원하는 걸 갖지 못하게 하죠. 우리가 좋은 사람이 될 자격이 없다고 생각한다면 어떻게 우리 자신에 대해 좋은 말을 할 수 있겠어요?

우리 "자격에 대한 법칙"을 한번 생각해 볼까요? 당신은 스스로가 충분하다고 느꼈나요? 충분히 똑똑했나요? 충분히 키가 크고, 충분히 예쁘고, 또 뭐든 충분히 그럴 만하여 얻었나요? 그리고 당신은 무엇을 위해 살아야 하나요? 당신이 여기 온 건 '한 가지 이유'가 있어서 라는 거 알죠. 그러나 그것이 몇 년마다 새 차를 사는 게 아닙니다. 당신은 자신을 실현하기 위해 무엇을 하려고 하고 있나요? 긍정, 시각화, 치료를 하려고 하나요? 기꺼이 자신을 용서해 줄 수 있나요? 명상을 해보려고 하나요? 당신의 삶을 바꾸고 당신이 원하는 삶을 만들기 위해 얼마나 많은 정신적 노력을 하려고 하고 있나요?

6. 자신을 사랑하는 것은 자신을 지지하는 support 것을 의미합니다.

친구들에게 다가가 그들이 당신을 돕도록 하세요. 당신도 도움이 필요할 때가 있습니다. 도움이 필요할 때 도움을 청해보세요. 그때 당신은 정말 강해집니다. 여러분 중 많은 사람들이 자립적이고 자급자족하는 법을 배워왔습니다. 그렇기에 당신은 자존심이 허락하지 않아서 도움을 청할 수 없습니다. 도움을 구하는 것이 자립적이지 않을 거라는 판단을 받을 까봐 도움을 좀처럼 청하지 않습니다. 모든 것을 스스로 혼자 해보려고 하다가 그것을 할 수 없을 때 스스로에게 화가 날 거예요. 이제는 그렇게 하는 대신에 다음번에는 한번 도움을 청해보세요.

모든 도시에는 지원 단체가 있습니다. 거의 모든 문제를 해결할 수 있는 12단계 프로그램이 있고, 일부 영역에는 힐링 서클과 교회 산하기관이 있습니다. 혹시 여러분의 지역에 원하는 그룹을 찾을 수 없다면, 자신만의 그룹을 만들어 보세요. 생각보다 두려운 일이 아닙니다. 여러분과 같은 문제를 겪고 있는 두세 명의 친구를 모으세요. 같이 지켜 나가야 할 몇 가지 지침을 세우세요. 그 그룹을 진정한 사랑을 가지고 시작한다면 그 작은 그룹은 성장하게 됩니다. 사람들은 자석처럼 끌릴 것입니다. 그 모임을 '잘 성장시킬 수 있을 지'와 '공간이 너무 협소하진 않을까'라는 걱정은 하지 마세요. 우주가 항상 제공해줍니다. 당신은 정말 서로를 위해 그곳에 있어야 해요.

저는 1985년 로스엔젤레스LA에서 에이즈에 걸린 6명의 남자들과 저의 거실에서 헤이라이드The Hayride-에이즈 환자들을 위한 치유 모임를 시작했습니다. 우리들은 이 에이즈라는 심각한 위기를 어떻게 극복해야 할지 몰랐습니다. 저는 그들에게 우주가 우리들에게 장난을 치지 않을 거라고 말했습니다. 우리는 이미 어떤 식으로든 치유될 것을 알고 있었으니까요. 우리는 서로를 돕고 지지하기 위해 어떠한 행동이라도 했어요. 긍정적인 차원에서 할 수 있는 일을 했어요. 우리는 오늘1990년 대도 여전히 만나고 있습니다. 그리고 매주 수요일 밤 웨스트 할리우드 파크에 약 200명의 사람들이 옵니다.

원래 헤이라이드 모임은 에이즈 환자들을 위한 특별한 모임으로 시작했지만, 이제는 모든 사람들이 와도 되는 모임으로 환영받고 있어요. 사람들은 이 단체가 어떻게 기능하고 또 얼마나 지지를 받고 있는지 보기 위해 이제는 전세계에서 옵니다.

'이 모임은 나 혼자만 있는 게 아니야 우리는 함께하는 그룹이야.' 라는 마음으로 모두가 이 그룹이 효과적인 모임이 되도록 함께 기여합니다. 우리는 명상을 하고 시각화를 합니다. 우리는 또한 대체 치료법과 최신 의료 방법에 대한 정보를 네트워크화하고 공유합니다. 방 한쪽 끝에는 사람들이 누울 수 있는 에너지 테이블이 있고, 다른 이들은 그들을 위해 손을 대거나 기도하며 치유의 에너지를 나눕니다.

그들이 대화할 수 있는 마음 과학 Science of Mind 실무자들도 있습니다. 모임의 마지막을 장식할 때에는 서로 껴안고 노래합니다. 우리는 사람들이 이곳에 처음 들어왔을 때보다 더 좋은 상태로 나아져서 나가기를 원하며, 때때로 사람들이 나간 후에도 긍정의 변화들이 지속되도록 며칠 동안 추가적으로 도움을 줍니다.

이러한 지원 단체들은 새로운 사회 형태로 거듭났고, 그들은 이 복잡한 시대에 상당히 효과적인 단체로서 역할을 합니다. "종교과학과 연합"과 같은 새로운 사상을 가진 많은 교회들은 지속적인 주 단위 weekly로 지원하는 단체들을 가지고 있습니다. 많은 그룹들이 뉴 에이지 잡지와 신문에 실려 있습니다.

네트워킹은 매우 중요합니다. 그것은 당신을 자극하고 움직이게 하기 때문입니다. 저는 당신이 비슷한 생각을 가진 사람들과 정기적으로 시간을 공유하는 것을 제안합니다.

사람들이 공동의 목표를 위해 함께 일할 때 그들은 고통, 혼란, 분노 같은 것들을 밖으로 끌어내게 됩니다. 그러나 그 감정들을 서로 모여 아파하고 슬퍼하기 위함이 아니라 오히려 그런 것들을 딛고 일어나기 위함입니다. 그런 감정들을 넘어서 위로 올라가 어떻게든 성장할 수 있는 길을 찾게 됩니다.

만약 여러분이 매우 헌신적이고, 자기 수양이 잘 되어있고, 아주 영적이라면, 스스로 많은 일을 혼자서 할 수 있습니다. 게다가 당신이 혼자가 아닌 같은 일을 하는 사람들이 그룹으로 함께 있을 때, 여러분은 서로에게 배우기 때문에 양자Quantum도약을 할 수 있습니다. 그 그룹 안에 모든 사람은 당신에게 그리고 서로에게 스승 역할을 합니다. 그래서 만약 여러분이 해결해야 할 문제들이 있다면, 가능하다면, 여러분이 그 문제들을 함께 해결할 수 있는 적합한 그룹에 참여하는 것을 제안합니다.

7. 당신이 가진 부정적인 것들을 사랑하세요.

우리 모두가 신의 창조물의 일부이듯, 우리가 가진 부정적인 것들 또한 모두 창조의 일부입니다. 우리를 만든 그 거대지성은 우리가 실수를 하거나 우리가 우리 아이들에게 화를 낸다고 우리를 미워하지 않습니다. 그 지성은 우리가 할 수 있는 한, 최선을 다하고 있다는 것을 알고 있습니다. 그리고 우리가 최선을 다해 만들어낸 창조물들도 사랑합니다. 그러므로 우리도 최선을 다해서 나온 결과물들을 사랑할 필요가 있습니다.

그대와 나는 모두 부정적인 선택들을 하기도 합니다. 그리고 우리가 만약에 우리가 그런 부정적인 선택을 했다는 것으로 인해 스스로를 계속해서 벌을 준다면 그것은 습관적인 패턴이 됩니다. 그리고 결국 그러한 패턴은 우리가 다음번에 더 많은 긍정적인 선택을 하려할 때 방해가 됩니다. 부정적인 것들을 내버려두고 가려고 할 때 긍정 선택을 하는 것을 성가신 일로 여기게 만들 수 있습니다.

여러분이 계속 반복해서, "난 내 일이 싫어. 난 우리 집이 싫어. 나는 내 병이 싫어. 난 이런 관계가 싫어. 나는 이런 게 진짜 싫어. "난 그게 싫어" 라고 말한다면, 당신의 삶에는 새로운 좋은 것들이 올 확률이 거의 없습니다.

여러분이 어떤 부정적인 상황에 처해 있든지 간에, 그것은 이유가 있습니다. 그렇지 않다면 여러분은 인생에서 그런 상황을 겪지 않을 것입니다.《당신의 질병을 사랑하라 Love Your Disease》의 저자인 존 해리슨 박사는 환자들이 수차례 질병과 그로 인한 여러 번 수술을 한다고 해서 절대로 비난 받아서는 안 된다고 말합니다. 오히려, 환자들에게 있어서 그들의 욕구를 충족시킬 수 있는 안전한 방법을 찾은 것에 대해 스스로 축하해야 할 일입니다. 우리의 삶에서 특수한 상황들을 다루는 과정에서 문제가 생길 수 있다는 것을 이해해야 합니다. 일단 우리가 이 사실을 깨닫기만 한다면, 우리의 필요들을 충족시킬 수 있는 긍정적인 방법을 찾을 수 있습니다.

때때로 암이나 나쁜 말기 질병을 가진 사람들은 그들의 삶에서 권위 있는 인물에게 "아니오" 라고 말하는 것을 너무 어려워합니다. 그들은 무의식적으로 그들에게 "아니오" 라고 말할 수 있는 상황을 만들 것입니다. 이해를 돕기 위해 제가 아는 한 여성의 이야기를 하겠습니다. 그녀는 자신을 위해 질병을 만들어 냈습니다. 이상하게 들릴 수 있겠지만 그녀가 만든 병이 그녀의 아버지의 요구를 거절할 수 있다는 사실을 알게 되었습니다. 그리고 그녀는 한번쯤은 자신을 위해 살기로 결심했습니다. 그녀는 그에게 "아니오" 라고 말하기 시작했습니다. 그리고 처음에는 힘들었지만, 그녀는 계속해서 아버지의 요구로부터 자립하면서 자신이 회복되고 있다는 것을 알게 되어 기뻤습니다.

우리의 부정적인 패턴이 무엇이든지 간에, 우리는 그 필요를 더 긍정적인 방법으로 충족시키는 것을 배울 수 있습니다. 그래서 우리는 스스로에게 이러한 질문들을 던지는 작업을 하는 것이 상당히 중요합니다. 예를 들면 "나는 이 경험을 통해 어떤 보상을 얻을 것인가?" "나는 어떤 긍정적인 것을 얻었는가?" 와 같은 질문들입니다. 그러나 우리는 그 질문에 답하는 것을 좋아하지 않습니다. 하지만 만약 우리가 정말로 내면을 들여다보고 우리 자신에게 솔직하다면 우리는 그 질문들에 대한 대답을 찾을 수 있을 것입니다.

아마도 당신의 대답은 이럴 수 있겠네요." 제가 원하는 유일한 것은 제 배우자에게 사랑 가득한 관심을 받을 때예요." 일단 한번 깨닫는다면 당신은 이러한 것들을 성취하기 위해 더 긍정적인 방법을 찾을 수 있습니다.

또 다른 강력한 도구는 바로 유머입니다. 유머는 우리가 스트레스가 많은 경험들을 하는 동안 긴장을 풀어주고 기운이 나도록 도와줍니다. 헤이라이드 Hayride에서는 농담을 하는 시간을 따로 정했습니다. 가끔 우리는 웃음 치료사를 모십니다. 그녀의 웃음은 전염성이 강해서 우리 모두를 금방 웃음으로 가득하게 해줍니다. 우리는 항상 우리 자신을 너무 진지하게만 생각할 수 없습니다. 웃음은 이런 진지하고 심각하고자 하는 우리에게 치유를 해줍니다. 저는 또한 당신이 우울할 때나 기분이 좋지 않을 때 로렐과 하디〈Laurel and Hardy〉 같은 오래된 코미디를 보는 것을 추천합니다.

저는 개인 상담을 할 때, 사람들이 그들의 문제를 대할 때 웃고 시작하도록 최선을 다했습니다. 우리가 우리의 삶을 TV드라마와 코미디처럼 하나의 무대극으로 볼 수 있을 때 우리는 더 나은 시야를 갖게 되면서 우리가 바라는 그 힐링, 치료의 길로 가게 됩니다. 유머는 우리가 겪고 있는 그 경험에서 한 걸음 물러나서 그것을 더 큰 시각으로 볼 수 있게 해줍니다.

8. 당신의 몸을 잘 돌보세요.

당신의 몸을 이 세상에 잠시 머무는 동안 기적과 같은 놀라운 집으로 생각하세요. 그렇다면 당신의 집을 사랑할 것이고 그 집을 소중하게 잘 보살필 겁니다. 그렇지 않나요? 그러니까 이제 당신의 몸에 무엇을 집어넣고 있는지 한번 지켜보세요. 마약과 알코올 중독은 이미 널리 퍼져있습니다. 이 두 가지는 당신을 당신의 소중한 집당신의 몸으로 부터 탈출시키는 가장 흔한 방법입니다. 만약 당신이 마약에 빠져 있다면 본인이 나쁜 사람이기에 그런 것이 아니라 자신의 필요들을 채우는 좀 더 긍정적인 방법을 아직 찾지 못했을 뿐입니다. 그런 의미일 뿐입니다.

마약은 우리에게 손짓합니다. "이리와. 나랑 놀자. 우리는 즐거운 시간을 보낼 거야." 사실이죠. 마약은 기분을 순간적으로는 환상적이게 만들어줍니다. 하지만 그것들은 당신의 현실을 바꿔버리죠. 너무 많이 바꿔 버립니다. 비록 처음에는 분명하지 않아서 그렇지요. 결국엔 당신은 끔찍한 대가를 치러야 합니다. 한동안 마약을 먹으면 건강이 엄청나게 악화되고, 당신의 기분은 대부분 많이 안 좋을 겁니다. 약물은 면역 체계에 영향을 미치며, 이것은 수많은 신체적 질병으로 이어질 수 있습니다. 또한, 반복적인 사용 후에는 중독으로 발전하게 되는데, 당신은 본인이 애초에 왜 마약을 복용하게 되없는지 원인을 찾으려고 궁금해 합니다. 처음에는 또래의 압박으로 인해 복용을 강요받았을 수도 있지만, 하지만 계속해서 반복적으로 사용하는 것은 또 다른 이야기입니다. 저는 아직까지 자신을 정말 사랑하면서 마약에 중독된 사람을 만난 적이 없습니다.

 자신의 좋지 않았던 어린 시절 감정으로부터 벗어나기 위해 마약이나 알코올을 접하는 사람들이 있습니다. 그러나 그 효과가 식어버리면 예전보다 기분이 나빠지게 됩니다. 그럼 그 사람들은 죄책감을 느끼죠. 우리는 자신의 어린 시절이 좋지 않았다는 느낌들 그런 어린 시절의 생각들을 느끼고 인정하는 것이 안전하다는 것을 알아야 합니다. 그런 감정들은 지나갑니다. 그 감정들은 계속 머물러 있지 않습니다.
 우리 몸에 음식을 필요이상으로 채워 넣는 것폭식도 사랑을 감추는 또 다른 방법입니다. 음식이 우리 몸에 연료를 공급하고 새로운 세포를 만드는 것을 돕기 때문에 우리는 음식 없이 살 수 없습니다. 비록 우리가 좋은 영양 섭취의 기본을 알고 있을지라도, 우리는 종종 음식과 식단을 사용해서 여전히 우리 자신을 벌하고 비만을 만듭니다.
 우리는 인스턴트 음식 중독자들의 나라가 되었습니다. 우리는 수십 년 동안 소위 '위대한 미국 식단'이라고 불리는 것을 먹으며 온갖 종류의 가공 식품으로 우리 자신을 채워왔습니다. 우리는 식품회사와 광고 속임수가 우리의 식습관에 영향을 미치도록 허용해왔습니다. 의사들은 심지어 의과 대학에서 영양학을 배우지도 않습니다. 영양학을 배우려면 따로 과외 과목으로 선택해서 들어야만 가능합니다. 현재 우리가 생각하는 관례의학의 대부분은 약물과 수술에 집중되어 있기 때문에 우리가 영양에 대해 정말 배우려면 우리 손으로 직접 해결해야 합니다. 우리가 입에 넣은 것이 무엇이고 그것이 우리를 어떻게 느끼게 하는지 깨닫는 것은 우리 자신을 사랑하는 행위입니다.

만약 여러분이 점심을 먹고 한 시간 후에 졸리기 시작한다면, 여러분은 스스로에게 "내가 뭘 먹었지?"라고 물을 지도 모릅니다. 당신은 그 특정한 시간에 몸에 좋지 않은 무언가를 섭취했을 수도 있습니다. 무엇이 당신에게 에너지를 주고 무엇이 당신의 에너지를 다운되게 하고 기분을 안 좋게 하는지 알아차리기 시작하세요. 스스로 시행착오를 겪으며 해볼 수 있습니다. 또는 여러분의 질문에 대답할 수 있는 좋은 영양사를 찾는 방법도 있습니다.

어떤 한 사람에게 맞는 식단이 꼭 다른 사람에게 맞는 것은 아니라는 것을 기억하세요. 자연주의 식단채식위주의 식단은 많은 사람들을 위한 아주 훌륭한 방법입니다. 하비와 마릴린 다이아몬드가 쓴《다이어트 불변의 법칙 Fit For Life》책의 방식도 마찬가지입니다. 자연주의 식단과 완전히 다른 개념이지만, 둘 다 효과가 있습니다. 모든 신체는 서로 다르기 때문에 한 가지 방법만 효과가 있다고 할 수는 없습니다. 어떤 방법이 당신에게 가장 적합한지 알아내야 합니다.

당신이 즐길 수 있는 운동을 찾으세요, 운동은 재미가 있어야 해요. 운동에 대한 긍정적인 마음가짐을 가지세요. 종종, 여러분은 다른 사람들이 하는 말을 받아들인 결과, 여러분의 몸에 장애물을 만들어냅니다. 다시 한 번 말하지만, 변화를 만들고 싶다면 자신을 용서하세요. 그리고 분노와 원한을 품어 그 감정을 당신의 몸에 집어넣는 것을 멈춰야 합니다. 긍정과 운동을 결합하는 것이야 말로 여러분의 신체와 당신의 몸매에 대한 부정적인 개념을 다시 편성하는 방법입니다.

요즘은 건강을 위한 신기술이 급증하고 있는 시대입니다. 아유르베다 Ayurveda 의학과 같은 고대의 치료법과 음파 기술을 접목하는 법을 배우고 있습니다. 저는 소리가 어떻게 우리의 뇌파를 자극하고 우리의 학습과 치유를 가속시킬 수 있는지 연구해 왔습니다. 정신적인 변화로 실제로 우리의 DNA 구조를 바꿔 질병을 치료할 수 있다는 연구결과가 있습니다. 저는 우리가 지금부터 다음 세기가 되기 전에 많은 사람들에게 엄청난 혜택을 줄 수 있는 다양한 가능성을 탐구해 나갈 것이라고 생각합니다.

9. 저는 자신을 사랑하지 못하게 하는 문제의 원인을 찾기 위해 거울 작업의 중요성을 강조합니다.

지금 연습해 볼 수 있는 몇 가지 거울 작업 방법을 소개합니다. 저는 아침에 가장 먼저 거울을 보고 "나는 너를 사랑해. 내가 너를 위해 오늘 무엇을 해줄까? 내가 어떻게 하면 네가 행복 할 수 있을까?"라고 말하는 걸 좋아합니다. 여러분의 내면의 목소리를 듣고 당신의 내면이 말해주는 것 그대로 한번 해주는 연습을 해보세요. 처음에는 어떤 소리도 메시지도 들리지 않을 수도 있습니다. 왜냐하면 당신이 그동안 스스로를 꾸짖는 것에 너무 익숙해졌기 때문입니다. 그리고 당신은 어쩌면 당신에게 다가오는 친절하고 사랑스러운 생각에 어떻게 반응해야 할지 아직 모르기 때문이죠.

만약 낮 동안 여러분에게 불쾌한 일이 생긴다면, 거울로 가세요. 그리고 이렇게 말해주세요. "어쨌든 나는 너를 사랑해."라고 말이죠. 삶 속에 사건들은 오고 가지만 자신을 향한 사랑은 변함없습니다. 그것이 당신의 인생에서 자신이 가진 가장 중요한 자질이여야 합니다. 만약 멋진 일이 생긴다면, 거울에 가서 "고마워."라고 말하세요. 이 멋진 경험을 만들어 낸 당신 자신을 인정해주세요.

당신은 거울 속에서 용서도 할 수 있습니다. 자신을 용서하고 다른 사람들도 용서하세요. 여러분은 거울 속에서 다른 사람들과 말할 수 있어요. 특히 여러분이 그들과 직접 대화하는 것을 두려워할 때 말이죠. 부모, 상사, 의사, 자녀, 연인 같은 사람들과 지내며 생겼던 마음속 응어리진 감정을 해결할 수 있습니다. 이 뿐만 아니라, 말하기에 두려웠던 모든 종류의 말을 할 수 있습니다. 그리고 기억하세요. 당신은 결국엔 그들의 사랑과 인정을 요청할 수 있습니다. 당신이 정말 원하는 그것을 요청할 수 있습니다. 결국 당신이 진정으로 원하는 것은 그들의 사랑과 인정이니까요.

자신을 사랑하는데 문제가 있는 사람들의 대부분은 용서하지 않는 사람들입니다. 용서하지 않으면 마음의 문이 닫히기 때문에 자신을 사랑하기 어렵습니다. 하지만 우리가 용서하고 놓아줄 때, 우리의 어깨에 짊어진 거대한 짐이 떨어질 뿐만 아니라, 우리 스스로를 사랑할 수 있는 길로 가는 문이 열립니다. 사람들은 "오, 그런 짐은 당연히 내려놨죠." 라고 말할 것입니다. 왜냐하면 우리는 이 짐을 사실 영원히 짊어지고 있었으니까요. 존 해리슨 John Harrison 박사는 자신과 부모님에 대해 용서하는 것이 상처의 해소와 결합되어 어떤 항생제가 할 수 있는 것보다 더 많은 병을 치료한다고 말했습니다.

아이들에게 부모님을 미워하게 만드는 일은 어렵습니다. 하지만 아이들이 한 번 부모를 증오하면, 부모를 용서하고 다시 사랑하게 하는 것은 더 어렵습니다. 우리가 용서하지 않을 때, 놓지 않을 때, 과거에 얽매이게 됩니다. 과거에 갇혀 있을 때, 현재를 살 수 없습니다. 현재를 살고 있지 않다면 어떻게 영광스러운 미래를 기대할 수 있을까요? 과거의 오래된 쓰레기는 미래를 위해 더 많은 쓰레기를 만들 뿐입니다.

거울 앞에서 행해지는 확언은 자신의 존재의 진실을 배우기 때문에 유리합니다. 여러분이 확언을 했을 때, 곧바로 부정적인 반응이 들리기도 합니다. 예를 들면 "너 농담하는 거지? 그 말이 진짜야? 거짓말이잖아. 너는 그럴 자격이 없어."라고 말이죠. 이런 말들은 축복의 선물입니다. 이게 무슨 말이냐고요? 당신의 부정적인 반응을 통해 무엇이 당신을 망설이게 하는지 보게 된 것입니다. 당신을 망설이게 하는 것이 무엇인지 보기 전에는 당신이 원하는 변화를 할 수 없습니다. 방금 발견한 부정적인 반응은 자유의 열쇠가 된다는 점에서 선물과 같습니다. 이제 어떤 부정적인 생각에서 벗어나야 하는지 알게 된 셈이죠. 그 부정적인 반응을 긍정확언으로 이렇게 바꾸세요.

"나는 이제 모든 좋은 것을 받을 자격이 있어. 나는 내 인생을 좋은 경험으로 채우기 위해 좋은 것들을 허락해."

새로운 확언을 여러분의 삶의 새로운 부분이 될 때까지 반복하세요.

저는 또한 한 사람이 확언을 할 때 가족들이 엄청나게 변하는 것도 봤습니다. 헤이라이드Hayride에 오는 사람들 중 많은 사람들이 별거 중인 가정에서 살고 있었습니다. 그들의 부모는 말 그대로 그들에게 말을 걸지 않을 것입니다. 저는 그들에게 다음과 같은 확언을 하도록 시켜왔습니다.

"나는 나의 어머니를 포함한 나의 모든 가족 구성원들과 훌륭하고, 사랑스럽고, 따뜻하고, 개방적인 의사소통을 하고 있습니다"

가족 구성원과 문제가 있는 누구든지 간에 가족에 관한 위의 확언을 하도록 했어요. 관계가 껄끄러운 가족이 떠오를 때마다 거울에 가서 긍정의 말을 반복해서 할 것을 제안합니다. 3개월, 6개월, 9개월 뒤에 그 부모들이 실제로 모임에 나타나게 되는데, 그 광경을 보는 것은 참 놀라운 일입니다.

10. 마지막으로, 지금 자신의 모습을 사랑하세요.

마음에 드는 자신이 될 때까지 기다리지 마세요. 자신에 대한 불만족은 습관입니다. 지금의 모습에 만족하고 사랑하고 인정할 수 있다면, 당신의 인생에 좋은 것이 들어올 때 그 좋은 것들을 마음껏 즐길 수 있을 것입니다. 일단 자신을 사랑하는 법을 배우면, 다른 사람들을 사랑하고 받아들이기 시작할 수 있습니다.

우리는 다른 사람들을 바꿀 수 없습니다. 그러니 그들을 내버려 두세요. 우리는 다른 사람들을 변화시키기 위해 많은 에너지를 소비합니다. 만약 우리가 그 에너지의 절반을 자신에게 사용한다면, 우리는 스스로를 변화시킬 수 있습니다. 먼저 스스로가 달라질 때, 다른 사람들이 우리를 다르게 대합니다.

당신은 다른 사람을 대신해서 그들의 인생을 대신 배워줄 순 없습니다. 모든 사람은 각자의 특정한 교훈을 배워야 합니다. 우리가 할 수 있는 것은 자기 자신을 위해 배우는 것입니다. 그 배움의 첫 번째 단계가 바로 자신을 사랑하는 것입니다. 그러니 다른 사람들의 파괴적인 행동에 무너지지 않아야 합니다. 만약 변화하는 걸 방해할 만큼 부정적인 사람과 함께 있는 상황이라면, 당신은 그 상황에서 벗어날 수 있을 만큼 자신을 사랑할 필요가 있습니다.

제 강의 중 한 여성은 남편이 매우 부정적이었습니다. 그래서 남편이 두 어린 아이들에게 나쁜 영향을 끼치지 않기를 바란다고 말했습니다. 저는 그녀에게 이러한 확언을 할 것을 제안했습니다.

"우리 남편은 정말로 자기 자신을 위해 노력하고 있다. 남편은 최고의 성과를 발휘한다. 우리 남편은 훌륭하고 가족에게 힘이 되어주는 남자다."

저는 그녀에게 남편에게 일어났으면 하고 바라는 바를 확언하라고 말했습니다. 그리고 그가 부정적일 때마다 그저 그녀의 마음속에 긍정 확언으로 에너지를 전달하라고 했습니다. 하지만, 만약 남편과의 관계가 그녀가 어떤 확언을 했든 간에 부정적으로 치닫는다면, 그 관계가 그 자체로 좋은 관계가 아니라는 해답이 될 수 있습니다.

　최근 이 나라에 나타난 이혼율 증가로 인해, 많은 여성들이 아이를 갖기 전에 스스로에게 물어봐야 할 질문이 있습니다. "내가 정말 이 아이들을 전적으로 나 혼자 부양할 의향이 있는가?"입니다. 편부모가 되는 인구가 늘어나고 있고, 아이를 혼자 키워야 하는 추가적인 의무를 지는 것은 거의 대부분 여성입니다. 결혼이 평생 지속되던 시절이 있었지만 시대가 바뀌었으니, 이제 이런 상황 또한 마땅히 다시 고려해 보아야 합니다.

　너무 자주, 우리는 학대적인 관계를 유지하며 그 안에서 스스로를 무시합니다. 이렇게 말하면서 말이죠. "나는 사랑받을 가치가 없기 때문에, 나는 여기 학대 가정에 남아서 이렇게 살아야 해. 왜냐하면 다른 가능성은 없고, 어느 누구도 나를 원하지 않을 거야."

　제가 하는 말이 좀 단순하게 들리고 같은 표현을 반복하는 것처럼 느낄 겁니다. 어떤 문제가 있더라도 문제를 가장 빨리 해결 수 있는 방법은 '자신을 사랑하는 것'입니다. 우리가 보내는 사랑의 진동이 사랑하는 사람들을 끌어오고, 그 사랑에 반응하여 자신 안에 사랑이 찾아오는 걸 보면 참 놀랍습니다. 무조건적인 사랑이야 말로 우리가 이 세상에서 얻어야 할 목표라고 생각합니다. 그것은 자기 수용과 자기 사랑에서 시작되죠.

　당신은 다른 사람들을 기쁘게 하거나 그들의 방식대로 살기 위해 여기 있는 것이 아닙니다. 당신의 방식대로 살 수 있고, 당신만의 길을 걸을 수 있어야 합니다. 이 세상에 태어난 목적인 자신의 욕구를 충족시키고, 가장 깊은 곳에서 사랑을 표현하기 위함입니다. 여러분은 배우고 성장하며 연민과 이해를 흡수하고 또 그것을 투영하기 위해 여기 있습니다. 당신이 지구를 떠날 때, 기존의 관계, 자동차, 은행 계좌, 당신의 직업을 가지고 가지 않습니다. 당신이 유일하게 가져가는 건 바로 '사랑할 수 있는 능력'입니다.

제9장
내면의 아이 사랑하기

많은 사람들이 관계 문제로 고통 받고 있습니다.
만약 다른 사람들과 친하게 잘 지내지 못한다면 그것은 당신 내면에 있는
5살짜리 내면아이와 친해질 줄 모르기 때문입니다.
당신 안의 아이가 관계를 무서워하고 있고 내면에 상처가 있는 겁니다.
당신의 내면아이를 위해 거기에 함께 있어주세요.

우리가 탐구하고자 하는 핵심 이슈 중 하나는 잊고 있었던 내면아이를 치유하는 것입니다. 우리들 대부분은 너무 오랫동안 내면의 아이를 무시해 왔습니다.

당신이 몇 살이든 상관없이 당신 안에는 사랑과 인정을 필요로 하는 어린이가 있습니다. 당신이 혹 여자라면 현재 아무리 자립심이 강해도 당신 안에는 매우 연약하고 도움이 필요한 어린 소녀가 있습니다. 당신이 남자라면 현재 아무리 강하게보일지라도 내면에는 여전히 따뜻함과 애정을 갈망하는 어린 소년이 있습니다.

당신이 겪어 왔던 모든 시간들은 당신의 의식과 기억 속에 쌓여 있습니다. 어린시절 뭔가 잘못된 일이 생겼을 때, 여러분은 자신에게 문제가 있다고 믿는 경향이 있었습니다. 아이들은 그 생각을 이렇게 발전시킵니다. 그들이 오직 옳은 일을 할 수 있을 때만 그들의 부모나 혹은 그 누구든 그들을 사랑할 것이라고 생각합니다. 그래야 그들이 혼을 내거나 벌 내리지 않을 거라고 생각합니다.

그래서 아이가 무언가를 원하는데 원하는 걸 얻지 못할 때마다, 이렇게 생각합니다. "나는 충분하지 않아. 나는 결함이 있어." 그리고 나이가 들면서, 자신의 특정 부분을 거부합니다.

지금 우리 삶의 이 시점에서, 우리는 자신을 온전하게 만들고 우리 자신의 모든 부분을 받아들일 필요가 있습니다. 모든 바보 같은 짓을 한 부분, 웃기게 생긴 부분, 겁먹은 부분, 매우 어리석고 바보 같은 부분, 사람들 앞에서 망신을 당했던 부분, 이러한 우리 자신의 모든 부분을 받아들이기 시작해야 합니다.

우리는 5살쯤의 기억을 잘 못하거나 또는 안하기도 합니다. 그렇게 된 것은 우리에게 뭔가 문제가 있긴 하지만 그것은 그 때의 어린 아이와는 더 이상 아무 관계가 없을 거라고 결정해버리기 때문일지도 모릅니다. 뿐만 아니라 우리 안에는 우리의 부모님도 있습니다. 우리 안에는 아이도 있고 부모도 있는데 거의 쉬지 않고 아이를 꾸짖는 부모가 대부분입니다. 당신이 내면의 대화를 들어본다면 당신은 꾸짖는 소리를 들을 수 있습니다. 여러분은 부모가 여러분이 무엇을 잘못하고 있는지 혹은 여러분이 얼마나 부족한지 말하는 것을 들을 수 있습니다.

결과적으로, 자신과의 전쟁을 시작하고, 부모님이 우리를 비판해왔던 방식대로 우리 자신을 비판하기 시작합니다. "넌 멍청해. 넌 충분하지 않아. 넌 제대로 못 해. 또 망쳤어!" 이렇게 말하는 것은 습관적인 패턴이 됩니다. 우리가 어른이 되었을 때, 우리들 대부분은 우리 안의 아이를 완전히 무시하거나, 우리가 어릴 때 비난 받았던 것과 같은 방식으로 그 아이를 비판하죠. 우리는 그 패턴을 계속해서 이어갑니다.

우리의 내면의 아이를 치유하는데 큰 기여를 한 존 브래드쇼 John Bradshsw 는 이런 말을 했습니다. "우리는 성인이 될 때까지 25,000시간의 부모의 말 테이프를 내면에 가지고 있습니다."

그 테이프 중 몇 시간이 당신이 얼마나 멋진 사람이라고 말해주는 것 같나요? 당신이 "사랑받고 있다"거나 "밝고 총명하다"라고 하는 말은 몇 시간 정도인가요? 또는 "네가 하고 싶은 모든 것을 할 수 있고 가장 위대한 사람으로 자랄 수 있다"라고 말하는 부분은 얼마나 되나요? 실제로, 그 테이프들 중 몇 시간 동안이나 "안 돼, 안 돼, 안 돼," 와 같은 형태의 말들이 있나요?

그러니 우리가 항상 스스로에게 "안 돼"라고 말하거나 그래야 한다고 하는 것도 당연한 일이죠. 우리는 그 오래된 테이프에 응답하고 있는 겁니다. 하지만 그것들은 테이프일 뿐이고 당신의 실체가 아닙니다. 그것들은 당신의 존재의 진실이 아닙니다. 그것들은 당신이 가지고 다니는 테이프일 뿐이고, 지워질 수 있고 다시 녹음될 수도 있습니다.

당신이 두렵다고 말할 때마다, 당신 안의 아이가 두려워한다는 것을 깨달으세요. 어른은 정말 두렵지 않은데, 그 어른이 그 아이를 위해 곁에 있어주지 않아요. 그 어른과 아이는 서로 관계를 발전시킬 필요가 있어요. 당신이 하는 모든 일에 대해 서로 이야기하세요. 물론 이 이야기가 바보같이 들린다는 걸 알아요. 하지만 효과가 있어요. 그 아이에게 무슨 일이 있어도 절대 외면하거나 도망가지 않는다는 것을 알게 해주어야 해요. 당신은 아이를 위해 거기에 있고 내면아이를 사랑할 것입니다.

예를 들어, 만약 여러분이 아주 어렸을 때 개와 관련된 나쁜 경험을 했다면, 이를 테면 개가 겁주었을 수도 있고 아니면 개에게 물렸을지도 모릅니다. 그러면 내면아이는 여러분이 훌륭하고 큰 성인이 되었음에도 불구하고 여전히 개를 무서워할 수 있습니다. 여러분은 길거리에서 어린 개를 볼지도 모르지만, 여러분 안에 있는 어린 아이는 완전히 공포에 질려 반응합니다. 그리고 이렇게 말하죠." 개다! 난 아마 개에게 공격당할 수도 있을 거야".

이때가 좋은 기회입니다. 여러분 안에 있는 새로운 부모가 내면아이에게 "괜찮아, 나는 이제 다 컸어. 나는 너를 돌볼 거야. 그 개가 널 해치지 못하게 할 거야. 더 이상 겁먹을 필요가 없어." 라고 말해줄 수 있는 좋은 기회입니다. 이런 식으로 당신 안에 있는 아이의 새 부모가 되어 스스로를 양육하기 시작해보세요.

과거의 상처를 치유하기

내면아이 작업을 하는 것이 과거의 상처를 치유하는 데 가장 가치 있다는 것을 알게 되었습니다. 우리가 항상 우리 안에 있는 겁먹은 어린 아이의 감정과 연결되어 있는 것은 아닙니다. 당신의 어린 시절이 두려움과 부모님의 싸움으로 가득 차 있었고, 지금도 정신적으로 자신과 계속 싸우고 있다면, 당신은 내면의 아이를 계속 어렸을 때 부모가 했던 똑같은 방식으로 대하고 있는 것입니다. 하지만 안에 있는 아이는 갈 곳이 없습니다. 이제는 당신의 부모님의 한계를 넘어설 필요가 있습니다. 당신이 그 안에 있는 부모를 잃은 작은아이와 연결하셔야 합니다. 내면아이에게 다가가서 당신이 이제는 돌보고 양육할 것이란 걸 알려줘야 합니다.

잠시 시간을 내어 내면아이에게 "난 네가 소중해. 나는 너를 사랑해. 나는 정말 너를 사랑해" 라고 말해주세요. 어쩌면 당신은 몸집이 큰 사람, 당신 안의 어른에게 이런 말을 했을지도 모릅니다. 그러니 어린 아이에게 말을 걸어보세요. 여러분이 내면아이와 손을 잡고 있는 것을 상상하고 며칠 동안 함께 모든 곳을 다니면서, 여러분이 얼마나 놀랍도록 즐거운 경험을 할 수 있는지 보세요.

당신은 내면아이와의 의사소통이 필요합니다. 당신이 내면아이에게서 듣고 싶은 메시지는 무엇입니까? 조용히 앉아서 눈을 감고 그 아이에게 말을 걸어보세요. 만약 당신이 62년 동안 내면아이와 대화를 하지 않았다면, 그 아이가 당신이 정말로 이야기하고 싶어 한다고 믿을 때까지 기다려야 할지도 모릅니다. 시도를 몇 번이나 해야 할지도 모릅니다. 끈기를 가지고 계속 해보세요. "나는 너와 얘기하고 싶어. 나는 너를 만나고 싶어. 나는 너를 사랑하고 싶어."라고 말해보세요. 내면아이와 결국 연결될 것입니다. 당신은 내면아이를 볼 수도 있고, 그 아이를 느낄 수도 있고, 들을 수도 있을 겁니다.

아이와 처음 대화할 때 가장 먼저 할 수 있는 말 중 하나가 바로 사과입니다. 지금까지 오랜 세월 동안 말을 하지 않아서 미안하다고 말하세요. 또는 너무 오랫동안 혼내서 미안하다고 말하세요. 아이한테 서로 떨어져 지낸 모든 시간을 보상하고 싶다고 말하세요. 어떻게 하면 그 아이가 행복할 수 있는지 물어보세요. 무엇이 그 아이를 무섭게 하는지 아이에게 물어보세요. 당신이 어떻게 도울 수 있는지 물어보고, 당신에게 무엇을 원하는지도 물어보세요.

간단한 질문으로 시작하세요. 여러분은 답을 얻을 것입니다. "내가 무엇을 하면 네가 행복할까?" "너 오늘은 무엇을 하고 싶어?" 예를 들어, 당신은 아이에게 "나는 조깅을 하고 싶은데, 너는 무엇을 하고 싶니?"라고 말할 수 있습니다. 내면아이는 "해변으로 가!"라고 대답할 수 있습니다. 소통이 시작될 것입니다. 지속적으로 하세요. 만약 여러분이 여러분 안에 있는 그 꼬마와 연결되는 하루 몇 분의 시간을 가질 수 있다면, 삶은 훨씬 더 나아질 것입니다.

내면의 아이와 소통하기

여러분 중 일부는 이미 내면아이 작업을 하고 있을 지도 모릅니다. 그 주제에 관한 많은 책들이 있고, 그것에 대한 많은 세미나와 강의가 있습니다. 저는 끝으로 좀 더 깊이 연구해 볼 수 있도록 몇 가지 책을 추천 해오고 있습니다.

존 폴라드 3세 John Pollard III 의 《자아 양육 Self-Parenting》은 훌륭하며, 그 책에는 내면아이와 함께 할 수 있는 멋진 운동과 활동들로 가득 차 있습니다. 내면아이와 함께 실제적인 작업을 하고 싶다는 마음이 진심이라면 이 책을 읽어볼 것을 추천합니다. 앞서 말씀드렸듯이, 이 부분에서 많은 정보가 제공되고 있습니다. 여러분은 혼자가 아니고 무기력하지 않습니다. 오히려 도움을 받을 수 있도록 손을 내밀어 도움을 요청해야 합니다.

제가 제안하는 또 다른 방법은 어린 시절 자신의 사진을 찾는 것입니다. 정말 그 사진을 쳐다보세요. 비참한 어린 아이가 보이나요? 행복한 아이가 보이나요? 무엇이 보이든, 그 감정에 접속하세요. 만약 여러분이 겁에 질린 아이를 본다면, 왜 내면아이가 겁을 먹었는지 물어보고, 기분이 나아지도록 무언가를 하기 시작하세요. 당신의 어린 시절 사진을 여러 장 찾아서 각각의 사진에 있는 아이와 이야기하세요.

아이와 거울에 비친 채 대화하는 것이 도움이 됩니다. 어렸을 때 별명이 있었다면, 그 이름을 사용하세요. 휴지 한 상자 준비해주세요. 거울 앞에 앉으시는 게 좋을 것 같아요. 서 있으면 감정이 격해지자마자 문 밖으로 뛰쳐나오게 되거든요. 휴지 한 상자를 들고 앉아 대화를 시작하세요.

또 다른 내면아이 작업은 글쓰기를 통한 소통입니다. 많은 정보들이 다시 수면 위로 떠오를 것입니다. 두 개의 다른 색상의 펜이나 색연필을 사용하세요. 당신이 평소에 자주 쓰는 손에 펜 하나를 들고 종이에 질문을 적으세요. 다른 색깔의 펜을 잘 쓰지 않은 손에 들고 내면아이가 답을 쓰도록 합니다. 이 방법은 아주 흥미롭습니다. 문제를 쓸 때는 어른들이 답을 안다고 생각하지만, 어색한 손으로 펜을 집어 들 때쯤, 당신의 답은 예상과 사뭇 다르게 나오는 경우가 많습니다.

그림을 같이 그려도 됩니다. 여러분 중 많은 사람들이 어렸을 때 그림을 깔끔하게 그려야 한다고 들었을 겁니다. 선 밖으로 나가게 그리지 말라고 잔소리를 듣기 전까지는 그림을 그리고 색칠하는 것을 좋아했을 거예요. 그러니 다시 그림을 그리세요. 평소 잘 안 쓰는 손을 사용하여 방금 일어난 사건에 대해 그림을 그리세요. 잘 안 쓰는 손으로 그림을 그리는 것은 무의식을 알아볼 수 있게 합니다. 그리면서 기분이 어떤지 알아차리세요. 내면아이에게 질문을 하고, 어색한 손으로 그림을 그리게 하고 그것이 무엇을 보여주는지 보세요.

만약 여러분이 소규모의 지지 그룹에 속해 있어서 구성원들과 모일 수 있다면 이 작업을 함께 해보시기 바랍니다. 구성원 모두 내면아이가 그림을 그리도록 자주 사용하지 않는 손으로 그림을 그리게 하세요. 그리고 나서 여러분은 둘러앉아 그 그림들이 무엇을 의미하는지 주의 깊게 토론할 수 있습니다. 당신이 받는 정보는 놀라울 정도로 통찰력이 있을 수 있습니다.

당신의 내면아이와 함께 노세요. 그 아이가 좋아하는 것들을 하세요. 당신이 어렸을 때, 무엇을 하는 것을 정말 좋아했나요? 그것을 마지막으로 했던 게 언제였나요? 너무 자주, 우리 안의 부모는 우리가 즐기는 것을 막습니다. 왜냐하면 그것은 어른스러운 일이 아니기 때문입니다. 그러니, 놀고 즐길 시간을 가지세요. 나뭇잎 더미 속에서 뛰어다니거나 정원에 물을 주는 스프링클러 아래에서 뛰놀던 재미난 활동들을 해보세요. 그리고 다른 아이들이 노는 것을 보세요. 그것은 당신이 했던 놀이에 대한 기억을 되살릴 것입니다.

만약 당신이 삶에서 더 많은 재미를 원한다면, 내면아이와 연결고리를 만들어서 자발적이고 기쁨을 추구하는 공간으로 나오세요. 그렇게 한다면 당신의 삶에 더 많은 즐거움이 시작될 것을 약속합니다.

어렸을 때 당신은 환영 받는 존재였나요? 당신의 부모님은 당신이 태어났을 때 기뻐하셨나요? 그들이 당신이 딸이라서, 혹은 아들이라서 기뻐하셨나요? 아니면 당신이 딸이 아니라서 아들이 아니라서 아쉬워하셨나요? 어렸을 때 당신은 원해서 낳은 아이라는 느낌이었나요? 이 세상에 도착했을 때 축하를 받고 환영받았나요? 지금까지의 질문에 대한 대답이 어떠했든지 상관없습니다. 중요한 것은 지금 당신의 내면아이를 환영하는 것입니다. 축하해주세요. 새로운 생명을 얻게 된 당신의 내면아이에게 당신이 할 수 있는 가장 멋진 말로 환영해주세요.

어렸을 때 당신의 부모님이 항상 말해주시길 바랬던 건 무엇이었나요? 당신이 절대 듣고 싶어 하지 않는 말은 뭐였죠? 좋아요, 당신의 내면아이에게 바로 그 말을 하세요. 한 달 동안 매일 거울을 보면서 내면아이에게 말해보세요. 무슨 일이 일어나는지 보세요.

어렸을 때 알코올 중독이거나 학대하는 부모가 있었다면, 여러분은 그들을 다른 사람으로 만들 수 있습니다. 명상할 때 과거의 부모를 술이 깬, 온화한 사람으로 시각화 할 수 있습니다. 당신의 내면아이가 원하는 것을 주세요. 그것은 아마도 너무 오랫동안 박탈되어 왔을 거예요. 이 아이와 함께 하고 싶은 삶을 상상하기 시작하세요. 아이가 안전하고 행복하다고 느낄 때 당신을 믿을 수 있습니다. 내면아이에게 "네가 나를 믿을 수 있도록 내가 무엇을 해야 해?" 라고 물어보세요. 다시 한 번, 당신은 그 답들 중 일부에 놀랄 것입니다.

만약 여러분이 전혀 사랑하지 않는 부모님이 계셨고, 그들과 관계를 맺기가 정말 어렵다면, 여러분이 생각하는 사랑스러운 아버지나 사랑하는 어머니가 어떤 모습인지 이미지를 찾아보세요. 사랑스러운 그 부모님의 사진을 당신의 어린 시절 사진 주변에 붙여주세요. 새로운 이미지들을 창조하세요. 꼭 필요하다면 당신의 어린 시절을 다시 써보세요.

어릴 때 배운 믿음들은 여전히 내면아이 안에 있습니다. 만약 여러분의 부모님이 경직된 생각을 하였다면, 지금의 여러분도 그럴 가능성이 높습니다. 스스로에게 매우 엄격하거나 벽을 쌓는 경향이 있다면, 당신의 내면아이는 아마도 여전히 부모님의 규칙을 따르고 있을 것입니다. 실수할 때마다 계속 트집을 잡는다면 내면의 아이가 아침에 일어나는 것이 매우 두려울 것입니다. "오늘은 엄마 혹은 아빠가 나에게 뭐라고 소리칠까?"

과거 우리 부모님이 우리에게 보여준 모든 것은 자신만의 의식이었습니다. 이제는 우리가 부모입니다. 지금 우리는 우리의 의식을 사용하고 있습니다. 아직도 어린 아이를 돌보기를 거부하고 있다면 당신은 부모님을 원망하고 있는 것입니다. 여지없이 그것은 여전히 용서해야 할 사람이 있다는 것을 의미합니다. 그럼 왜 자신을 용서하지 않은 거죠? 당신은 뭘 놓아야 하나요? 그게 뭐든 간에 그냥 가게 내버려두세요.

지금 우리가 내면아이에게 칭찬과 관심을 주지 않는다면, 우리의 부모의 잘못이 아닙니다. 우리의 부모님들도 특정한 시공간에서 그들이 옳다고 생각하는 것을 하고 있었던 겁니다. 하지만, 지금 우리는 우리 안의 아이를 양육시키기 위해 무엇을 할 수 있는지 알고 있습니다.

반려동물을 길러봤거나 키우고 있는 사람들은 집에 들어올 때 반려동물이 문 앞에서 여러분을 맞이하게 하는 것이 어떤 것인지 잘 알고 있습니다. 반려동물은 당신이 무엇을 입든 상관하지 않습니다. 당신이 몇 살인지, 주름살이 있는지, 오늘 얼마나 많은 돈을 벌었는지는 신경 쓰지 않습니다. 그 반려동물은 당신이 그저 거기 있다는 존재에만 관심을 갖습니다. 반려동물은 당신을 무조건적으로 사랑합니다. 당신 자신을 위해 그렇게 해보세요. 당신이 살아있고 여기에 있다는 것에 스릴을 느껴보세요. 당신은 영원히 당신과 함께 살 유일한 사람이에요. 당신이 내면의 아이를 사랑하기 전까지는 다른 사람들이 당신을 사랑하기 매우 어렵습니다. 자신을 조건 없이, 열린 마음으로 받아들이세요.

저는 내면아이가 안심할 수 있도록 명상시간을 갖는 것은 종종 큰 도움이 된다는 것을 알게 되었습니다. 저는 제가 근친상간과 학대를 당한 아이였을 때부터, 내면에 꼬마 소녀를 위해 멋진 이미지를 발명했습니다.

우선, 그녀는 오즈의 마법사에 나오는 빌리 버크Billie Burke를 닮은 요정 대모 이미지입니다. 왜냐하면 그 이미지가 내면아이에게 정말로 매력적으로 안전함을 느끼게끔 다가왔기 때문입니다. 내면아이와 함께 하지 못할 때에는 요정 대모님이 항상 내면아이와 함께 해주었습니다. 그래서 이제는 내면아이는 항상 안전하다는 것을 압니다. 저의 내면아이는 또한 문지기 한 명과 큰 개 두 마리와 함께 높은 곳에 있는 펜트 하우스에서 살고 있어서 다시는 아무도 그녀를 해치지 않을 것이라는 것을 알고 있습니다. 내면아이를 절대적으로 안전하게 안심시킬 수 있을 때 어른인 제가 내면아이의 고통스러운 과거 경험을 풀어줄 수 있도록 도울 수 있습니다.

얼마 전 완전히 좌절해서 두 시간 동안 울었던 적이 있었습니다. 저는 제 안의 어린 아이가 갑자기 매우 아프고 보호받지 못한다는 것을 깨달았습니다. 즉시 내면아이에게 네가 나쁘지도 잘못하지도 않았다고 안심시켰습니다. 내면아이에게 일어났었던 일에 대해 반응하고 있었던 것뿐이라고 말해야 했습니다. 그래서 할 수 있는 한 빨리 나를 지지하고 사랑해줄 훨씬 더 위대한 능력이 있다는 것을 알아차리고, 확언과 명상했습니다. 그런 경험을 한 후에는 더 이상 내면아이가 그렇게 두렵고 외로운 감정을 느끼지 않았습니다.

저는 또한 곰 인형에 대한 믿음이 큽니다. 당신이 아주 어렸을 때, 당신의 첫 번째 친구는 종종 곰 인형이었을 겁니다. 그건 당신의 비밀 친구였겠죠. 왜냐하면 그 곰 인형에게 당신의 모든 고민과 비밀을 털어놓을 수 있었습니다. 곰 인형은 비밀을 누구에게도 말하지 않았습니다. 항상 비밀을 지켜줬어요. 항상 당신 곁에 있었죠. 지금 옷장에서 곰 인형을 꺼내서 다시 한 번 당신의 내면아이가 곰 인형을 갖도록 해주세요.

모든 병원 침대에 곰 인형을 머리맡에 놓아두는 것이 어떨까 상상해봅니다. 우리 안에 내면아이가 한밤중에 외롭고 무서움을 느낄 때, 그 아이가 곰 인형을 가지고 안을 수 있기 위함이죠.

우리 안에 여러 가지 내면의 모습

관계란 좋은 것입니다. 결혼도 멋십니다. 하지만 현실에서 그것들은 모두 일시적인 관계입니다. 하지만 당신과의 관계는 영원합니다. 그 관계는 영원히 계속됩니다. 당신 안에 있는 가족, 내면아이, 부모 형제 모두를 사랑하세요. 그 사이 사이 어린아이가 젊은이가 되어가는 시간 속의 자신과의 관계도 모두 사랑하세요.

여러분 안에 10대도 있다는 것을 기억하세요. 10대를 환영합니다. 당신이 내면아이와 함께 작업했던 것처럼 그 청소년과도 함께 작업하세요. 당신이 10대 때 겪었던 모든 어려움은 무엇이었나요? 당신의 10대에게 당신이 당신의 내면아이에게 했던 질문을 하세요. 사춘기와 그 이후의 위협적인 에피소드와 걱정스러운 순간들을 지나쳤을 당신의 10대도 도우세요. 이 시간들을 괜찮게 만드세요. 당신의 아이를 사랑하는 법을 배웠듯이 당신의 10대를 사랑하는 법을 배우세요.

우리는 우리 안의 잃어버린 아이를 사랑하고 받아들일 때까지 서로를 사랑하고 받아들일 수 없습니다. 당신 안에 있는 작은 미아는 몇 살인가요? 셋, 넷, 다섯? 보통, 그 아이는 5살도 채 되지 않는데, 그 이유는 일반적으로 그 아이가 생존의 필요성에서 문을 닫는 때이기 때문입니다.

아이의 손을 잡고 사랑하세요. 당신과 내면아이를 위해 멋진 삶을 만드세요. 스스로에게 이렇게 말하세요.

"나는 기꺼이 내면아이를 사랑하는 법을 배울 거야. 나는 기꺼이 사랑할 거야."

우주가 응답할 것입니다. 당신은 내면아이와 당신 자신을 치유할 방법을 찾을 수 있을 것입니다. 우리가 치유하고 싶다면, 감정을 기꺼이 느끼고 치유하기 위해 감정의 다른 차원으로 이동해야 합니다. 기억하세요, 우리의 더 높은 상위 자아는 항상 우리의 노력을 지원할 수 있습니다.

어린 시절이 어떠했든, 최고가 됐든 최악이 됐든, 지금은 오직 당신만이 당신의 삶을 책임지고 있습니다. 여러분은 부모님이나 초기 환경을 탓하며 시간을 보낼 수 있지만, 그래서 결국 얻게 되는 것은 여러분을 피해자 패턴에 갇히게 하는 것입니다. 그것은 결코 당신이 원하는 것을 얻는데 도움이 안 됩니다.

사랑은 제가 아는 가장 큰 지우개입니다. 사랑은 가장 깊고 아픈 기억도 지웁니다. 사랑은 그 어떤 것보다 깊숙이 들어가기 때문입니다. 당신의 정신 속에 있는 과거의 이미지가 매우 강하고, 당신이 계속해서 "그들의 잘못이야"라고 단언한다면, 당신은 꼼짝도 하지 못할 겁니다. 고통스러운 삶을 원하십니까, 아니면 기쁨의 삶을 원하십니까? 선택과 힘은 항상 당신 안에 있습니다. 당신의 눈을 들여다보고 당신과 그 안의 어린 아이를 사랑하세요.

제 10 장

성장하고 늙어가는 것

당신의 부모님이 당신과 함께 있길 원하는 만큼
당신은 부모님께 이해심을 가져야 합니다.

부모님과 소통하기

성장시절을 뒤돌아보면 저는 10대 시절이 가장 힘들었습니다. 궁금한 게 너무 많았지만 답을 알고 있다고 생각하는 사람들, 특히 어른들의 말을 듣고 싶지 않았습니다. 저는 어른들이 알려주는 정보를 신뢰하지 못하는 마음이 있었습니다. 모든 것을 제 스스로 배우기를 원했습니다.

저는 특히 부모님께 적개심을 가지고 있었습니다. 제가 학대 받은 아이였기 때문에 그럴 수 있겠죠. 아버지가 어떻게 저를 그렇게 대할 수 있는지 이해할 수 없었고, 어떻게 저의 엄마는 새아버지가 저에게 그런 방식으로 대하는데도 아무렇지 않은 듯 무시할 수 있었는지 이해할 수 없었습니다. 저는 속고 오해받는 기분이 들었고, 저는 이렇게 확신했습니다. '나는 우리 가족이 나를 거부하고 넓게는 세상 전체가 나를 거부해!' 라고 말이죠.

다른 사람들을 여러 해 동안 상담 해오면서 특히 젊은 사람들을 상담하면서 공통점을 발견했습니다. 많은 사람들이 제가 어릴 때 겪었던 것과 비슷하게 그들도 부모님으로부터 그런 느낌을 받았다는 것입니다. 제가 10대들에게 그들의 감정을 묘사해보라고 할 때 그들이 주로 사용했던 표현들은 주로 이런 것들이었습니다. "갇힌 것 같다. 판단을 받는 것 같다. 감시당하는 것 같다. 그리고 오해를 받는 것 같다."

물론 어떤 상황이 주어지든 잘 맞춰 주는 부모님을 만나는 것은 좋죠. 하지만 내부분의 경우 불가능합니다. 우리의 부모님들은 그저 다른 인간들처럼 평범하실 뿐이지만 우리는 종종 그들이 불공평하고 불합리하다고 느낍니다. 때로는 우리가 겪고 있는 것들에 대해 이해도 안 해주시는 것 같고요.

제가 상담했던 한 젊은이는 그의 아버지와의 문제로 어려운 시간을 보냈습니다. 그는 아버지와 아무런 공통점이 없다고 느꼈습니다. 그리고 그의 아버지는 그에게 말할 때 그를 과소평가하는 말을 하거나 다소 부정적인 쪽으로 말을 한다고 했습니다. 저는 그 젊은이에게 혹시 당신의 할아버지가 당신의 아버지에게 어떻게 대했는지 아느냐고 물었더니, 모른다고 했습니다. 그의 할아버지는 그 젊은이가 태어나기 전에 돌아가셨다고 말했습니다.

저는 그에게 그의 아버지의 어린 시절에 대해서 물어보고 또 그가 그로 인해 어떤 영향을 받았는지 물어볼 것을 제안했습니다. 처음에 그 젊은이는 망설였습니다. 왜냐하면 그가 그의 아버지에게 조롱이나 핀잔을 받을 것이라는 게 두려웠기 때문입니다. 느낌도 없이 대화를 하는 것이 불편했기 때문입니다. 하지만 그는 그의 아버지에게 다가가 그의 어린 시절에 대해 듣기로 결정했습니다.

다음번에 그를 보았을 때, 좀 더 마음이 편한 것 같았습니다. 그는 "와우"라고 외쳤습니다. "저는 저의 아버지의 어린 시절이 어땠는지 깨닫지 못했습니다. 들어보니 할아버지께서는 저의 아버지에게 아버님(존칭)이라고 부르라고 시켰다고 해요. 그리고 저의 아버지와 형제들은 아이로서 존중받지 못하는 엄하고 보수적인 기준에 따라 살았다고 합니다. 만약 감히 아버지와 형제들이 할아버지께 반대하는 말을 한마디라도 한다면 매를 맞았다고 합니다." 이야기를 듣고 보니 그의 아버지가 그 젊은이에게 비판적인 것이 이해가 되었습니다.

우리가 성장하면서 다짐하게 됩니다. 자녀들에게 우리가 받았던 방식과 다른 방식으로 대하자고 말입니다. 그런 선한 의도를 가지고 아이를 양육합니다. 하지만 주변 세상으로부터 배워서 곧 우리의 의도와는 다르게 우리의 부모님들이 행동했던 것처럼 말하고 행동하기 시작합니다.

이 젊은이의 경우, 그의 할아버지가 그의 아버지에게 퍼부었던 언어적 폭력과 같은 종류의 폭언을 그의 아들에게 가했습니다. 그의 아버지는 그러려는 의도가 아닐지도 모릅니다. 단지 그는 자신이 자라면서 받았던 양육방법대로 행동했을 겁니다.

하지만, 그 젊은이는 그의 아버지에 대해서 조금 더 이해하게 되었습니다. 그 결과, 그들은 좀 더 자유롭게 소통할 수 있게 되었습니다. 비록 그들의 의사소통 수준이 이상적이기 위해서는 양쪽 모두에게 약간의 노력과 인내가 필요하겠지만 적어도 두 사람은 새로운 방향으로 나아가고 있었습니다.

저는 우리 모두가 우리 부모님들의 어린 시절에 대해서 좀 더 알아가는 시간을 갖는 것은 정말 중요하다고 강조하고 싶습니다. 당신의 부모님이 여전히 살아 계시다면 당신은 그들에게 이런 것들을 물어볼 수 있습니다. "자라실 때 어떠셨나요? 가족 관계에서 받은 사랑은 무엇이었어요? 조부모님들께서는 어떻게 처벌하셨어요? 그 시절에 어울리던 또래 집단은 어떤 사람들이었어요? 교제해왔던 사람들을 좋아했어요? 자라면서 일을 했어요?"

우리의 부모님에 대해서 더 많이 알아가면서 우리는 그들이 가진 패턴에 대해 알 수 있게 됩니다. 그리고 차례로 왜 부모님들이 우리를 그렇게 대했는지 알게 됩니다. 우리의 부모님에게 공감하는 법을 배운다면 우리는 새롭고 더 사랑하는 시각을 보게 될 것입니다. 우리는 어쩌면 서로를 존중하고 신뢰를 가진, 더 소통하고 사랑하는 관계의 문을 열지도 모릅니다.

부모님에 대해 더 많이 배우면서, 우리는 그들의 패턴들을 볼 수 있습니다. 반대로 그들이 왜 우리를 그들처럼 대하는지 알 수 있습니다. 우리가 부모님에게 공감하는 법을 배울 때, 우리는 새롭고 더 사랑하는 시각으로 그들을 보게 될 것입니다. 여러분은 상호 존중과 신뢰를 가진, 더 소통하고 사랑하는 관계의 문을 열 수 있을 것입니다.

만약 여러분이 부모님과 대화하는 것조차 어렵다면, 먼저 거울 앞에서 시작하세요. 여러분이 부모님에게 "엄마/아빠에게 하고 싶은 말이 있어요."라고 말하는 것을 상상해 보세요. 며칠 연속으로 이 과정을 거칩니다. 그것은 여러분이 말하고 싶은 것과 어떻게 말해야 할지 결정하는데 도움을 줄 것입니다.

아니면, 명상을 하고 마음속으로 부모님 한 분 한 분 그들을 용서하고 자신을 용서하세요. 그들에게 사랑한다고 말하세요. 그리고 나서, 그들에게 거울을 보면서 했던 말을 실제로 만나서 말할 준비를 하세요.

제 그룹 중 한 곳에서 한 젊은이가 자신은 화가 많이 났고 다른 사람을 믿지 않는다고 말했습니다. 그는 자신의 모든 관계에서 이러한 불신의 패턴을 계속해서 반복하고 되풀이했습니다. 우리가 문제의 근원에 이르렀을 때, 그는 그의 아버지에게 자신이 원하는 사람이 되지 못한 것에 대해 너무 화가 났다고 말했습니다.

다시 말하지만, 우리가 영적인 길에 있을 때, 다른 사람을 변화시키려는 것은 우리가 할 수 있는 것이 아닙니다. 우선, 우리는 부모에게 품고 있는 억눌린 감정들을 모두 풀어줘야 하고, 그리고 나서 그들이 우리가 원하던 부모의 모습이 되지 못한 것도 용서해야 합니다. 우린 항상 다른 사람들이 우리처럼 되고, 우리처럼 생각하고, 우리처럼 입고, 우리가 하는 일을 하길 원해요. 하지만, 알다시피 우리는 모두 너무도 다릅니다.

성장과 나이듦

우리가 자신이 우리 자신이 될 수 있는 공간을 갖고 싶다면 우리 역시 다른 사람들에게도 공간을 주어야 합니다. 우리의 부모님에게 그들이 아닌 다른 어떤 모습이 되어 달라고 강요하면서 우리는 자신과의 사랑을 끊습니다. 우리는 부모님이 우리를 판단하는 것처럼 우리도 부모님을 판단합니다. 우리가 부모와 소통하고 싶다면, 우리는 부모에 대한 선입견부터 버려야 합니다.

많은 사람들이 나이가 들면서 부모님과 힘겨루기를 계속합니다. 부모님들은 통제 버튼을 많이 누르기 때문에, 만약 여러분이 게임을 그만하고 싶다면, 여러분은 그 게임에 참여하는 것을 그만둬야 할 것입니다. 이제 당신은 어른이기에 당신이 원하는 것을 결정할 때입니다. 그 시작은 "엄마" "아빠"라고 부르는 것이 아니라 그 분들의 이름을 부르는 것부터 시작할 수 있습니다. 미국문화에서 이야기한 것 입니다. 당신이 40대인데도 엄마, 아빠라고 부르는 건 어린 아이 역할에 갇히게 할 뿐입니다. 부모와 아이가 아닌 두 명의 성인이 되기 시작하세요.

또 다른 제안은 여러분이 어머니 또는 아버지와의 원하는 이상적인 관계의 확언으로 정해서 글로 적는 것입니다. 당신 자신을 위해 이런 말들을 선언하기 시작하세요. 얼마 후에, 당신은 부모님을 대면하여 말할 수 있습니다. 만약 여러분의 엄마나 아빠가 여전히 통제 버튼을 누르고 있다면, 마음을 이해시켜드리지 못하고 있는 것입니다. 여러분은 당신이 원하는 삶을 살 권리가 있습니다. 당신은 어른이 될 권리가 있습니다. 그것이 쉽지 않다는 것을 압니다. 먼저, 여러분이 필요한 것이 무엇인지 결정하세요. 그리고 어머니나 아버지에게 그것이 무엇인지 말하세요. 그들이 오해하지 않도록 이렇게 묻습니다. **"우리가 어떻게 이것을 해결할 수 있을까요?"** 라고 말이죠.

이해하면 용서가 오고, 용서와 함께 사랑도 온다는 것을 기억하세요. 우리가 부모님을 사랑하고 용서할 수 있는 수준까지 나아갈 때, 우리는 삶에서 모든 사람들과의 만족스러운 관계를 즐길 수 있는 길로 잘 나아갈 수 있을 것입니다.

청소년들은 자존감이 필요하다

10대들의 자살률이 너무 증가하고 있다는 사실은 저에게 경각심을 일깨워 주었습니다. 점점 더 많은 젊은이들이 삶의 책임에 압도되고 있는 듯합니다. 그리고 삶이기 때문에 생길 수 있는 수많은 모험을 인내하고 경험하기 보다는 바로 포기하려고 하는 것 같습니다. 이 문제의 많은 부분은 우리가 성인으로서 우리가 그들에게 반응하기를 기대하는 방식과 관련이 있습니다. 그들이 우리처럼 살아가길 바라는 건가요? 우리가 그들에게 부정적인 것들로 복수는 걸까요?

10세에서 15세 사이의 시기는 매우 중요한 시간일 수 있습니다. 그 연령대의 아이들은 순응하는 경향이 있고, 그들은 그들의 또래에게 받아들여지기 위해 무엇이든 할 것입니다. 그들은 받아들여지고 수용되기를 원하기 때문에, 종종 진정한 자신이 받아들여지고 사랑받지 못할까 봐 진심을 숨기기도 합니다.

요즘 젊은이들이 감내해야 할 또래의 압박과 사회적 스트레스에 비하면 제가 젊었을 때 경험했던 또래의 압박감과 사회적 스트레스는 약하다고 생각합니다. 그러나 저는 열다섯 살 때 신체적·정신적 학대로 학교와 집을 떠나 혼자가 되었습니다. 요즘 아이들이 마약 남용, 신체적 학대, 성적 장애, 동료 압력, 갱단, 가족 문제, 그리고 세계적인 수준에서 핵전쟁, 환경 격변, 범죄 등을 다뤄야 한다는 것이 얼마나 신경써야 할 일인지 생각해 보세요.

부모로서, 10대의 자녀들과 부정적인 또래 압력과 긍정적인 또래 압력의 차이점에 대해 이야기할 수 있습니다. 동료들의 압력은 우리가 태어나는 순간부터 우리가 지구를 떠나는 날까지 늘 주변에 있습니다. 우리는 그것을 다루는 법을 배워야 하고 압력이 우리를 통제하지 못하게 해야 합니다.

마찬가지로, 우리는 왜 우리 자녀들이 수줍어하고, 장난스럽고, 슬프고, 학교에서 느리고, 파괴적인지에 대한 지식을 얻고 이해하는 것이 중요합니다. 아이들은 가정에서 확립된 사고와 느낌의 패턴에 강한 영향을 받으며, 아이들은 그 믿음 체계로부터 매일의 선택과 결정을 내립니다. 가정환경이 신뢰하는 것과 사랑하는 것에서 멀다면, 아이들은 다른 곳에서 신뢰와 사랑, 연민을 찾으려 합니다. 많은 갱단은 아이들이 안심할 수 있는 곳입니다.

그들이 하는 일이 좋지 않더라도 그들은 가족 간의 유대감을 형성하기 때문입니다.

저는 젊은이들이 행동하기 전에 자신에게 중요한 질문을 하나만 하도록 할 수 있다면 많은 고난을 피할 수 있을 것이라고 믿습니다. "이 행동이 제 자신의 미래를 더 좋게 만들까요?" 우리는 10대들이 각각의 상황에서 그들의 선택을 볼 수 있도록 도와주어야 합니다. 그리고 선택과 책임은 그들의 선택으로 돌려줍니다. 그것이 그들이 시스템의 피해자처럼 느끼지 않고 무언가를 할 수 있게 해줍니다.

아이들에게 자신이 피해자가 아니며, 자신의 삶을 책임짐으로써 자신의 경험들을 바꾸는 것이 가능하다는 것을 가르칠 수 있다면 그것은 큰 돌파구가 될 것으로 보입니다.

특히 아이들이 10대라면, 아이들과 의사소통할 수 있는 길을 열어두는 것이 매우 중요합니다.

보통 아이들이 호불호를 말하기 시작할 때 일어나는 일은 그들이 "그런 말 하지 마. 그건 하지 마라. 그런 식으로 생각하지 마라. 그런 식으로 하지 마. 그렇게 표현하지 마. 하지 마! 하지 마! 안 돼!"라는 말을 반복해서 듣는 것입니다. 결국 그런 일들은 아이들로 하여금 소통을 멈추고 때때로 집을 나가게 합니다. 당신이 나이가 들면서 자녀들을 곁에 두고 싶다면, 자녀들이 어릴 때 대화의 끈을 열어두세요.

자녀의 독특함에 박수를 쳐주세요. 비록 그것이 단지 유행이라고 생각할지라도, 당신의 십대들이 그들 자신의 스타일로 그들을 표현할 수 있도록 허락하세요. 그들을 화나게 하거나 비방하지 마세요. 저도 살면서 10대아이들처럼 정말 많은 유행을 따라했어요. 그러니 당신과 당신의 십대도 그러겠죠.

아이들은 어른들의 행동을 모방

아이들은 우리가 하라는 대로 절대 하지 않습니다. 그들은 우리가 하는 대로 합니다. 우리가 담배를 피우거나 술을 마시거나 약을 하면서 아이들에게 "담배 피우지 마" "술 마시지 마" "마시지 마" "마시지 마" 라고 말할 수 없습니다. 우리는 본보기가 되어 우리 아이들이 표현하기를 바라는 삶을 살아야 합니다. 부모가 자기 자신을 사랑하는 일에 기꺼이 임할 때, 가족이 화목하게 되는 놀라운 일이 생깁니다. 아이들은 새로운 자긍심으로 반응하고 자신을 소중히 여기고 존중하기 시작합니다.

당신과 당신의 아이들이 함께 할 수 있는 자존감 활동 하나를 소개합니다. 당신이 이루고 싶은 목표들의 목록을 만드는 것입니다. 자녀들에게 10년 후, 1년 후, 3개월 후 그들이 어떤 모습일 지에 대해서 자신의 생각을 적어보라고 해보세요. 너무 어렵다면 이런 질문들을 주면 어떨까요? " 어떤 삶을 살고 싶어?" "어떤 친구가 가장 바람직할까?" 그들이 꿈을 이룰 수 있는 방법과 함께 그들의 목표에 대한 각각의 간단한 설명을 나열하도록 하세요. 당신도 똑같이 하세요.

여러분 모두는 여러분의 목표를 기억하기 위해 당신 주변에 목록을 적어서 붙여두면 좋습니다. 3개월 후에, 함께 목록을 검토하세요. 목표가 바뀌었나요? 아이들이 원하는 만큼 멀리 가지 못했을지라도 자책하지 않도록 도와주세요. 그들은 언제든지 목록을 수정할 수 있습니다. 가장 중요한 것은 자녀들에게 기대되는 긍정의 것들을 주는 것입니다.

별거와 이혼

만약 가족이 별거 또는 이혼 상태에 있다면, 각각의 부모가 아이를 지지해 주는 것이 중요합니다. 아이에게는 부모가 한 명이라는 말을 듣는 것이 큰 스트레스가 될 수 있습니다.

부모로 경험해야 할 감정들 중에서 두려움과 분노도 있습니다. 이런 감정이 찾아와도 부모라서 참는 것만이 능사는 아닙니다. 감정을 관찰하고는 가능한 자신을 많이 사랑해야 합니다. 아이들은 어른들의 감정에 영향을 크게 받습니다. 만약 여러분이 많은 혼란과 고통을 겪고 있다면, 아이들 역시 분명히 여러분에게서 그 감정을 느낄 것입니다. 아이에게 설명 해주어야 합니다. 만약 당신이 이혼이나 별거 중이라면 아이에게 그 상황이 아이의 가치와는 아무런 상관이 없다고 말해줘야 합니다.

대부분의 아이들은 가정에서 일어난 일이 어떤 것이든 그 일의 원인이 자신이라고 생각합니다. 그런 잘못된 생각을 갖지 않도록 아이에게 설명하세요. 여러분이 아이들을 매우 사랑하고 항상 그들을 위해 있을 것이라고 알려주세요.

나는 당신이 매일 아침 아이들과 거울 작업을 하는 것을 제안합니다. 당신이 겪고 있는 힘든 시간들을 수월하고, 덜 힘들게 지나갈 수 있다는 확언을 하세요. 모두가 괜찮아질 것입니다.

당신의 고통스러운 경험들을 사랑으로 풀어주고 관련된 모든 사람들을 위해 행복을 확언하세요.

캘리포니아에 자존감과 개인적, 사회적 책임을 증진시키기 위한 태스크 포스Task Force라고 불리는 멋진 주립단체가 있습니다. 1987년 존 바스콘첼로스가 설립했습니다. 그 기동부대에 임명된 위원 중에는 잭 캔필드와 에밋 밀러 박사가 있습니다. 저는 학교에 자존감 프로그램을 도입하기 위한 프로그램을 연구하고 있습니다. 자존감 프로그램을 정부에 권고하는 일들을 돕고 있습니다. 다른 주에서는 자긍심 교육 프로그램을 학교 교육과정에 포함시킴으로써 그 선례를 따르고 있습니다.

저는 특히 우리 자신의 가치를 이해하는 것과 관련하여, 사회에 몇 가지 주요한 변화가 일어나게 될 날이 얼마 남지 않았다고 봅니다. 특히 선생님들이 스스로 자존감을 높일 수 있다면 우리 아이들에게 엄청난 도움이 될 것입니다. 아이들은 우리가 직면한 사회적, 경제적 압박을 반영합니다. 그런 의미에서 우리는 모두 유기적으로 자존감과 관련된 프로그램을 도입할 필요가 있습니다. 기업과 조직뿐만 아니라 학생, 부모, 교사들을 포함할 필요가 있습니다.

감사하게 나이 들기

많은 사람들이 늙어가고, 늙어 보이는 것을 두려워합니다. 일반적으로 사람들은 나이를 먹는 것을 끔찍하고 매력적이지 않은 것처럼 여깁니다. 하지만, 나이듦은 평범하고 자연스러운 삶의 과정입니다. 만약 우리가 내면의 아이를 받아들일 수 없고, 과거에 우리가 누구였고, 지금은 어떤 존재인지에 대해 편안하게 인정하지 않는다면, 삶의 다음 단계를 어떻게 편안하게 받아들일 수 있을까요?

만약 당신이 늙지 않는다면, 그 대안이 무엇인가요? 지구를 떠나는 방법 외에는 늙지 않는 대안은 없습니다. 문화적으로, 우리는 "Youth Worship 젊음숭배"라고 부르는 것을 만들어냈습니다. 물론 특정한 나이의 자신의 모습을 사랑하는 것은 좋습니다. 왜 우리는 나이 든 우리 자신을 사랑할 수 없는 걸까요? 우리는 결국 모든 그 늙음의 시간을 겪게 될 것인데 말이죠.

많은 여성들이 자신이 늙어가는 것에 대해 불안해합니다. 늙음을 두려움과 동일시하는 경향이 있습니다. 게이 커뮤니티 또한 젊음과 외모와 아름다움의 상실과 관련하여 많은 문제들을 다룹니다. 나이가 든다는 것은 얼굴에 주름이 하나씩 늘고, 흰머리가 생긴다는 것을 의미할 수도 있습니다. 피부 또한 젊었을 때보다 처진다는 것을 의미할 수 있습니다. 그래요. 저는 그 모습 그대로를 받아들이고자 합니다. 저는 늙고 싶어요. 그게 우리가 지금 여기 있는 것의 전부입니다. 우리는 삶의 모든 부분을 경험하기 위해 이 지구에 있습니다.

우리는 늙거나 아프기를 원하지 않죠. 그 점은 이해합니다. 그렇다면 이 두 가지 생각을 분리해 봅시다. 우리가 죽음을 선택하는 방법으로 병에 걸려서 고통스럽게 죽어가는 것을 상상하거나 이미지로 떠올려보지 말아 보세요. 저는 개인적으로 우리가 병으로 죽어야 한다고 생각하지는 않습니다. 편안하게 잠을 자다가 죽을 수도 있습니다.

대신 우리가 떠날 때가 되면, 우리가 세상에 와서 할 일을 다 성취했을 때, 우리는 낮잠을 자다가 떠나거나 밤에 잠자리에 든 후 아침에 일어나지 않고 다른 세상으로 가도 됩니다. 그렇게 평화롭게 떠날 수 있습니다. 우리가 죽을 정도로 아플 필요는 없습니다. 우리는 요양원이나 병원의 기계에 연결될 필요가 없습니다. 지구를 떠나기 위해 양로원에 누워 고통 받을 필요도 없습니다. 건강을 유지하는 방법 중에 우리가 이용할 수 있는 엄청난 양의 건강 정보가 있습니다. 미루지 말고 지금 하세요. 나이가 든다는 것은 긍정적인 현상입니다. 새로운 모험을 계속 경험할 수 있다는 그런 멋진 긍정적인 생각을 하고 싶습니다.

저는 며칠 전에 호기심을 자극하는 글을 읽었습니다. 그것은 샌프란시스코 의과대학에서 연구한 결과였습니다. 그 연구는 우리가 나이 드는 방식이 유전자에 의해 결정되는 것이 아니라는 것입니다. 진짜 신체적으로 늙어갈 때는 사람들이 노화 설정 시점이라고 부르는 것, 즉 우리 마음속에 존재하는 생체시간 시계에 의해 결정된다고 말했습니다.

이 원리는 실제 우리가 나이가 드는 시기가 언제인지를 관찰하도록 고안되었습니다. 노화의 정해진 시점은 나이 드는 데 대한 우리의 태도에 의해 결정된다는 것입니다. 다시 말해 노화 시계는 크게 한 가지 중요한 요소에 의해 조절될 수도 있다는 것이죠. 나이 드는 것에 대한 우리의 태도를 바꾸면 노화 시계를 멈출 수도 있습니다.

예를 들어, 만약 여러분이 35세가 중년이라고 믿는다면, 그 믿음은 여러분이 35세가 되었을 때 노화를 가속화시킵니다. 그 믿음이 노화를 야기하는 신체의 생물학적 변화를 촉발시킵니다. 정말 멋지지 않습니까? 몇 살이 중년이고 어떠해야 노년인지를 우리가 결정한다는 주체적인 개념이 너무나도 멋집니다. 당신은 내면에다 항상 혼잣말로 이야기하는 노화 설정 시점은 어디입니까? 저는 96세까지 살면서(루이스 헤이는 실제로 92세(2017년8월30일)에 매우 건강한 상태에서 잠을 주무시면서 돌아가셨다-역자주) 그때도 여전히 활동할 것이라는 이미지가 있기 때문에 지금 건강을 지키는 것이 매우 중요합니다.

우리가 세상에 내뿜는 것은 그대로 다시 돌려받는다는 걸 명심하세요. 당신이 나이 든 사람들을 어떻게 대하는지 인지하세요. 왜냐하면 당신이 늙었을 때, 마음속에 품었던 생각들과 관념들이 당신에게 돌아올 것이기 때문입니다. 만약 당신이 노인에 대한 특정한 개념을 믿는다면, 잠재의식이 그 개념에 상응하는 반응결과들을 현실에 나타나게 할 준비를 하고 있습니다. 잠재의식은 생각을 형성하고 있습니다. 우리의 믿음, 생각, 인생관과 자아상에 대한 개념은 항상 우리에게 진실이 됩니다.

기억하세요, 저는 여러분이 태어나기 전에 가치 있는 교훈을 배우기 위해 부모님을 선택한다고 믿습니다. 당신의 상위자아는 당신의 영적인 과정을 진행하기 위해 필요한 경험들을 알고 있었습니다. 그러니 부모님과 함께 해오는 것이 무엇이든지 계속하세요. 그들이 무슨 말을 하든, 과거에 무슨 말을 했든, 당신은 궁극적으로 자신을 사랑하기 위해 여기 있는 것입니다.

부모로서 자녀들이 긍정적이고 안전한 방법으로 그들 자신을 표현할 수 있는 공간을 마련해주세요.

　자녀들이 안전함을 느낄 수 있는 그런 공간이면 좋겠습니다. 우리가 우리의 부모를 선택하듯 우리의 자녀들도 우리를 선택한다는 사실을 잊지 마세요. 우리는 자녀로서 부모로서 모두를 위한 중요한 교훈이 있습니다. 자기 스스로를 사랑하는 부모들은 그들의 자녀에게 자기사랑을 가르치는 것이 좀 더 쉽다는 것을 알게 될 것입니다. 우리가 우리 스스로에게 충분함을 느낄 때 우리는 우리 자녀에게 그 본보기로 자신의 가치를 아는 것이 어떤 것인지 잘 가르칠 수 있습니다. 우리가 자기사랑 작업을 많이 하면 할수록 우리의 자녀들도 자기를 사랑하는 것이 괜찮은 것이라는 사실을 더 깨닫게 될 것입니다.

The Power is within you

4부
내면의 지혜 적용하기

세상의 모든 이론들이 실천으로 이어져
긍정적인 변화가 없다면,
마지막으로 치유가 안 되면 무용지물입니다.

제 11 장
번영을 누리기

우리가 겁을 먹게 되면 우리는 모든 것을 통제하고 싶어집니다. 그러면서 우리는 우리의 선한 흐름마저도 차단하게 됩니다. 삶을 신뢰하세요. 우리에게 필요한 모든 것은 여기 있으니까요.

당신 안에 있는 힘은 우리에게 소중한 꿈을 주고 그것들을 이룰 수 있는 충분한 시간을 기꺼이 제공해줍니다. 문제는 우리가 그것을 받아들이는 마음의 문을 열어주지 않는다는 것입니다. 만약에 당신이 무언가를 원한다면 당신의 상위자아는 "내가 좀 생각해볼게." 라고 말하지 않습니다. 상위자아는 준비가 된 상태에서 반응합니다. 그리고 준비가 된 마음을 통해 꿈의 동시성을 보내주죠. 그래서 우리는 준비 되어 있어야 합니다. 그렇지 않으면 채워지지 않는 과거의 중독의 욕망 창고로 돌아갑니다.

많은 분들이 강의를 들으러 와서 팔짱을 끼고 앉아 있습니다. 저는 그런 자세를 보면 이런 생각이 듭니다. "저런 자세로 지금 가르치는 것들을 어떻게 받아들일 수 있지?" 팔을 활짝 열어 두는 것은 우주가 알아차리고 반응하게 하는 멋진 몸 언어의 상징입니다. 많은 사람들은 그렇게 하는 것을 두려워합니다. 왜냐하면 그들은 자신을 많이 내보이면 끔찍한 것들을 받아들이게 될 거라고 무의식적으로 생각합니다. 그리고 내면에 무엇이 있든지 간에 내면이 알아서 저절로 변화할 때까지는 파멸과 우울함이 먼저 와야 한다고 믿는 듯합니다.

우리가 번영prosperity 이라는 용어를 사용할 때, 많은 사람들은 즉시 돈을 생각합니다. 하지만 번영과 함께 어울리는 다른 개념들이 많이 있습니다. 예를들면, 사랑, 성공, 안락함, 아름다움, 지식, 관계, 건강, 그리고 물론 돈이 있습니다.

당신이 원하는 모든 것을 하려면 시간이 충분하지 않다며 항상 시간에 쫓기는 느낌을 갖고 있다면, 당신은 시간이 부족한 겁니다. 성공이 당신의 능력밖에 있다고 느낀다면 당신은 그것을 얻지 못할 것입니다. 당신의 삶이 버겁고 힘이 많이 든다면 당신은 항상 불편함을 느낄 것입니다. 자신이 너무 멍청해서 깨달을 수가 없고 지식이 충분하지 않다고 생각한다면 당신은 우주의 지혜가 연결되는 느낌을 결코 느낄 수 없을 겁니다. 사랑이 부족하거나 관계가 형편없다고 느낀다면 당신은 당신의 삶에서 사랑을 끌어들이는 게 어려울 것입니다.

아름다움은 어떨까요? 우리 주변에는 아름다움으로 가득합니다. 당신은 지구에 가득한 아름다움을 경험하고 있나요? 아니면 모든 것을 그저 추악하고 낭비적이며 더럽다고 생각하시나요? 당신의 건강은 어떤가요? 당신은 항상 아픈가요? 감기에 쉽게 걸리나요? 통증이나 아픈 증상들을 많이 느끼나요?

마지막으로 돈이 있습니다. 여러분 중에 많은 사람들은 "내 삶에 돈은 결코 충분하지 않다."라고 말합니다. 당신의 밥벌이는 무엇인가요? 당신은 고정된 수입에 의존하고 있다고 느낄지도 모릅니다. 그렇다면 누가 그 수입을 고정시켰나요?

위에서 언급한 모든 것은 받아들임과 관계가 있습니다. 무엇이든 받아들이지 않고는 이루어지지 않습니다. 사람들은 항상 "음~ 나는 이것도 갖고 싶고 저것도 갖고 싶어. 뭐든 갖고 싶어." 라고 생각하는데 그칩니다. 하지만 풍요와 번영은 당신이 그러한 것들을 받아들이는 걸 스스로에게 허락하는 것과 같습니다. 당신이 원하는 것을 얻지 못하고 있다면 어쩌면 당신은 어떤 수준에서 당신 자신을 수용하지 않고 있는 겁니다. 우리가 삶에 인색하다면 삶은 우리에게 인색하게 굴 것입니다. 우리가 삶에서 남의 것을 훔치면, 삶 역시 우리 것을 빼앗아갈 것입니다.

우리 자신에게 솔직하기

정직은 우리가 많이 사용하는 단어입니다. 하지만 정직이 뜻하는 진짜 의미를 이해 못 하는 듯합니다. 제가 말하는 정직은 도덕적인 정직함과, 모범생과 같은 바른 덕목의 정직과는 아무 관련이 없습니다. 정직하게 살지 않으면 잡혀서 감옥에 가는 것 같은 개념과도 다릅니다. 정직은 바로 우리 자신에 대한 사랑의 행동입니다.

정직의 가장 큰 가치는 바로 우리가 삶에서 밖으로 내어 주는 대로 그것이 무엇이든지 간에, 내뿜는 것만 돌려받게 된다는 사실입니다. 원인과 결과의 법칙은 모든 수준에서 항상 작동됩니다. 우리가 다른 사람들을 하찮게 여기거나 판단한다면 우리도 동일하게 판단 받게 됩니다. 만약에 우리가 항상 화낸다면 우리는 우리가 가는 곳마다 화낼 일을 마주하게 됩니다. 우리 자신을 향해 품은 사랑은 세상이 우리를 향해 가지고 있는 사랑과 연결이 되어 조화를 이룹니다.

예를 들면, 당신의 아파트에 막 강도가 들었다고 생각해 봅시다. 당신은 즉시 "나는 희생자야." 라고 생각하나요? "내 아파트에 강도가 들어 도난 당하다니!, 누가 나에게 이런 짓을 한 거야?" 그런 일들이 생길 때의 느낌이란 정말 파괴적입니다. 하지만 당신은 멈춰서 이런 생각을 해볼 필요가 있습니다. "나에게 이런 경험이 왜 그리고 어떻게 일어난 거지?" 라고 말이죠.

다시 말하면, 당신만의 경험을 만들어낸 것에 대해 책임을 진다는 개념이 생소할 수 있습니다. 우리는 일어나는 모든 일에는 우리의 책임이 있다는 개념을 받아들이고 싶어 하지 않습니다. 아마도 아주 조금은 수긍이 갈 것입니다. 우리는 우리 외부를 향해 비난하는 것이 훨씬 쉽습니다. 하지만 정신적인 성장은 외부에 화살을 돌리는 대신 모든 것은 우리의 내면에서 비롯된다는 것을 인식할 때 일어납니다.

누군가가 강도를 당하거나 그와 비슷한 손해를 입었다는 이야기를 듣게 되면. 그때 저는 먼저 "당신은 최근에 누구의 것을 훔쳤나요?"라고 물어봅니다. 만약에 그들이 의아한 반응을 보이면, 저는 그들이 핵심을 들켰다는 것을 알아차립니다. 우리가 무언가를 허락받지 않고 취한 때를 떠올리고 바로 취한 것과 같은 양을 잃어버린 것을 떠올리면 두 경험 사이의 인과관계가 이해될 것입니다.

우리가 우리의 것이 아닌 무언가를 취했을 때 우리는 항상 더 큰 가치의 무언가를 잃습니다. 우리가 누군가의 관계를 훔치면 직장을 잃을 지도 모릅니다. 우리가 사무실에서 문구류나 펜들을 집으로 가져오면 기차를 놓치거나 저녁 데이트를 놓칠 수도 있습니다. 그 상실은 우리의 삶의 중요한 부분에서 우리에게 상처를 줍니다.

많은 사람들이 대기업, 백화점, 음식점, 호텔, 등의 물건을 훔쳐가며 이런 물건은 기업들이 감당할 수 있다고 합리화하는 것은 안타까운 일입니다. 이렇게 합리화해도 소용없습니다. 원인과 결과의 법칙은 우리 안에서 작용합니다. 우리가 부정하게 취하면 우리의 것을 잃습니다. 우리가 주면 우리는 얻습니다. 그 이외는 없습니다.

만약 여러분의 삶에 많은 손실이 있거나 많은 일들이 잘못되고 있다면 여러분이 어떤 것을 얻고 있는 방식을 검토해보세요. 물건을 훔치는 것은 꿈도 꾸지 않는다고 말하는 사람들도 다른 사람의 시간이나 자존심을 빼앗을 수도 있습니다. 우리가 다른 사람에게 죄책감을 느끼게 할 때마다, 우리는 그 사람에게서 자존심을 빼앗는 것입니다.

삶의 모든 단계에서 진정으로 스스로에게 정직하기 위해서는 많은 자기 성찰과 자각이 필요합니다. 우리가 우리의 것이 아닌 것을 빼앗을 때, 사실상 우리는 자신이 수입을 얻을 가치가 없다고 느끼거나, 우리가 충분히 훌륭하지 않거나, 도둑맞고 싶다거나, 세상에 돌아다니는 무수한 수의 풍요가 충분하지 않다고 우주에 지시하는 것입니다. 우리는 우리의 이익을 얻기 위해 교활해야 하고 뭔가를 부정하게 낚아채야 한다고 믿습니다. 이러한 믿음은 우리 주변에 벽을 만들어 삶에서 풍요와 기쁨을 경험하지 못하게 합니다.

이러한 부정적인 신념들은 우리 존재의 진실이 아닙니다. 우리는 위대한 존재이며 우주가 주는 최고의 것들을 받을 자격이 있습니다. 이 행성은 넘치도록 풍요롭습니다. 최상의 선은 항상 의식의 법칙에 따라 우리가 당연히 받아야할 권리로 우리에게 옵니다. 그러니 우리가 의식 속에서 할 일은 항상 우리가 말하고 생각하는 방식을 가다듬는 것입니다. 생각이 현실을 창조한다는 것을 명확히 이해할 때 나타난 현실을 피드백 삼아서 다음에는 뭘 바꿔야 할지를 분명히 알게 됩니다. 완전히 정직하다는 것은 사무실에서 가져온 마지막 종이 클립 하나까지 우리 자신을 사랑하기에 하는 선택입니다. 다시 가져다 놓는 것이 자신을 사랑하는 행동입니다. 그리고 다음번에는 자신이 산 것이 아니면 가져오지 않습니다. 그것이 현실의 피드백입니다. 정직은 우리의 삶을 좀 더 원활하고 쉽게 영위하도록 도와줍니다.

당신이 가게에 가서 당신이 산 물건 중에 비용을 지불하지 않은 것을 알게

된다면 바로 가게에 가서 다시 지불해야 합니다. 정직하게 그 사실을 말하는 것은 당신의 영적 의무입니다. 당신이 바로 알아차렸다면, 당신은 바로 가게에 가서 말해야 합니다. 만약 그 사실을 집에 도착해서 2~3일 지나서 물건을 쓰고 뒤늦게 알게 된다면 어쩔 수 없습니다.

부정직함이 우리 삶에 부조화를 가져온다면, 사랑과 정직은 무엇을 만들어낼 수 있을지 상상해 보세요. 우리 삶의 좋은 점, 우리가 가진 놀라운 일들 또한 우리가 창조해낸 것입니다. 정직과 무조건적인 사랑으로 우리 내면을 바라볼 때, 그 안에 있는 힘에 대해 많은 것을 발견할 것입니다. 어떤 것이든 우리 자신의 의식으로 창조하는 법을 배우면 우리가 훔칠 수 있는 그 어떤 돈보다도 훨씬 더 큰 가치를 얻게 됩니다.

집은 성소

모든 것이 당신이 받을 자격이 있다고 믿는 대로 반영됩니다. 당신의 집을 보세요. 당신이 정말 살고 싶어 하는 곳인가요? 편안하고 즐거운가요? 아니면 비좁고 더럽고 항상 지저분한가요? 당신의 차도 마찬가지로 맘에 드나요? 자동차에 자신에 대한 사랑이 반영되어 있나요? 옷이 귀찮고 성가신가요? 마치 옷 입는 것을 처리해야 하는 할 일로 취급하나요? 여러분의 옷은 여러분 자신에 대한 감정을 반영합니다. 다시 말하지만, 우리 자신에 대한 생각은 바뀔 수 있습니다.

만약 새로운 집을 찾고 싶다면, 내게 딱 맞는 좋은 곳을 찾을 수 있다고 마음을 열어 두는 것부터 시작하세요. 그 새로운 멋진 집이 여러분을 기다리고 있다고 확언하세요. 제가 로스엔젤레스에서 새로운 집을 찾고 있을 때, 제가 끔찍한 곳만 찾을 거라고는 생각도 못했습니다. 하지만 바로 생각을 바꿨습니다. '여기는 LA야. 멋진 아파트로 가득 차 있을 텐데. 내가 찾아내기만 하면 된다. 그 아파트들은 어디에 있는 거지?' 라는 생각만 계속 했습니다.

내가 원하는 아파트를 찾는데 6개월이 걸렸고 그곳은 정말 멋졌답니다. 제가 찾는 동안 건물은 공사 중이었고, 완공되었을 때 그곳이 저를 기다리고 있다는 것을 느낄 수 있었습니다. 만약 여러분이 무언가를 찾고 있는데 그것을 찾지 못한다면, 아마도 그럴 이유가 있었을 것입니다.

만약 지금 있는 곳이 싫어서 이사하고 싶다면, 그곳에 머물게 해준 당신의 현재 사는 집에 감사하세요. 날씨로부터 피난처가 되어준 것에 대해서 감사하세요. 만약 그 집을 좋아하기 어렵다면, 여러분이 좋아하는 집의 어느 한 부분부터 시작하세요. 한 부분이 침실 한쪽처럼 당신이 좋아하는 곳부터 시작하세요.

당신이 좋아하는 것을 찾지 못할 거라며 "이 오래된 곳이 싫어요" 라고 말하지 마세요. 지금 사는 곳을 미워하면 좋아할 곳도 찾지 못할 것입니다.

당신이 있는 곳을 사랑하면 멋진 새 집을 받을 수 있습니다. 만약 여러분의 집이 지저분하고 어수선하다면, 청소하기 시작하세요. 당신의 집은 당신이 누구인지를 반영하는 것입니다.

사랑으로 충만한 관계

저는 코네티컷의 종양학자인 버니 시겔 박사의 열렬한 팬입니다. 그는 《사랑, 의술 기적 Love, Medicine & Miracles》을 저술했습니다. 시겔 박사는 암 환자들로부터 많은 것을 배웠고, 박사님은 조건 없는 사랑에 대해 이렇게 말합니다.

"많은 사람들, 특히 암 환자들은 그들 존재의 중심에 끔찍한 결함이 있다고 믿으며 자랍니다. 그들은 사랑할 기회를 얻으려면 결점을 감수해야한다고 믿고 그렇게 합니다. 그들의 진짜 모습이 알려지면 사랑을 하지도 사랑받지도 못 할 거라고 느낍니다. 그 감정은 외로움으로 이어집니다. 그런 생각은 자신의 속마음을 누구와도 공유하지 못하도록 자신을 방어하게 만듭니다. 그런 사람들은 내면에서 깊은 공허감을 느끼기 때문에 모든 관계를 거래로 보게 됩니다. 그들은 사랑을 얻는 조건으로 사랑을 줍니다. 그리고 이것은 더 깊은 공허감으로 이어져 악순환이 계속되게 됩니다."

제가 강연을 하고 청중들에게 질문할 기회를 줄 때마다, 항상 "어떻게 하면 건강하고 지속적인 관계를 만들 수 있을까요?"라는 질문을 받습니다.

모든 관계는 여러분이 자신에 대해 어떻게 느끼는지 반영하기 때문에 중요합니다. 만약 여러분이 잘못되는 모든 것이 본인의 잘못이라고 생각하거나, 항상 피해자라고 생각하며 계속해서 자신을 자책한다면, 그러한 믿음을 강화하는 유형의 관계를 끌어당길 것입니다.

한 여성은 매우 자상하고 사랑스런 남자와 사귀고 있지만, 그의 사랑을 시험해 볼 필요가 있다고 하기에 그녀에게 물었지요. "왜 그의 사랑을 시험하나요?" 그녀는 자신을 충분히 사랑하지 않기 때문에 그의 사랑을 받을 자격이 없다고 말했어요. 그래서 나는 하루에 세 번 그녀가 팔을 벌리고 서서 **"나는 기꺼이 사랑을 받아들일 거야. 사랑을 받아도 안전해."** 그리고 나서 나는 그녀에게 자신의 눈을 보고 **"난 자격이 있어. 내가 혹 자격이 없을 지라도 나는 기꺼이 사랑을 받아들일 거야."** 라고 확인하라고 말해주었습니다.

너무 자주, 스스로 가져도 된다는 믿음이 없기 때문에 당신의 누려야 할 최상의 선을 거부합니다. 예를 들어, 당신은 결혼하거나 오래 지속되는 관계를 원합니다. 사귀는 사람에게 당신의 짝으로서 바라는 4가지 자질이 있다고 칩시다. 물론 이건 당신만의 방식이겠지요. 당신은 아마 조금 더 원하거나 당신의 목록에 새로운 것을 추가하고 싶을 거예요. 결국 당신이 얼마나 사랑받을 자격이 있다고 믿는지에 달려있어요. 당신이 진정으로 원하는 것을 얻기 전에 아마 많은 사람들을 겪어봐야 할지도 모릅니다.

마찬가지로, 만약 여러분이 신께서 여러분을 진정으로 사랑하는 사람들로 둘러싸셨다고 믿거나, 여러분이 만나거나 아는 모든 사람들이 여러분의 삶에 좋은 것만을 가져온다고 믿는다면, 그런 믿음은 궁극적으로 여러분에게 그런 관계들을 끌어오게 됩니다.

의존적인 관계

우리 중 대부분은 인간관계를 가장 중요하게 생각하는 것 같죠. 그런 이유로 우리는 항상 사랑을 찾고 있죠. 사랑을 찾아 헤맨다고 해서 딱 맞는 짝을 찾는 것은 아니예요. 왜냐하면 우리가 원하는 사랑이 분명하지 않기 때문이죠. 혹시 "오~만약 나를 사랑해 주는 사람만 있다면, 내 인생은 모두 좋아질 거야." 라고 생각하시죠? 전혀 그렇지가 않습니다.

제가 이와 관련된 활동 하나를 추천합니다. 당신이 관계에서 상대에게 원하는 자질들을 한번 적어보세요. 재미, 친근함. 열린 마음과 긍정적인 소통 방식 같은 것들 말이죠. 당신의 리스트를 한번 볼까요?

그 기준들이 달성하기 어려운 것들인가요? 그 요구사항들 중에 당신이 스스로를 위해 채워 줄 수 있는 것이 있지는 않나요?

사랑이 필요한 것과 사랑으로 인해 필요가 채워지는 것에는 큰 차이가 있습니다. 당신이 사랑을 통해 필요가 채워지길 바란다면 당신은 당신이 아는 가장 중요한 사람, 바로 자신과의 진정한 사랑과 인정을 놓치고 있다는 것을 의미합니다. 당신은 당신의 파트너와 서로에게 집착하는 의존적인 비효율적인 관계로 지내게 될 지도 모릅니다.

우리를 채워줄 다른 누군가가 필요할 때, 우리는 서로에게 의존하게 됩니다.

우리는 자기 자신이 스스로를 돌보는 것이 아닌 서로에게서 상대로 인해 돌봄을 받는 관계가 될 때 서로에게 의존하게 됩니다. 문제가 있는 가정에서 자란 다수의 사람들은 우리가 성장할 때 배운 그런 잘못된 방식으로 서로를 의존하는 방식을 배우게 됩니다. 저도 수년 동안 나는 부족하다고 믿었고 제가 가는 곳마다 사랑과 인정을 얻고 싶었습니다.

혹시 당신이 다른 사람에게 이래야 한다거나 저래야 한다 말하고 있나요? 그렇다면 당신은 아마 그 관계를 조종하려고 하고 있는 겁니다. 반면에 내면의 생각 패턴들을 바꾸려고 노력하고 있다면 당신에게 일어나는 일들이 올바른 방향으로 이루어져 갈 것입니다.

거울 앞에 잠시 서서 내면에 부정적인 어린 시절의 신념들을 생각해보세요. 그것들이 당신의 관계에 영향을 주고 있을 거예요. 여전히 얼마나 그 신념을 똑같이 적용해 오고 있는지 보이나요? 어린 시절 긍정적인 신념들도 떠올려 보세요. 이것들이 당신의 부정적인 것들을 대신해줄까요?

부정적인 신념들은 더 이상 당신을 자극할 수 없다고 본인에게 말해주세요. 대신 그것들을 새롭고 긍정적인 확언으로 대체해주세요. 당신은 아마 새로운 신념들을 받아 적을 수도 있습니다. 또 그것을 매일 보는 곳에 두고 싶을 지도 몰라요. 오래된 것들을 데리고 살았던 만큼 새롭게 받아들인 신념들을 많이 품고 살아가세요. 그것들을 지켜내세요. 옛날의 패턴들로 다시 미끄러져갈 때가 있었을 거예요.

아직 새로운 것들이 뿌리를 내리기 전이니까요. 자신에게 진짜 필요한 것들을 누군가에게 기대하지 않고 스스로 해낼 수 있을 때 의존적인 관계를 벗어날 수 있어요. 당신은 비로소 결핍된 상태에서 누군가에게 예속된 관계에서 벗어나게 될 것입니다. 그 모든 시작은 당신이 '자신을 얼마나 사랑하는가'에서 출발합니다.

<u>스스로를 진심으로 사랑할 때 당신은 중심을 잡을 수 있고, 침착할 수 있으며 안전할 수 있습니다.</u> 놀랍게도 그런 안정적인 상태는 집에서도 일터에서도 멋진 관계를 이끌 것입니다. 다양한 상황에서 다른 사람들을 잘 대하는 놀라운 자신을 발견하게 될 겁니다. 한때 당신에게 절박하게 중요했던 문제들이 더 이상 이전처럼 중요해지지 않을 것입니다. 새로운 사람들이 당신의

삶에 들어오고 안 좋은 과거의 관계들은 사라질 것입니다. 처음에는 두려울 수 있겠지만 분명 멋지고 새롭고 신나는 관계가 될 것입니다.

일단 관계에서 당신이 무엇을 원하는지를 안다면, 나가서 사람들과 함께 해야 합니다. 누군가 갑자기 당신 앞에 나타나진 않을 겁니다. 당신이 관심이 있는 그룹이나 배우고 싶은 세미나에서 사람들을 만나는 것도 좋은 방법입니다. 그곳에는 당신과 같은 마인드를 가지거나 공통된 관심사를 가진 사람들과 연결될 수 있습니다. 아마 '이렇게 빨리 새로운 친구를 만날 수 있었나' 하면서 놀랄 거예요. 세상에는 당신이 도움을 받을 수 있는 수업들과 지지 그룹들이 많이 있습니다. 당신이 할 일은 이런 지원 그룹을 찾기만 하면 됩니다. 당신과 비슷한 여정을 걷고 있는 사람들과 함께 하면 도움이 됩니다. 제가 제안하고 싶은 확언이 하나 있어요.

"나는 멋지고 좋은 경험들이 내 삶에 들어오는 것을 환영하며 받아들입니다." 이렇게 확언하는 것이 "나는 새로운 사랑을 찾고 있어."라고 말하는 것보다 훨씬 낫습니다. 마음을 열어 두고 환영하는 마음을 가지세요. 그러면 우주는 당신의 최상의 선에게 응답할 것입니다.

스스로를 사랑하는 마음이 자라면 그에 따라 자아존중감도 함께 자란다는 것을 알게 될 거예요. 그리고 당신 스스로에 필요했던 어떤 변화이든 더 쉽게 이뤄질 거예요. 당신이 찾는 변화가 당신에게 딱 맞는 거란 걸 반드시 알게 될 것입니다.

사랑은 결코 당신의 밖에 존재하지 않습니다. 그것은 언제나 당신 안에 존재합니다. 당신이 더 많이 사랑할수록 당신은 더 많이 사랑을 주고받을 수 있는 사랑스러운 존재가 될 거예요.

돈에 관한 문제 해결

돈에 대한 두려움을 가지고 있나요? 그 두려움은 아주 어린 시절에 프로그래밍 된 것에서 비롯됩니다. 한 워크샵에서 어떤 여성은 그녀의 부유한 아버지는 항상 파산이 될까봐 두려워했다고 했습니다.

그리고 그 아버지는 항상 누군가에게 돈을 빼앗길 수도 있다는 두려움을 그녀에게도 물려주셨습니다. 그녀는 제대로 돌봐지지 않을 것 같은 두려움을 가지고 자랐습니다. 그녀가 돈에 자유로워지려면 그녀의 아버지가 가족들에게 죄책감을 심어 심리적으로 조종했던 과거에서 벗어나야 합니다. 그녀는 평생을 쓰기에 충분한 돈을 가졌지만 깨우쳐야 할 부분이 있습니다. 바로 스스로를 돌볼 수 없을 거라는 두려움을 흘려 보내주는 것입니다. 그 두려움을 버린다면 그만한 돈이 없어도 그녀는 여전히 자기 자신을 돌볼 수 있을 겁니다.

대공황 시대에 자란 우리 부모 세대의 대부분은 그들의 자녀들에게 그들이 겪은 상황에서 비롯된 신념들을 물려주었습니다. "우리는 굶어 죽을지도 몰라." "우리는 결코 일자리를 구하지 못할 지도 몰라." "우리는 집도 차도 잃게 될 지도 몰라." 이런 말들을 어릴 때 듣고 자란 우리는 잠재의식의 생각 안에 그런 믿음이 남아있습니다. "그건 말도 안 돼."라고 말할 수 있는 아이들은 거의 없었습니다. 대부분의 아이들은 " 그래요. 그 말이 맞아요." 라고 말하며 순응하죠.

돈에 대한 당신의 부모님의 신념의 목록을 만들어 보세요. 혹시 여전히 그것들을 믿고 따를 것인지 스스로에게 물어보세요. 여러분은 지금과 같은 삶이 아니기 때문에 부모님의 한계와 두려움을 뛰어넘고 싶을 것입니다. 맞습니다. 그때의 믿음을 자신에게 되풀이하지 마세요. 당신의 마음속에 있는 그림에도 변화를 주세요. 돈에 대한 이미지를 새롭게 원하는 방향으로 바꾸기 시작하세요. 기회가 왔을 때 부족했던 과거사를 되새기지 마세요. 새로운 메시지를 선언하기 시작하세요. 여러분은 이제 돈과 부를 가져도 괜찮고 그 돈을 현명하게 사용할 거라고 말이죠.

인생의 특정한 시점에 다른 사람들 보다 더 많은 돈을 갖는 일이 생깁니다. 그게 자연스럽고 일반적입니다. 그때 어떤 일이 있어도 항상 우리를 보살펴 주는 내면의 능력을 믿을 수 있다면, 미래에도 더 많은 것을 얻을 수 있을 거라는 확신이 생깁니다. 그 믿음 때문에 현재의 힘든 시간은 쉽게 흘러갈 수 있습니다. 우리의 대부분은 많은 돈을 가지면 모든 문제가 해결될 것이라고 생각하지만, 그렇지 않습니다. 돈만이 진정한 해결책이 아닙니다. 돈이 있다면 더 이상 문제나 걱정은 없을 것이라고 믿습니다. 다시 말하지만 돈이 진정한 해결책이 아닙니다. 필요한 만큼 돈을 가진 사람들도 여전히 행복하지 않습니다.

가진 것에 감사

제가 아는 어떤 신사는 자신이 형편이 좋지 못할 때 친구들이 베푼 친절과 선물에 대해 갚지 못해 죄책감을 느꼈다고 합니다. 저는 그에게 우주가 우리에게 줄 때가 있고, 물론 그 형태는 다양하며, 그때 우리는 갚을 수 없을지도 모른다고 말했습니다. 우주가 어떤 방식이든 당신의 필요에 응답해서 오면,

그것에 대해 그저 감사하세요. 언젠가 우리가 다른 사람을 도울 때가 올 거예요. 물론 그 형태가 돈이 아니라 시간이나 공감일 수도 있습니다. 안타깝게도 때때로 우리는 이런 것들이 돈보다 더 가치 있을 수 있다는 것을 깨닫지 못합니다.

갚을 길이 없던 시절에 저를 엄청나게 도와준 많은 분들이 제 인생 초기에 떠오릅니다. 몇 년이 지난 후, 저는 다른 사람들을 도울 기회를 얻었습니다. 그러나 우리의 대부분은 받은 것을 그대로 교환해야 한다는 생각에 갇혀 있습니다. 바로 즉시 보답해야만 할 것 같은 생각이 듭니다. 누군가 우리에게 점심을 사주면, 우리는 즉시 그들에게 다음 점심을 대접해야 할 것 같고, 선물을 주면 우리는 즉시 그들을 위해 선물을 사야 할 것 같은 기분이 듭니다. 그러나 꼭 바로 보답할 필요는 없어요.

감사함으로 받는 법을 배우세요. 받아들이는 법도 배우세요. 왜냐하면 우주는 우리처럼 받는 것을 단지 물질을 교환하는 것으로만 인식하지 않기 때문입니다. 우리의 많은 문제는 우리가 받는 것은 것에 대한 거부감에서 비롯됩니다. 우리는 주는 것은 익숙하지만 받는 것을 너무 어려워합니다.

누군가가 당신에게 선물을 줄 때, 웃으면서 고맙다고 말하세요. 만약 여러분이 그 사람에게 "아, 그건 제 사이즈가 아니네요. 색깔이 별로네요." 라고 말한다면 선물을 준 사람이 기분이 나빠서 다음에는 선물을 안 줄 것이라고 생각합니다. 정중히 선물을 받고 사이즈가 정말 맞지 않는다면, 옷을 사이즈가 맞는 다른 사람에게 주세요.

가진 것에 감사하며 우리에게 더 좋은 것을 끌어당기기를 원하세요. 다시 말하지만, 우리가 부족한 것에 초점을 맞춘다면, 우리는 부족을 당기게 될 겁니다. 만약 우리가 빚을 졌다면, 우리는 자신을 꾸짖지 말고 자신을 용서할 필요가 있습니다. 그리고 우리가 배운 확언과 시각화를 통해 빚을 갚는 것에 초점을 맞출 필요가 있습니다.

경제적으로 어려워하는 사람들을 위해 우리가 할 수 있는 최선은 그들에게 돈을 쥐어 주는 것이 아닙니다. 그들에게 의식적으로 돈을 버는 방법을 가르치는 것입니다. 왜냐하면 그 방법은 지속적이기 때문입니다. 그들에게 돈을 쥐어 주는 것보다 훨씬 더 지속적입니다. 돈을 주지 말라는 게 아니라, 죄책감 때문에 돈을 주어서는 안 된다는 의미입니다. 사람들은 "음, 다른 사람들을 도와야해."라고 말하지만, 도움을 받아야 할 사람에는 자신도 포함됩니다. 당신은 번영할 가치가 있는 사람입니다. 당신의 가질 수 있는 최고의 계좌가 무엇인지 아십니까? 그것은 바로 당신의 의식입니다. 당신이 가치 있는 생각들을 의식에 넣을 때 큰 정신의 이자를 얻게 될 것입니다.

십일조는 보편적인 원리

당신의 삶에 돈을 끌어들이는 방법 중 하나는 십일조를 하는 것입니다. 수입의 10%를 십일조를 하는 것은 오래전부터 확립된 원칙입니다. 십일조란 삶을 되돌려주는 개념이라고 말하고 싶네요. 그러니 우리가 십일조를 할 때 우리는 더 번영할 것입니다. 교회들은 항상 당신이 그들에게 십일조를 베풀기를 바랐습니다. 그것은 교회 수입원의 주된 방법 중 하나입니다. 최근 몇 년 동안 십일조는 영적인 양식을 얻는 것으로 변화되었습니다. 수입의 10퍼센트를 가치 있는 곳에 내보내는 형태로 확장되고 있습니다.

당신의 삶의 질을 향상시키기 위한 영적 탐구과정에 스스로를 가장 성장하게 했던 것은 무엇인가요? 아니면 누구였나요? 당신의 삶의 질에 기여한 그 곳이야 말로 십일조를 하기에 가장 좋은 곳입니다. 만약에 교회나 사람에게 십일조를 하는 것이 끌리지 않는다면 훌륭한 비영리 단체들이 많이 있습니다. 당신에게 맞는 곳을 살펴보고 찾으세요.

사람들은 종종 "돈이 더 생기면 그때 십일조를 하겠다."라고 말합니다. 물론 그렇게 말하고 십일조를 하는 일은 결코 없습니다. 십일조를 할 거라면 지금 시작하고 축복이 흐르는 걸 지켜보세요. 그러나 만약 당신이 더 얻을 마음으로 십일조를 한다면, 중요한 것을 놓친 겁니다. 자유롭게 주지 않으면 결국 효과가 없을 것입니다. 저는 현재까지의 삶이 충분히 좋았다고 믿기에 기꺼이 다양한 방법으로 베푸는 겁니다. 이 세상엔 당신이 경험하기를 기다리는 풍요로움이 너무 많습니다. 이러한 것들이 당신을 기다리고 있습니다. 지출할 수 있는 것보다 더 많은 돈, 또는 지금까지 만났던 사람들 보다 더 많은 사람들, 당신이 상상할 수 있는 것보다 더 많은 기쁨들이 있습니다. 이러한 것들이 있다는 것을 안다면 당신이 바라며 필요로 하는 모든 것을 가질 수 있을 것입니다.

당신이 당신의 최상의 선을 구한다면 그 안에 있는 그 힘이 당신에게 그 선함을 가져다 줄 것이라고 믿으세요. 자신과 다른 사람들에게 솔직해지세요. 속이려 하지 마세요. 아주 조금도 말이죠. 생각한 대로 당신에게 나타날 것입니다.

무한 지성이 있습니다. 그 무한 지성은 모든 말에 스며들어 있습니다. 그것은 모두 당신에게 "네!"라고 말합니다. 여러분의 삶에 어떤 것이 들어오면, 그것을 밀어내지 마세요. 좋은 것을 받아들일 수 있도록 마음을 여세요. 당신이 세상에 들어온 것을 향해 "네!"라고 말해보세요. 기회와 번영이 백배로 늘어날 거예요.

제 12 장

창조성 표현하기

우리의 내면의 눈이 열리면
우리의 세계도 넓어진다.

직업은 신성한 자기 표현

사람들이 삶의 목적을 물을 때, 저는 제 일이 제 목적이라고 말합니다. 대부분의 사람들이 자신의 직업을 싫어한다는 것이 참 슬픕니다. 더 안타까운 사실은 그들이 무엇을 하고 싶은 모른다는 것입니다. 인생의 목적을 찾는 것, 사랑하는 일을 찾는 것이 당신 자신을 사랑하는 것입니다.

당신은 직업을 통해 당신의 창의성을 표현할 수 있습니다. 그렇기에 단지 뭔가 충분하지 않다거나 모르겠다는 감정을 넘어서야 합니다. 우주의 창조적인 에너지가 여러분을 깊이 만족스럽게 하는 방식으로 여러분을 통해 흐르도록 하세요. 그것이 당신의 존재를 만족시키고 당신의 자아를 실현하는 데 만족스런 길이라면 당신이 하는 일이 무엇인지는 중요하지 않습니다. 만약 여러분이 일하는 곳이 싫거나 여러분이 하고 있는 일이 싫다면, 여러분은 내면이 바뀌지 않는 한 항상 여러분의 직업에 대해 똑같이 느낄 것입니다. 만약 당신이 예전과 같은 낡은 직업 신념을 가지고 새로운 직장에 간다면, 당신은 그 때와 같은 방식으로 느낄 것입니다.

문제는 많은 사람들이 부정적인 방법으로 그들이 원하는 것을 요구한다는 것입니다. 한 여성은 자신이 원하는 것을 긍정적인 방식으로 말하는데 매우 어려움을 겪었습니다. 그녀는 계속해서 "나는 이런 일을 하고 싶지 않아." "나는 이런 일이 일어나기를 원해." 또는 "나는 그곳에서 있는 부정적인 기운을 느끼고 싶지 않다." 라고 반복해서 부정적인 것에 집중해서 말할 뿐이었습니다. 대화를 보면 그녀는 원하는 것을 선언하지 않고 있다는 것을 알 수 있나요? 원하는 것을 분명히 할 필요가 있습니다.

가끔은 우리가 원하는 것을 요구하는 것이 귀찮을 때가 있습니다. 우리가 원하지 않는 것을 말하는 것은 훨씬 쉽습니다. 그러나 당신의 일이 무엇이 되기를 원하는지 선언하기 시작하세요.

"내 일은 깊은 성취감을 줍니다. 나는 사람들을 돕습니다. 나는 고객들이 무엇을 필요로 하는지 알 수 있습니다. 나는 나를 사랑하는 사람들과 일합니

다. 나는 항상 안전하다고 느낍니다. 내 직업은 창의력을 자유롭게 표현할 수 있게 해줍니다. 나는 좋아하는 일을 해서 돈을 많이 법니다. 나는 직장에서 항상 행복합니다. 내 직장은 기쁨과 웃음과 풍요로 가득 차 있습니다."

항상 현재 시제로 선언하세요. 말한 대로, 얻을 것입니다. 만약 그렇지 않다면, 여러분의 내면에 여러분의 선을 받아들이기를 거부하는 믿음이 있는 것입니다. 일에 대한 신념을 목록으로 만드세요. 아마 여러분 안에 있는 부정적인 신념에 놀랄지도 모릅니다. 부정적인 신념을 바꿀 때 당신이 원하는 번영을 누리게 될 것입니다.

지금 하는 일을 싫어하고, 싫어하는 직장에서 일하고 있다면, 당신은 자신을 표현하는 능력을 차단하고 있을 거예요. 여러분이 직업에서 원하는 자질들과 완벽한 직업을 갖게 된다면 어떤 느낌일지 생각해 보세요. 당신이 무엇을 원하는지를 명확하게 하는 것이 반드시 필요합니다. 그것을 알 때 당신 안에 더 큰 상위자아 Higher Self 는 당신에게 맞는 직업을 찾을 것입니다. 잘 모르겠다면 찾을 때까지 상위자아에게 요청해보세요. 기꺼이 여러분 안에 있는 지혜에 마음을 열어보세요. 찾아질 거예요.

저의 직업은 삶을 표현하는 것이라는 것을 마음 과학회 Science of Mind 를 통해 일찍 알게 되었습니다. 문제가 눈앞에 생길 때마다 저는 성장할 수 있는 기회라는 것을 알아차렸습니다. 저를 창조한 무한 능력이 그 문제를 해결하기 위해 필요한 모든 것을 주었음을 알았습니다. 문제가 생길 때 물론 처음에는 당황하지만 바로, 마음을 가라앉히고 내면으로 마음을 돌렸습니다. 곧 신성한 지성의 힘이 성장 기회를 주셔서 감사한 마음이 생겼습니다.

여배우가 되고 싶어 하는 한 여성이 제 세미나에 왔었죠. 그녀의 부모님은 그녀가 로스쿨 law school 에 다니도록 설득했고, 그녀는 법조계에 들어가야 한다는 주변의 모든 사람들로부터 많은 압박을 받았습니다. 하지만, 그녀는 한 달 후에 주변의 기대에 맞춰 사는 것을 멈췄습니다. 그녀는 그토록 하고 싶었던 연기수업을 듣기로 결심했습니다.

얼마 지나지 않아 그녀는 자신의 인생에서 꿈의 방향을 잃었습니다. 그녀는 비참하고 우울해졌습니다. 의심을 떨쳐버리지 못해 힘들어 했습니다. 인생에서 가장 큰 실수를 저지르는 것에 대해 의구심을 가지고 있었는데, 결코 되돌릴 수도 없고 바꿀 수 없을 거라는 두려움이 있었던 거죠.

"두려운 생각이 어디서 나오는 소리 같나요?"라고 물었어요. 그녀는 아버지가 여러 번 했던 말이라고 했습니다.

이 젊은 여성의 이야기에 공감할 수 있는 사람이 많을 겁니다. 그녀는 연기자가 되기를 원했고 그녀의 부모님은 그녀가 변호사가 되기를 원했으니 혼란스러웠을 겁니다. 그녀의 아버지가 변호사가 되라는 말을 하는 것이 "사랑해"라고 말하는 방식이라는 것을 이해할 필요가 있었습니다. 그녀의 아버지는 그녀가 변호사가 된다면, 안전할 것이라고 믿었겠죠. 그게 바로 그가 원한 겁니다. 하지만, 그것은 그녀가 원했던 것이 아닙니다.

비록 아버지의 기대에 미치지 못하더라도 그녀는 자신의 삶을 위해 옳은 일을 해야 했습니다. 저는 그녀에게 거울 앞에 앉아서 그녀의 눈을 바라보며 말하라고 말했습니다.

"(그녀의 이름)야 사랑해, 네가 진정으로 원하는 것을 가질 수 있도록 응원할 거야. 네가 할 수 있는 모든 방법으로 너를 도울 거야."

나는 그녀에게 가만히 내면의 진짜 목소리를 듣는 시간을 가지라고 말했습니다. 자신의 내면의 지혜와 연결되어야 하고, 기쁘게 해줄 대상은 다른 누구도 아닌 그녀 자신임을 깨달아야 했습니다. 그녀는 아버지를 사랑하면서도 여전히 자신을 만족시킬 수 있어야 합니다. 그녀는 그것을 할 수 있는 능력이 있고, 그럴 가치 있다고 느낄 권리가 있습니다. 그리고 그녀는 아버지에게 "저는 아빠를 사랑해요. 저는 변호사가 되고 싶지 않아요. 저는 배우가 되고 싶어요."라고 말할 수도 있고, 또 뭐 이런 비슷한 이야기를 하면 되겠지요. 우리를 아끼는 사람들이 나와 다른 생각을 할 때조차 우리를 위해 옳은 일을 하는 것은 우리의 큰 도전 중 하나입니다. 우리가 다른 사람들의 기대를 충족시키는 것이 삶의 이유가 되어서는 안 됩니다.

우리가 자격이 없다고 강하게 믿게 되면 우리는 우리가 원하는 것을 하는 데 문제가 생깁니다. 만약에 다른 사람이 당신에게 무언가 가질 자격이 없다고 말한다면 당신도 그들의 생각대로 받아들이게 됩니다. 당신의 내면아이도 좋은 것을 받을 만한 가치가 없다고 믿게 되겠죠. 그러니 중요합니다. 자신을 매일 더 많이 사랑하는 법을 배우고 연습해야 합니다.

제가 반복해서 말씀드립니다. 일과 실패와 성공에 대한 당신의 모든 믿음을 기록하는 것에서 시작하셔야 합니다. 그 모든 부정적인 것들을 들여다보세요. 그리고 그것들이 당신이 가고자 하는 곳으로 가는 것을 막는 신념들이라는 것들을 알아차려야 합니다. 당신의 마음속에는 아마 '나는 정말 실패할 사람이야'라는 생각들이 꽤 많이 있다는 것을 발견하게 되겠지요. 각각의 부정적인 문장을 긍정의 문장으로 바꾸세요. 당신의 성취감을 주는 일이 무엇이 되기를 원하는지 마음속으로 상상하기 시작하세요.

다양한 수입원

잘 먹고 잘 살기 위해서는 열심히 일해야만 한다고 믿는 사람들이 많습니다. 특히 미국에서는 좋은 사람이 되기 위해서는 열심히 일하는 것을 강조하는 직업윤리도 있습니다. 게다가 그 일이라 함은 고된 노동을 수반하는 일을 말하죠.

당신이 사랑하는 일을 한다면 그 일이 당신에게 좋은 수입을 창출해 줄 것입니다. 만약에 당신이 계속해서 나는 이 일이 싫다고 말한다면 당신은 아무 것도 얻지 못할 것입니다. 당신이 하는 일이 뭐든지 그 일에 사랑의 감정을 불어넣고 긍정적인 태도를 심으세요. 혹시 불편한 상황에 놓여있나요? 그렇다면 분명 그 안에서 당신이 배워야 할 것이 있을 거예요. 가장 좋은 교훈이 그 안에 있을 테니 찾아보세요.

예상치 못한 모든 곳에서도 수입이 들어올 수 있다는 사고방식을 가진 여성이 있었어요. 그녀의 친구들은 그녀의 독특한 방식으로 부를 끌어당기는 능력에 대해서 비판하며 돈은 열심히 일해서 벌어야 하는 거라며 그녀를 계속 가르치려 했습니다. 그 친구들은 그녀가 일을 전혀 열심히 하지 않는다고 생각했던 것 같습니다. 그래서 그녀는 열심히 일하지 않으면 돈을 가질 자격이 없을 거라는 두려움에 맞서기 시작했습니다.

그녀의 의식은 원래 올바른 방향으로 가고 있었습니다. 그녀는 두려움을 갖기 보다는 그녀 자신에게 감사할 필요가 있었습니다. 그녀는 풍요로움을 증명하는 방법을 이해했고, 그녀의 삶은 그 영역에서 아무런 투쟁 없이 잘 돌아가고 있었습니다. 하지만 그녀의 친구들은 그녀를 끌어내리고 싶어 했습니다. 왜냐하면 그들은 너무 열심히 일했고 그녀가 가진 만큼 돈이 많지 않았기 때문입니다.

저는 다른 사람들에게 도움의 손을 내밉니다. 만약에 그들이 그 손을 잡고 새로운 것을 배우고 싶어 하고, 그 길을 같이 간다면, 참 멋진 일입니다. 그러나 그들이 저를 끌어내리려고 하면 저는 작별인사를 합니다. 저는 정말 진흙탕에서 벗어나고 싶어 하는 사람들과 함께 일하니까요

만약 여러분의 삶이 사랑과 기쁨으로 가득 차 있다면, 비참하고 외롭게 살고 있는 사람이 말하는 삶의 방식은 듣지 마세요. 자신의 삶이 풍요롭고 풍족하다면 가난하고 빚진 사람들이 말하는 삶의 방식은 귀담아 듣지 마세요. 종종, 우리의 부모님들은 우리에게 삶을 어떻게 살아야 하는지 말씀하십니다. 그들은 짐과 고난과 고통이 있는 삶을 살았기에 우리가 삶을 어떻게 살아야 하는지 알려주려고 노력합니다.

많은 사람들이 경제를 걱정하며 현재 경제 상황으로 인해 자신들이 돈을 벌거나 잃을 것이라고 믿습니다. 하지만 경제 상황은 항상 오르락내리락합니다. 그래서 밖에서 무슨 일이 일어나고 있는지, 혹은 경제를 바꾸기 위해 다른 사람들이 무엇을 하는지는 중요하지 않습니다. 우리는 경제 때문에 꼼

짝 못하고 있는 것이 아닙니다. 세상 밖에서 무슨 일이 일어나고 있든 간에, 그것은 단지 여러분이 자신에 대해 무엇을 믿는지가 중요합니다.

만약 여러분이 노숙자가 되는 것에 대한 두려움을 느낀다면, 자신에게 물어보세요, "내 안에 내가 어디에 있을 때 평온하지 않은가? 어디에서 나는 버림받은 느낌을 받는가? 내면의 평화를 경험하려면 무엇을 해야 할까?" 외부의 모든 경험은 내면의 신념을 반영합니다.

제가 항상 사용해왔던 확언을 소개합니다. **"내 수입은 꾸준히 증가하고 있어."** 제가 좋아하는 확언 하나를 더 소개하면 **"나는 내 부모님의 소득 수준을 넘어선다."** 입니다.

당신은 부모님보다 더 많이 벌 권리가 있습니다. 지금은 물건 값이 더 비싸서 거의 그래야 마땅하죠. 특히 여성들은 이 일로 많은 갈등을 겪고 있습니다. 종종 그녀들은 아버지가 버는 것보다 더 많이 버는 것이 어렵다고 생각합니다. 그들은 자격이 없다고 말하는 감정을 넘어서서 그들의 신성한 권리인 풍부한 재정적 부를 받아들일 필요가 있습니다.

당신의 직업은 무한한 돈의 원천의 많은 통로 중 하나일 뿐입니다. 돈은 당신이 현재 하고 있는 일로만 들어오는 것이 아닙니다. 돈은 여러 가지 방법으로 여러분에게 올 수 있습니다. 그것이 어떻게 오든, 우주가 주는 선물로 그것을 기쁘게 받아들이세요.

한 젊은 아가씨가 시댁 식구들이 그녀의 아기에게 온갖 좋은 것들을 사주고 있지만 본인은 아무것도 살 여유가 없다고 불평하고 있었습니다. 그래서 그녀에게 우주는 그 아기가 모든 좋은 것을 풍부하게 공급받기를 원하고, 그것을 공급하기 위한 통로로 시댁 식구들을 사용한다는 것을 상기시켜 주었습니다. 그제야 그녀는 우주가 그녀의 아기를 부양하는 방식에 감사하고 감사할 수 있었습니다.

업무상 관계

우리가 직장에서 만드는 관계는 가족으로서 맺는 관계와 비슷합니다. 그 관계가 건강할 수도 있고, 제 기능을 다하지 못할 수도 있습니다.

한번은 이런 질문을 하는 여성이 있었습니다. "평소 긍정적이던 사람으로서 끊임없이 부정적으로 대하는 사람들이 있는 직장 환경에서는 어떻게 대처하는 것이 좋을까요?"라고 물었습니다.

우선 그녀의 질문 속에 한 가지 흥미로운 사실은 그녀가 긍정적이라고 말했을 때 모두가 부정적으로 생각하는 직장환경에 있다는 점이었습니다. 저는 그녀가 왜 그녀에게 부정성을 끌어당기는지 궁금했습니다. 아마도 그녀 안에 그녀가 인식하지 못하는 부정성이 있었을 것입니다.

그래서 제가 그녀에게 이렇게 제안했습니다. **"이제는 항상 평화롭고 즐거운 곳에서 일하고, 사람들이 서로서로 삶을 진심으로 감사하는 곳에서 일한다고 스스로 믿기 시작해보세요."** 그곳은 모든 면에서 존중되는 곳입니다. 당신은 동료가 어떻게 그 일을 그런 방식으로 했는지 불평하기 보다는 자신이 항상 이상적인 곳에서 일한다고 스스로 확언할 것을 제안했습니다.

이 철학을 받아들이면서 그녀는 다른 사람들에게서 최고의 자질을 끌어내는 것을 도와 줄 수 있었습니다. 왜냐하면 동료들은 그녀의 내면의 변화에 다르게 반응할 것이기 때문입니다. 또한 그녀는 또 다른 영역에서도 그녀가 선언한 그대로 이상적으로 이뤄지는 것을 알게 될 것입니다.

◈

언젠가 어떤 남자가 제게 말하길, 일을 시작했을 때는 이 모든 놀라운 능력을 가지고 있었고, 그의 일은 훌륭했고 순조롭게 진행되었다고 합니다. 그는 정확하고, 직설적이고, 만족스러웠습니다. 갑자기, 그는 매일 실수를 하기 시작했습니다. 그래서 뭐가 두려운지를 물어봤어요. "어린 시절의 공포를 대면한 상황이 있었나요? 직장에서 당신을 화나게 한 사람이 있었나요? 아니면 누군가에게 복수하려고 했나요? 혹시 그 사람이 당신의 부모님 중 한 분을 생각나게 했나요? 다른 직장에서도 이런 일이 있었나요?"

제가 보기에 그는 낡은 신념 체계 때문에 직장에서 혼란을 일으키고 있는 것 같았습니다. 그는 결국 어릴 적 실수할 때마다 조롱을 당하는 것이 오래된 가족 패턴임을 인식하게 되었습니다. 저는 그가 그의 가족을 용서하라고 말했습니다. 사람들이 그를 완전히 존경하고 그가 하는 모든 일에 감사하는 직장에서 훌륭하고 조화로운 관계를 맺고 있다고 확언할 것 또한 제안했습니다.

여러분이 동료들을 생각할 때, "그들은 너무 부정적이야."라고 생각하지 마세요. 모든 사람은 그 안에 모든 자질을 가지고 있으니, 그 안에 있는 좋은 자질에 반응하고, 대신 그들의 평화로움을 존중하세요. 이러한 자질에 집중할 수 있을 때, 좋은 것이 표면으로 떠오를 것입니다. 만약 다른 사람들이 계속해서 부정적인 말을 한다면, 신경 쓰지 마세요. 의식을 바꾸기를 원하세요. 그들은 여러분 안에 부정적인 것을 반영하고 있기 때문에 여러분의 의식이 정말로 변화할 때, 부정적인 사람들이 당신 곁을 떠날 것입니다. 비록 좌절감을 느낄지라도, 여러분의 업무 공간에서 여러분이 가지고 싶은 것을 긍정적으로 확언하기 시작하세요. 그리고 기쁨과 감사함으로 그것을 받아들이세요.

한 여성은 직장에서 자신이 좋아하는 일을 하고 그 경험을 통해 성장할 수 있는 기회를 가졌습니다. 하지만, 그녀는 계속해서 병에 걸렸고 그것이 그녀의 성장에 걸림돌이 되었습니다. 그녀는 자신이 어렸을 때 항상 아팠던 것을 떠올렸는데, 그것이 사랑과 애정을 얻는 그녀의 방법이었다는 것을 알게 되었습니다. 그래서 그녀는 어른이 되어서도 병에 걸리는 패턴을 계속해서 재현했던 것입니다.

그녀가 배워야 할 것은 어떻게 하면 더 긍정적인 방법으로 사랑과 애정을 얻을 수 있을까 하는 것이었습니다. 직장에서 무슨 일이 생기면, 그녀는 바로 5살 소녀로 돌아갔습니다. 이제 그녀는 내면의 작은 아이를 돌보기 시작했으며 안전함을 느끼고 자신의 힘을 받아들이는 법을 배웠습니다.

경쟁과 비교는 우리의 창의성을 방해하는 큰 걸림돌입니다. 당신만의 개성은 다른 모든 것들과 차별화됩니다. 인류가 시작된 이후로 당신 같은 사람은 한 번도 없었는데, 비교하거나 경쟁할 만한 게 뭐가 있을까요? 비교는 여러분이 우월감을 느끼거나 열등감을 느끼게 하는데, 이것은 여러분의 에고 ego이자 제한된 사고방식의 표현입니다. 만약 여러분이 자신을 조금 더 돌보이게 하기 위해 비교한다면, 다른 누군가가 충분하지 않다고 말하고 있는 것입니다.

남을 깎아내리면 자신이 더 나아진다고 생각합니다. 당신이 정말 원하는 것이 다른 사람들에게 자신을 평가받게 만드는 것입니까? 우리는 모두 어느 정도는 남보다 우월해지려고 남과 비교 경쟁합니다. 이제는 그런 것을 초월할 수 있으면 좋겠습니다. 그 시삭은 내면으로 들어가 당신 내면의 밝은 빛을 더 밝게 비추는 것입니다. 그렇게 할 때 당신 안에 있는 어둠이 무엇이든, 밝은 빛으로 그것을 사라지게 할 수 있습니다.

다시 한 번 말하지만 모든 것이 변합니다. 한 때 당신에게 완벽했던 것은 더 이상 그렇지 않을 수도 있습니다. 당신이 계속 변화하고 성장하기 위해서는, 당신은 내면으로 들어가서 지금 여기에서 당신에게 딱 맞는 내면의 소리를 들으세요.

비즈니스 수행 방식 변화

지난 몇 년간, 저는 출판 사업을 운영해 왔습니다. 저는 일이 너무 많을 거란 걸 알았지만 우편물을 열어보고, 전화를 받고, 그때그때 일어나는 일을 바로 처리하는 것을 목표로 했습니다. 우리 회사의 직원들이 그런 모토로 하루하루 해 나갔기 때문에 사업은 처음에는 한두 명에서 20명이 훨씬 넘는 규모로 성장했습니다.

우리는 회의를 열고 마칠 때 긍정적인 말로 인도하는 영적 원칙에 따랐습니다. 긍정적인 에너지가 감돌도록 회사를 운영했습니다. 다른 사업체들을 비난하며 경쟁에 치중하고 있는 타 사업체들도 있었습니다. 우리는 그런 에너지를 내보내면 우리에게 더 안 좋은 에너지가 두 배로 들어올 것을 알았기에 동료들에게 해가 되는 방식으로 일하기를 원하지 않았습니다.

우리는 철학에 따라 살기로 했기 때문에 사업현장에서 만연된 오래된 개념에 타협하며 운영하지 않기로 결정 했습니다. 만약 문제가 생긴다면, 우리는 우리가 바꾸고 싶은 것을 긍정 확언하는 데 시간을 할애하기로 했습니다.

직원들이 다른 직원으로부터 화내는 소리를 듣거나 판단하지 않고도 화를 풀 수 있는 방음 처리가 된 '스트레스 해소 소리 지르기 방'도 마련했습니다. 그곳은 명상을 하거나 휴식을 취할 수 있는 공간이기도 했고, 사람들이 들을 수 있는 오디오 명상이나 긍정적인 말을 들려주는 테이프도 넉넉하게 구비해 두었습니다. 그곳은 직원들이 힘들 때 머물 수 있는 안전한 피난처가 되었습니다.

컴퓨터 시스템에 많은 문제가 생겼던 때가 생각납니다. 매일같이 어떤 것들이 고장 났습니다. 저는 기계가 우리의 의식을 반영한다고 믿기 때문에, 우리 중 많은 사람들이 부정적인 에너지를 컴퓨터에 보내고 있고 계속 고장 나기를 바라고 있다는 것을 알게 되었습니다. 컴퓨터에게 "좋은 아침, 오늘 기분은 어때? 나는 사랑받을 때 일이 잘 된단다. "사랑한다 컴퓨터야!" 라고 확언을 했습니다. 아침에 모두가 컴퓨터를 켜면 그 메시지가 실현되었습니다. 놀라운 사실은 더 이상 컴퓨터에 문제가 생기지 않았다는 겁니다.

때때로 우리는 특히 직장에서 일어나는 일들을 "재난"이라고 생각합니다. 하지만 우리는 다르기 바라봐야 합니다. 재앙 같아 보이는 그 일은 항상 우리에게 가르침을 주는 순전히 배움의 경험들이기 때문입니다. 좋은 배움이 되지 못했던 재앙은 벌어진 적이 없습니다. 그 일은 결국 교훈이 됩니다. 생각해보면 재난이라고 생각했던 것이 제 삶에서 더 나은 의식으로 저를 성장시켜 주었습니다.

예를 들어, 최근 저희 회사 "헤이 하우스" 운영이 좋지 않았습니다. 경제라는 것이 그렇듯, 우리의 매출도 오르락내리락할 것이고, 그것이 잠시 동안 매출 하락으로 이어졌습니다. 하지만 우리는 몇 달 동안 그것에 적응하지 못했고 매달 수입보다 지출이 더 많았습니다. 사업을 해 본 사람이라면 아시겠지만 이렇게 하면 안 되죠. 결국 제가 어떤 '극단의 조치'를 취하지 않으면 사업을 잃을 것 같은 지경에 이르렀습니다.

그 "극단 조치"에는 제 직원의 절반 이상을 해고하는 것도 포함되어 있었습니다. 제가 그걸 하는 게 얼마나 어려웠는지 짐작이 가실 거예요. 소식을 전하기 위해 직원들이 모두 모여 있는 회의실로 걸어 들어간 기억이 나네요. 저는 눈물을 흘렸지만, 해야만 한다는 것을 알고 있었습니다. 우리 모두가 힘들었던 만큼, 저 또한 제가 너무 사랑하는 직원들이 곧 새롭고 더 좋은 직업을 찾을 것이라고 믿었습니다. 그리고 거의 대부분이 바라던 대로 되었습니다! 심지어 몇몇은 매우 성공적인 자신만의 사업을 일궜습니다. 가장 어두운 그 때에, 저는 이 경험이 모든 관계자들에게 가장 좋은 것으로 판명될 것이라는 것을 계속 알았고, 확언을 했습니다.

물론, 다른 대다수의 사람들은 최악의 상황을 가정했습니다. 헤이 하우스가 파산했다는 소문은 제가 아는 사람들 사이에만 퍼진 것이 아니라 나라 전체에 퍼지고 있었죠. 우리 영업사원들은 우리 회사의 재정 상태는 고사하고 많은 사업가들이 우리 회사에 대해 알고 있다는 사실에 놀랐습니다. 우리는 그들의 예측이 틀렸다는 것을 증명하는 것에 큰 기쁨을 느꼈습니다. 허리띠를 엄청 졸라매서, 우리는 결국 파산하지 않았습니다.

우리는 더 적은 직원이지만 꼭 다시 회사를 일으킬 것이라고 결심했습니다. 우리는 그것을 잘 이겨냈습니다. 더 중요한 것은 우리는 이를 통해 정말 많은 것을 배웠다는 사실입니다.

그런 가운데 헤이 하우스는 지금 그 어느 때보다 좋은 성과를 내고 있습니다. 저의 직원들은 그들의 일을 즐기고 있고 저 역시 직원들에게 만족합니다. 우리 모두가 전보다 더 많은 일을 하고 있지만, 흥미로운 것은 아무도 자신이 할 일이 너무 많다고 느끼지 않는다는 것입니다. 심지어 지금까지 전보다 더 많은 책을 출판하고 있고, 삶의 모든 영역에서 훨씬 더 많은 번영을 끌어 모으고 있습니다.

저는 모든 것이 결국 가장 잘 되는 것이라고 믿지만, 감원을 경험을 하는 과정 중에는 그렇게 보는 것은 쉽지 않습니다. 당신의 직장이나 과거에 있었던 부정적인 경험을 떠올려보세요. 해고당했거나 배우자가 떠났을 수도 있어요. 이제 그것 너머 있는 큰 그림을 보세요. 그 경험으로 인해 좋은 일이 많이 생기지 않았나요?

"네, 그건 저에게 일어난 끔찍한 일이었어요. 하지만 그 일이 아니었다면, 전 절대 그런 사람들을 만나지 않았을 거예요. 아니면 내 사업을 시작하지 못했겠죠." 또는 "제가 중독에 걸렸다는 걸 인정하게 되었고, 제 자신을 사랑하는 법을 배우게 되었죠." 라는 말들을 많이 들었습니다.

우리에게 가장 좋은 방식으로 삶을 경험할 수 있도록 이끄는 신의 신성한 뜻을 믿어보세요. 우리의 삶에 일어나는 모든 것, 좋은 것뿐만 아니라 나쁜 것까지 실제로 즐길 수 있는 힘을 갖게 해주려는 지혜입니다. 이것을 당신의 업무 경험에 적용해보고 일어나는 변화를 알아차려보세요.

사업을 소유하거나 운영하는 사람들은 신의 지성이 발현될 수 있도록 시작해보세요. 직원들과의 소통의 문을 열어두고, 그들의 업무에 대한 감정을 안전한 방식으로 표현할 수 있도록 해주는 것이 중요합니다. 사무실이 일하기 좋은 깨끗한 곳이어야 합니다. 사무실의 어수선함은 일하는 사람들의 의식을 반영합니다. 모든 물리적인 공간이 어수선하다면 어떻게 정신적 또는 지적 업무가 제시간에 잘 이루어질 수 있을까요? 당신이 바라는 비즈니스 철학을 반영하여 회사의 목적을 채택할 수도 있습니다. 헤이 하우스는 "우리가 서로 사랑할 수 있는 안전한 세상을 만드는 것"을 목적으로 합니다. 신의 지성이 사업의 모든 측면에서 발현되도록 허락할 때, 모든 것은 신의 계획에 따라 의도적으로 흘러갑니다. 가장 멋진 기회들이 당신의 눈앞에 펼쳐질 것입니다.

저는 많은 기업들이 변화하기 시작하고 있는 것을 봅니다. 경쟁과 갈등을 일삼는 낡은 방식으로는 사업이 살아남지 못할 때가 올 것입니다. 언젠가 우리는 모두에게 충분한 것이 있고 서로 축복하고 번영한다는 것을 알게 될 것입니다. 기업들의 우선순위는 경쟁이 아닌 그 기업의 근로자들이 자신의 창의력과 재능을 표현하여 그들의 제품과 서비스로 이 세상에 선한 이익을 주는 것에 두어야 합니다. 사람들은 그들의 일에서 단순히 월급만을 원하는 것이 아님을 알아야 합니다. 월급 이상의 것을 얻기를 원합니다. 그들은 세상에 기여하고 싶고 성취감을 느끼고 싶어합니다. 미래에는 세계적인 차원에서 이런 선을 추구하는 능력이 물질주의의 필요성을 무색하게 할 것입니다.

제13장
가능성의 전체성

우리 모두는 우주와 모든 생명체와 완전히 연결되어 있습니다.
우리의 의식의 지평을 넓히는 힘은 우리 안에 있습니다.

이제 좀 더 영역을 넓혔으면 좋겠어요. 만약 당신이 걸어온 그 길에서 스스로 만족스럽게 일궈 냈다면 그것이 더 이상 할 일이 없다는 것을 의미할까요? 당신은 정말로 당신의 영광에 안주하며 쉴 건가요? 아니면 진정한 평생 직업이란 내면의 일이라는 것을 깨달으셨나요? 내면 치유 작업엔 은퇴가 없다는 것을 깨달으셨나요? 물론 시끄러운 일터가 아닌 조용한 곳으로 떠나 잠시 휴가를 보낼 수 있지만, 기본적으로는 내면의 작업은 평생 할 가치가 있습니다. 여러분은 자신에게 여전히 연구해야 하는 분야가 무엇인지 그리고 무엇이 필요한지를 물어보고 싶을 것입니다. 당신은 건강하십니까? 행복하세요? 번창하고 있습니까? 창조적으로 실현해가고 있습니까? 안전하다고 느끼나요? 더 이상 불안하지 않나요?

과거로부터 배운 한계

제가 많이 쓰는 표현이 하나 있습니다.

"가능성의 총체"

저는 이 개념을 뉴욕에서 초년 교사 시절에 에릭 페이스에게서 배웠어요. 그 말은 저에게 큰 신선함을 주었습니다. 가능성의 총체라는 말은 자라오면서 가졌던 제한된 믿음으로부터 벗어나, 제가 생각했던 가능성 이상의 훨씬 뛰어난 제 자신이 되도록 해주었습니다.

어린 시절 어른들과 친구들의 스쳐가는 비난은 그저 그들이 일진이 안 좋거나 작은 실망의 결과일 뿐이지, 사실이 아니라는 것을 그때는 알지 못했습니다. 저는 이러한 저에 대한 생각과 믿음을 기꺼이 받아들였고, 그로 인해 그것들은 제 한계점의 일부가 되었습니다. 그 믿음이 어색해 보이거나 멍청해 보이게 했습니다. 멍청해 보이지는 않았지만 확실히 느꼈지요.

대부분의 우리는 5살이 될 때쯤 삶에 대한 믿음을 갖게 되죠. 우리는 10대를 거치며 조금 그 믿음을 더하게 되고, 나이가 들면서 조금씩 믿음을 더 보태지만, 그것은 5살 때까지 생긴 믿음에 비하면 변화가 약해요. 대부분의 사람들에게 어떤 주제에 대해서든 왜 이러쿵저러쿵 믿는지 물어보고, 역추적해보면, 그들은 그 주제에 대해 이 어린 나이에 어떤 결정을 내렸음을 알게 됩니다.

우리는 5살 의식의 한계 속에서 살고 있다고 볼 수 있죠. 한계는 우리가 부모님으로부터 받아들인 겁니다. 우리는 여전히 부모님의 의식의 한계 속에서 살고 있습니다. 세상에서 가장 훌륭한 부모일지라도 모든 것을 알지 못하고, 나름의 한계가 있으니까요. 우리는 그들이 말한 것을 말하고 그들이 한 것을 실행합니다. "너 그러면 안 된다. 그렇게 하는 건 도움이 안 돼."

하시만, 부모님들의 눈에는 중요해 보일지 모르시만 그 세한들이 우리에게는 필요 없답니다. 우리가 가진 믿음 중 일부는 긍정적이고 자양분이 되기도 합니다. "길을 건너기 전에 양쪽을 모두 보고 건너라!"라거나 "신선한 과일과 채소는 몸에 좋다" 와 같은 생각들이 우리 삶의 모든 것에 도움이 되었으니까요.

어린 나이에는 유용할 수 있는 생각들이 있습니다. 그러나 우리가 나이가 들면서, 그것들은 더 이상 적절하지 않기도 합니다. 예를 들어, "낯선 사람을 믿지 마라"는 어린 아이에게 좋은 조언이 될 수도 있습니다. 성인이 되어서도 이 믿음대로 사는 것은 고립과 외로움만 만들 뿐입니다. 한 가지 희망적인 소식은 이러한 모든 것들이 우리가 항상 우리의 삶에 맞게 조율할 수 있다는 것입니다.

'난 못하겠다', '아마 안 될 거야', '돈이 모자라.' '과연 주변사람들은 어떻게 생각할까?'라고 말하는 순간 우리는 한계에 갇히게 됩니다. "이웃들, 제 친구들, 제 동료들, 혹은 누구든 어떻게 생각할까요?"라며 자꾸 주변을 의식하는 것이 가장 심각한 장애물입니다. 이런 생각을 하면서 우리는 하지 않아도 되는 좋은 변명거리를 만듭니다. 왜냐하면 그들은 그렇게 하지 않을 테니 그들은 찬성하지 않겠죠. 주변사람들의 생각들도 변하기 때문에 그 주변사람의 생각을 전제로 선택하는 것을 계속 한다는 것은 어리석은 판단입니다.

누군가 "아무도 이런 식으로 이걸 해낸 사람은 전에 없었어."고 말한다면, 당신은 "그래서? 뭐?"라고 말할 수 있지요. 어떤 일을 하는 데는 수백 가지의 방법이 있으니까요. 당신에게 맞는 방법대로 하세요. 그러나 우리는 어떤 말을 스스로에게 하고 있나요? "나는 충분히 강하지 않아" 또는 "나는 충분히 젊지 않아" 또는 "나는 충분히 키가 크지 않아" 또는 "이건 여자가 할 일이 아니야." 이건 남자가 할 일이 아니지"와 같이 성별까지도 못 마땅하게 여기는 터무니없는 메시지들이 아닌가요.

얼마나 자주 당신의 성별에 불만을 가졌나요? "내가 여자이기 때문에, 나는 이것을 할 수 없어." 또는 "내가 남자이기 때문에, 나는 그것을 할 수 없어." 당신의 영혼에는 성이 없습니다. 당신은 영적인 교훈을 배우기 위해 태어나기 전에 당신의 성별에 이미 동의한 셈예요. 성별 때문에 열등감을 느끼는 것은 아주 궁색한 변명이자 당신의 힘을 포기하는 또 다른 방법일 뿐입니다.

우리의 한계는 무한한 가능성을 표현하고 경험하는 것을 종종 막기도 합니다.

"저는 사실 제대로 된 교육을 받지 못했습니다."

우릴 멈추게 만든 사람이 몇 명이나 되나요? 교육은 '우리 방식대로 하지 않으면 어쨌든 할 수 없어.'라고 말하는 사람들의 집단이 꾸민 과정이라는 사실을 깨달아야 합니다. 우리는 그것을 한계로 받아들일 수도 있지만 넘어설 수도 있습니다. 저는 고등학교 중퇴자였기 때문에 아주 오랫동안 그 한계

대로 생각했습니다. "아, 나는 어떤 교육도 받지 못 했어. 나는 생각할 줄 몰라. 저는 "좋은 직장을 구할 수가 없어요. 아무것도 잘 할 수 없어."라고 스스로에게 말했습니다.

그러던 어느 날 한계라는 것은 내 마음 속에만 존재하고 현실과는 전혀 무관하다는 것을 깨닫게 되었습니다. 내가 나 자신의 제한적인 믿음을 버리고, 무한한 가능성으로 나아가는 것을 허락했을 때, 내가 생각을 할 수 있다는 것을 알게 되었습니다. 내가 매우 똑똑하고 의사소통을 할 수 있다는 것을 발견했어요. 과거의 한계로 봤을 때 불가능해 보였던 것들이 이제는 모든 종류의 가능성으로 보이기 시작했습니다.

우리 안에 있는 잠재력을 제한하는 것

모든 것을 다 안다고 생각하는 사람들도 있습니다. 모든 것을 알고 있다고 믿는 것에도 문제점이 있습니다. 그 문제점이란 성장을 막고, 새로운 것이 들어올 공간을 마련할 수 없다는 것입니다. 여러분은 자신보다 더 큰 힘과 무한 지성이 있다는 것을 믿나요? 아니면 물리적인 신체를 우주의 전부로 생각하나요? 만약 당신이 후자의 경우로 생각한다면, 당신은 당신의 제한된 정신 때문에 겁먹은 채로 도망갈 것입니다. 이 우주에 훨씬 더 위대하고 지혜로운 '힘'이 있다는 것을 깨닫길 바랍니다. 그리고 당신은 그 힘의 일부라는 사실도요. 그렇게 한다면 당신은 무한한 가능성이 발현될 수 있는 공간 안으로 들어가게 됩니다.

당신은 현재 의식의 한계 안에 살아가고 있지 않나요? 당신이 "난 할 수 없어."라고 말할 때마다, 당신 앞에 정지 표지판을 놓는 것과 마찬가지입니다. 자신의 내면의 지혜로 가는 문을 닫게 됩니다. 내면의 지혜는 영적 지식이자 에너지의 흐름입니다. 당신이 '할 수 없다'는 생각과 말로 그 문을 차단하게 됩니다. 오늘 당신이 믿고 있었던 것들을 넘어서 보는 건 어떨까요? 오늘 아침에도 특정한 개념과 생각을 가진 채로 눈을 떴겠지요. 당신은 그 생각들 이상의 것을 넘어설 능력이 있습니다. 훨씬 더 멋진 현실을 경험하게 해 줄 능력이 있습니다. 그 능력이란 바로 "배움"이라고 합니다. 배움을 통해 우리는 새로운 것들을 받아들이고 있습니다. 그것은 이미 알고 있는 것과 같은 것일 수도 있고 그것보다 훨씬 좋은 것일 수도 있습니다.

더 이상 입을 필요가 없는 옷이나, 이상하다 싶은 옷은 옷장을 정리하면서 버립니다. 정리를 시작할 때 나눠주고자 하는 물건들을 한쪽에 쌓아 두고, 너 이상 쓸 수 없는 것들을 버릴 거예요. 그리고 나서 당신이 다시 자리를 잡아 정리를 할 때 이 전의 방법과는 전혀 다른 방식으로 넣습니다. 그렇게 하면 새로운 옷들을 위한 공간도 만들면서 꺼내 입을 옷을 찾는 것도 훨씬 쉬워집니다. 만약 정리되지 않은 옷장에 구입한 새 옷을 넣는다면 그 옷은 아마 다른 헌 옷들 사이에 쑤셔 박힐 거예요. 먼저 옷장을 정리해서 비우고 다시 정리하세요. 그래야 옷을 샀을 때 자리도 생길 겁니다.

우리의 마음도 똑같은 과정이 필요합니다. 더 이상 효과가 없는 생각(개념)들은 새로운 가능성들을 위한 공간을 위해 깨끗이 비워내야 합니다. 신이 있는 곳은 무엇이든 가능합니다. 신은 또한 개개인 안에 다 들어가 있습니다. 우리가 선입견을 계속 유지한다면, 우리는 차단될 것입니다. 누군가 아프다

칩시다. 당신은 "어머나, 가여워라. 얼마나 고통을 받고 있을까"라고 말하나요? 아니면 그저 그 사람 안에 있는 신성한 힘의 건강함을 확언하며 건강해진 존재의 진실을 그 사람에게서 바라보나요? 모든 가능성을 볼 수 있나요? 그리고 기적이 일어날 수 있다는 것도 아나요?

예전에 만났던 어떤 사람이 있었습니다. 그는 다 큰 성인이 변하는 것은 절대 불가능하다고 아주 단호하게 말했습니다. 그는 사막에 살고 있었고 온갖 병을 가지고 있었고, 재산을 팔고 싶어 했습니다. 그는 생각을 바꾸고 싶지 않아서 구매자와 협상할 시간이 왔을 때 매우 경직되어 있었습니다. 그의 방식대로만 해야만 했습니다. 그가 자신은 결코 변할 수 없다는 신념을 가진 채로는, 그의 재산을 파는 건 힘겨운 과정이 될 것이 뻔했습니다. 그가 해야 하는 것은 오직 의식을 열어 새로운 생각의 방식을 갖는 것입니다.

우리의 지평선 확장(경험을 넓히는 것)

어떤 것들이 우리로 하여금 충분한 가능성의 세계로 나아가는 것을 막고 있을까요? 또 무엇이 우리를 제한할까요? 모든 두려움은 한계를 둡니다. 당신이 두려워하면서 이렇게 "나는 할 수 없어. 그건 잘 되지 않을 거야."라고 한다면 무슨 일이 벌어지는지 아세요? 당신이 생각으로 만든 그 두려워하는 경험들이 일어날 겁니다. 판단 역시 또 다른 한계입니다. 우리 중 어느 누구도 판단 받는 것을 좋아하지 않습니다. 그러나 우리가 얼마나 자주 판단을 하고 있나요? 우리는 판단하면서 한계를 더 키워나갑니다. 우리가 우리 자신을 판단하고 비판할 때마다 그것이 비록 상당히 사소한 것들이라 할지라도 그 비난과 판단이 당신에게 그대로 돌아온다는 것을 잊지 마세요. 아마 당신의 가능성에 한계를 두는 것을 멈추고 당신이 무언가 멋진 것을 생각하도록 변하고 싶어 할지도 모릅니다.

판단하는 것과 의견을 말하는 것은 다릅니다. 여러분은 평가해달라고 요구받아본 적이 있을 겁니다. 그것은 사실상 의견을 물어본 것입니다. 의견이란 특정한 대상에 대해서 당신이 어떻게 느끼고 생각하는가를 말합니다. 예를 들면, 의견이란 "나는 파란색을 입는 것보다 빨간 색을 입는 게 더 좋아. 나는 이런 일을 안 하는 게 더 좋아." 같이 말이죠. 그러나 누군가에게 이렇게 말하는 것은 잘못된 것입니다. 왜냐하면 그렇게 말하는 것은 파란 옷을 입었을 때 그것이 잘못되었다고 평가하는 것이기 때문입니다.

우리는 의견과 판단을 잘 구별해야 합니다. 기억하세요. 비판은 항상 자기 자신과 다른 사람을 틀렸다고 말하는 것입니다. 누군가가 당신의 의견과 당신의 기호를 묻는다면 그것이 상대에 대한 판단이나 비판이 되지 않게 하세요.

마찬가지로 당신이 죄책감에 빠져 있다면 당신은 한계를 두고 있다는 겁니다. 때론 당신이 누군가를 아프게 했다면 미안하다고 말하며 더 이상 그 사람을 아프게 하지 마세요. 그거면 되는 거예요. 죄책감의 감정에 머물지 마세요. 계속 죄책감을 느낀다면 당신에게 오는 좋은 것들을 경험하는 것을 차단할 거예요. 지금의 현실과 과거 그 때의 경험은 더 이상 관련이 없답니다.

당신이 용서하려고 하지 않으면 당신의 성장을 제한하게 됩니다. 용서야말로 당신의 영적인 자아의 잘못된 부분을 바로 잡게 해준답니다. 원망보다는 이해를, 증오 대신 연민을 가질 수 있게 될 거예요.

당신의 문제를 성장할 기회로 바라보세요. 문제가 생겼을 때 한계가 정해진 생각들로 제한된 것들만 보고 있진 않나요? "오, 불쌍한 나, 나에게 왜 이런 일이 생긴 거야?"라고 생각하나요? 당신은 상황이 어떻게 될지 항상 알 필요는 없어요. 오히려 내면의 힘과 존재를 믿어야 해요. 그것은 당신이 처해 있는 상황보다 훨씬 뛰어나죠. 그러니 "모든 것은 잘 될 것이고 최상의 선으로 이어질 것이다."라고 확언을 하세요. 문제가 생겼을 때 당신을 가능성의 세계로 열어두세요. 당신은 변화를 만들 수 있어요. 그 변화는 놀라운, 감히 상상도 못한 방식으로 이뤄질 거예요.

살아가면서 우리는 "이 문제를 어떻게 풀어야 할지 모르겠어."라고 말할 때를 만납니다. 마치 캄캄한 벽이 내 앞에 가로 막은 것처럼 말이죠. 하지만 우리는 그것이 무엇이든지 간에 잘 겪어 내고 지금 이 자리에 있습니다. 어쩌면 그것이 어떻게 일어났는지 모르지만 그 일은 벌어졌습니다. 우리가 우리 자신을 하나의 지성, 그것은 우리 안에 있는 진실과 힘이라고 하죠. 그 우주 에너지에 우리 자신을 일치시킬수록 그 놀라운 가능성들은 더 빠르게 실현 될 수 있습니다.

우리 모두는 살면서 "이 문제를 어떻게 풀어야 할지 모르겠다"라고 말한 적이 있습니다. 벽에 부딪힌 것처럼 보였지만, 우리는 지금 여기에 모두 있고, 그것이 무엇이든 간에 우리는 노력했습니다. 어쩌면 어떻게 된 일인지 몰랐을 수도 있지만, 실제로 일어났어요. 우리가 우리 안에 있는 우주 에너지, 하나의 무한 지성, 진실과 힘과 더 많이 일치할수록, 그 놀라운 가능성들은 더 빨리 실현될 수 있습니다

집단의식

제한된 사고와 신념은 뒤로하고 이제는 좀 더 삶을 바라보는 '의식'을 일깨우는 것이 꼭 필요합니다. 이 행성에서 의식의 발달은 점점 높아지고 그 발전의 속도는 그 어느 때보다 빠르게 일어나고 있습니다. 전에 정말 인상적인 그래프 하나를 보았습니다. 그것은 우리 역사에서 다양한 시스템의 성장과 그것들이 어떻게 변해왔는지를 보여주었습니다. 농업의 발전은 산업 성장에 의해 빛을 발하고, 1950년경에는 통신과 컴퓨터 운영이 널리 보급되면서 정보화 단계가 시작되었습니다.

이러한 정보화 시대와 더불어 정보화 시대를 훨씬 앞서가고 있는 '의식 성장' 관련 움직임을 보여주는 그래프도 있습니다. 그것은 무엇을 의미하는 걸까요? 제가 여행을 많이 하는데 어디를 가든 공부하고 배우는 사람들을 보게 됩니다. 호주, 예루살렘, 런던, 파리, 암스테르담과 같은 여행지에서는 가는 곳마다 자신을 확장하고 깨우칠 방법을 모색하는 수많은 사람들을 만났습니다. 그들은 자신들의 마인드가 어떻게 작용하는지에 대해 큰 관심을 가지고 있었고, 그들의 삶과 경험을 잘 다스리기 위해 그들의 지혜를 사용하고 있었습니다.

우리는 새로운 차원의 영성에 도달하고 있습니다. 비록 종교 전쟁이 여전히 벌어지고 있지만, 점점 덜 만연해지고 있고, 더 높은 수준의 의식에서 서

로 연결되기 시작했습니다. 베를린장벽의 붕괴와 유럽에서의 자유의 탄생은 바로 우리의 의식이 확장되었음으로 보여주는 사례입니다. 자유는 이제 태어나면서 갖는 당연한 권리가 되었지요. 개개인의 의식이 깨어남에 따라 집단의식도 자연스럽게 영향을 받게 됩니다.

여러분이 의식을 긍정적인 방향으로 사용할 때마다, 같은 부류의 다른 사람들과 연결되어 갑니다. 반대도 마찬가지 입니다. 의식을 부정적으로 사용할 때마다 당신은 부정적인 부류의 다른 이들과 연결됩니다. 당신이 명상을 한다면 어떨까요? 명상을 하는 지구상의 다른 사람들과 연결되죠. 당신이 자신에게 좋은 것을 시각화하고 있다면 마찬가지로 다른 사람들을 위해서도 좋은 시각화를 하게 됩니다. 그 연결은 당신의 몸의 치유를 위한 시각화를 할 때도 동일하게 일어납니다.

그렇다면 우리의 목표는 과거의 것을 넘어 우리의 사고의 지평을 넓히는 것이어야 합니다. 우리의 의식은 세상에 기적을 일으킬 수는 힘이 있습니다.

가능성의 범위는 모든 것과 연결됩니다. 심지어 우주와 그 이상까지 포함합니다. 당신은 무엇과 연결되어 있습니까? 편견은 하나의 두려움의 형태입니다. 당신이 만약 편견을 가지고 있다면 당신은 다른 편견을 가진 사람들과 연결되어 있는 것입니다.

의식을 열고 무조건적인 사랑의 수준에서 최선을 다해 노력하면 그래프 상에서 위로 성장하는 형태를 그리는 곡선과 연결되죠. 뒤쳐지고 싶나요? 아니면 성장곡선을 타고 위로 올라가고 싶나요?

물론 세상에는 종종 위기가 있습니다. 얼마나 많은 사람들이 어려움에 처한 지역에 긍정적인 에너지를 보내고 있을까요? 또 얼마나 많은 사람들이 모든 것이 가능한 빨리 해결되길 바라며 또한 그 위기와 관련된 모든 사람들의 최고선을 위한 해결책이 있다고 확언하고 있을까요? 모든 사람이 화합하고 풍족할 수 있는 방향으로 의식을 사용할 필요가 있습니다. 당신은 어떤 에너지를 보내고 있나요? 비난과 불평을 거두세요. 당신은 영적 차원에서 강력한 힘과 연결돼 상상할 수 있는 가장 긍정적인 결과를 확언할 수 있답니다.

당신의 생각의 범위를 훨씬 더 멀리 넓힐 수 있습니다. 당신의 이웃에 국한된 생각도 넘을 수 있습니다. 당신이 살고 있는 주변에만 한계를 두고 있다면 새로운 친구들을 사귀어 보세요. 어디까지 뻗어 나가실래요? 혹시 당신이 할 수 없다고 믿는 것을 할 수 있는 것으로 바꾸는 범위까지는 어떨까요?

고칠 수 없다는 말을 들은 적이 있을 거예요. 하지만 그것은 사실이 아니라는 걸 당신의 마음은 알 거예요. 더 큰 힘이 있다는 것을 인지하세요. 저에게 있어 "고칠 수 없다"는 말은 의료계가 특정 질병을 어떻게 치료해야 할지 아직 모른다는 의미예요. 그것은 불가능하다는 뜻은 아닙니다. 우리가 좀 더 용기를 내어 내면을 들여다보고 치료법을 찾아야 한다는 것을 의미하죠. 통계에 갇히지 마세요. 우리는 차트에 있는 숫자가 아니잖아요. 그것은 누군가의 예상이고, 누군가의 제한된 생각입니다.

우리가 스스로에게 가능성을 주지 않는다는 건 희망을 주지 않는 것과 같습니다. 도널드 파슈타Dr. Donald M. Pachuta 박사는 워싱턴 D.C.에서 열린 국립 에이즈 회의에서 이렇게 말했습니다.

"우리는 지금까지 완벽하게 치명적인 전염병을 앓은 적이 없습니다. 모든 것은 각자의 운명이었을 뿐입니다"

지구 어딘가의 누군가는 우리가 만들어 내고 있는 모든 질병들을 이겨낸 사람들도 있습니다. 그러니 우리가 그저 그런 병이 주는 파멸성과 암울함에 갇혀 한계를 뛰어넘는 노력을 멈춘다면 결코 그 한계를 뛰어넘을 수 없습니다. 답을 찾을 수 있도록 긍정적인 접근을 해야 합니다. 우리는 스스로를 치유할 수 있습니다. 우리 안의 힘을 사용하는 것으로 시작하세요.

우리의 다른 힘

우리는 뇌의 10%만을 사용한다고 합니다. 나머지 90%의 용도는 무엇일까요? 영적 능력, 텔레파시, 투시력, 초인적인 능력을 갖는 것은 모두 정상적인 일이고 자연스러운 것이라고 생각합니다. 단지 우리는 이러한 현상을 경험하는 것을 허용하지 않을 뿐입니다. 우리가 할 수 없는 이유, 혹은 할 수 있다고 믿지 않는 이유에는 여러 가지가 있습니다. 어린 아이들은 종종 영적 능력이 있습니다. 불행하게도, 부모들은 즉시 "그런 말을 하지 마", "그건 네 상상력이야", 또는 "그 바보 같은 헛소리는 믿지 마."라고 말합니다. 어쩔 수 없이 아이들은 이러한 능력을 꺼버립니다.

마음은 놀라운 힘을 가지고 있습니다. 마음의 힘으로 그리고 비행기를 타지 않고 뉴욕에서 로스앤젤레스로 갈 수 있다는 것을 확실히 알고 있습니다. 만약 그곳에서 비물질화 했다가 다시 물질화할 수 있는 방법만 안다면 말이죠. 방법은 아직 모를 뿐이지 가능하다는 것은 압니다.

우리가 놀라운 마음이라는 능력을 가지고 있지만, 아직 그것을 선한 목적으로 사용하지 않을 것이기 때문에 깨닫지 못할 뿐이라고 생각합니다. 아직 때가 아니라서 그에 맞는 지식이 오지 않는 것일 수도 있습니다. 왜냐하면 사람들은 그 지식을 악용할 수 있기 때문입니다. 우리는 아마 그 지식으로 다른 사람들을 다치게 할 수도 있을 것입니다. 우리는 정말로 무조건적인 사랑 속에서 살 수 있는 지점에 도달해야 합니다. 그래야 나머지 90%의 뇌를 사용할 수 있습니다.

불 위를 걷기

세미나에서 파이어 워킹이라고 들어본 적이 있는지 물어볼 때마다 항상 몇몇 사람들이 손을 듭니다. 물론 뜨거운 석탄 위를 걷는 것이 완전히 불가능하다는 것을 알고 있습니다. 그렇죠? 아무도 발을 데지 않고는 할 수 없습니다. 하지만 해 본 사람들이 있습니다. 그들은 저와 여러분과 같은 사람들로 특별한 사람들이 아닙니다. 그들은 아마도 '파이어 워킹' 워크숍에 참석함으로써 하루 밤 안에 그것을 배웠을 겁니다.

제 친구 다비 롱은 암 전문의인 칼 시몬턴 박사와 함께 일합니다. 그들은 암에 걸린 사람들을 위해 일주일 동안 워크숍을 하고, 주중에는 불길 걷기 시범을 합니다. 다비는 스스로 여러 번 했고 심지어 사람들에게 뜨거운 석탄을 건너게 했습니다. 생각해보면 암에 걸린 사람들이 그런 과정을 보고 경험한다는 것이 정말 놀라운 일입니다. 아마 저 뿐 아니라 많은 사람들을 놀라게 할 거예요. '한계'라는 그들의 개념은 나중에 분명 달라질 것입니다. 이 나라에서 파이어 워킹을 시작한 앤서니 로빈스라는 젊은이가 지구상에서 정말 대단한 일을 하기 위해 왔다고 믿습니다.

앤서니 로빈스는 NLP Neuro Linguistic Programming를 공부했습니다. NLP는 사람들의 행동을 관찰한 뒤 이를 역으로 추적해서 어떨 때 사람들이 특정한 행동을 하게 되는지 그 실마리들을 찾아내는 학문입니다. NLP는 존 그라인더 Jon Grinder와 리처드 밴들러 Richard Bandler가 체계적으로 관찰하고 기록한 밀턴 에릭슨 Milton Ericson, M.D.의 최면 기술을 기반으로 합니다. 토니가 파이어 워킹에 대해 들었을 때, 그는 파이어 워킹을 배우고 싶었고, 자기 뿐 아니라 그것을 다른 사람들에게 가르치고 싶었습니다. 그는 한 요가 수행자로부터 그것은 수년간의 연구와 명상이 필요할 것이라고 들었습니다. 하지만, NLP를 사용하여 토니는 몇 시간 안에 그것을 배웠습니다. 그는 자신이 할 수 있다면 누구나 할 수 있다는 것을 알고 있었습니다. 그는 사람들에게 석탄 위를 걷는 법을 가르쳐왔는데, 그것이 눈속임이 아닌 한계와 두려움을 뛰어넘는 방법을 보여주기 때문입니다.

모든 것이 가능

다음 문장을 읽어 보세요.

"나는 모든 가능성의 총체 속에서 살고 있다. 내 주변에는 언제나 좋은 일들만 가득하다."

이 단어들을 잠시 생각해 보세요. '약간' 좋은 것도 아니고 '조금' 좋은 것도 아니고 **'다' 좋다**고 말했습니다. 무엇이든지 가능하다고 믿을 때, 당신은 인생의 모든 영역에서 해답의 문을 열어 두는 것입니다.

우리가 있는 곳에는 모든 가능성이 열려 있습니다. 하지만 그것은 언제나 개인적으로 그리고 집단적으로 우리가 하기 나름입니다. 우리는 우리 주변에 벽을 세울 수도 있고 벽을 허물어 우리 삶에 모든 선한 것들이 들어올 수 있도록 개방할 수도 있습니다. 그러면 안전함을 느낄 수 있습니다. 여러분 자신을 객관적으로 관찰하기 시작하세요. 여러분 안에서 무슨 일이 일어나고 있는지, 어떻게 느끼는지, 어떻게 반응하는지, 무엇을 믿는지 주목해 봐요. 어떤 평가나 판단 없이 여러분 자신이 관찰할 수 있도록 허락하세요. 당신이 그럴 수 있을 때 모든 가능성의 총체 안에서 삶을 살 것입니다.

The Power is within you

5부
과거와의 이별

지금, 우리 지구가
서서히 영혼의 눈을 뜨고 있습니다.
그리고 자의식을 갖기 시작합니다.

제 14 장

변화와 그 과정

세상에는 자신이 변하느니
차라리 죽는 편이 쉽다고 말하는 사람들도 있습니다.

보통 우리는 변화의 대상이 자신이 아닌 다른 사람이기를 원하죠. 그렇지 않나요? 다른 사람의 범주를 보면 정부, 대기업, 상사 또는 동료, 국세청, 외국인, 학교, 남편, 아내, 어머니, 아버지, 자녀 등 나 자신 말고 다른 사람을 떠올리게 됩니다. 우리는 변화하고 싶지 않지만, 다른 사람들은 변화하기를 원합니다. 그래야 우리의 삶이 달라질 거라고 생각하며 삽니다. 하지만 어떤 변화도 우리 자신 내부에서 시작되어야 합니다.

변화란, 고립, 이별, 외로움, 분노, 두려움, 고통의 감정으로부터 우리 자신을 해방시키는 것을 의미합니다. 우리는 멋진 평화로 가득 찬 삶을 창조합니다. 모든 것은 잘 될 거라는 것을 알기에 우리의 인생을 즐기며 긴장을 풀고 편안한 그런 평화로운 곳이 되길 말이죠. 저는 "인생은 멋지고, 내 세상에서는 모든 것이 완벽하며, 나는 항상 더 큰 선으로 나아간다"는 대전제 아래 사는 것을 좋아합니다. 그렇기에, 내 인생이 어떤 방향으로 가는지는 중요하지 않습니다. 왜냐하면 그것이 결국 멋질 거란 걸 알기 때문입니다. 따라서 저는 모든 상황과 환경을 즐길 수 있습니다.

제 강의 중에 어떤 사람이 떠오릅니다. 그녀는 엄청난 혼란을 겪고 있었는데, 대화에서 계속 고통이라는 단어가 나왔습니다. 그녀에게 혹시 자신이 사용하는 다른 단어가 있는지 물었습니다. 저는 이전에 창문을 쾅 닫으며 손이 껴서 손가락이 부러졌던 적이 있었습니다. 만약 그 고통에 굴복하면 굉장히 힘든 시기를 겪게 될 것을 알고 있었기 때문에 그 일이 일어났을 때 저는 바로 정신 작업을 하기 시작했습니다. 고통을 느끼면서 나의 손가락은 많은 감각이 있다고 말했습니다. 그런 식으로 일어난 일들을 직면하면서 손가락이 훨씬 빨리 치유되었습니다. 아주 기분 나쁜 경험이 될 수도 있었던 일을 처리하는 데 도움이 되었습니다. 때때로 우리가 생각을 조금 바꿀 수 있다면, 우리는 상황을 완전히 바꿀 수 있습니다.

변화를 집안 내부 청소라고 생각해 보면 어떨까요? 한 번에 조금씩만 하다 보면 결국엔 다 될 겁니다. 그러니 결과를 다 알고 나서야 시작할 수 있다고 생각하지 마세요. 다 할 필요는 없습니다. 조금만 바꾸어도 금방 괜찮아지기 시작할 거예요.

저는 새해 첫날에 스미스 목사 Reverend O. C. Smith의 천사의 교회 City of Angels Science of Mind에 갔을 때의 일입니다.

목사님께서는 제게 의미 있는 말씀을 해주셨어요.

그 말은 변화와 관련된 말씀이었죠. **"새해군요. 새해가 당신을 바꾸지 않는다는 것을 깨달아야 합니다. 새해가 되었다는 이유로 당신의 삶에 어떠한 변화가 생기진 않을 겁니다. 진정한 변화로 가는 유일한 방법은 당신이 기꺼이 그 안에 들어가서 변화를 만들려고 할 때만 가능합니다."** 라는 말씀이었죠.

정말입니다. 사람들은 모든 종류의 새해 결심을 하지만, 그들은 어떠한 내부적인 변화도 하지 않기 때문에 그 결심은 매우 빨리 멀어져만 갑니다. "나는 담배를 더 피우지 않을 거야." 이렇게 말하는 사람이 있습니다. 무엇이 되었든 바로 잠재의식에게 무엇을 해야 하는지 알려줄 문구보다는 부정적인 문구를 넣는 경우가 많습니다. 차라리 "담배에 대한 모든 욕망이 나를 떠나갔어. 이제 나는 자유야." 라고 바꾸어 말해보세요.

우리의 외부의 변화는 오직 우리가 내면의 변화를 주거나 기꺼이 정신적 활동 멘탈 작업을 할 때만 가능합니다.

다행스럽게도 내면의 변화는 믿기 어려울 정도로 단순합니다. 우리가 진정으로 바꾸어야 할 내면의 작업의 대상은 바로 우리의 생각뿐이기 때문입니다. 작년에 하지 못했지만 올해 가능할 것 같은 자신을 위한 일이 있나요? 잠시 시간을 갖고 이 질문에 대해 생각해 보세요. 작년에 꽉 붙잡았지만 올

해는 놓고 싶은 것이 무엇인가요? 당신은 당신의 인생에서 어떤 것을 바꾸고 싶나요? 기꺼이 그것을 해 볼 마음이 있나요?

당신이 기꺼이 변화하려 마음을 먹었다면 당신에게 아이디어를 줄 수 있는 정보들은 많이 있습니다. 당신이 변화하고자 하는 순간, 우주가 당신을 온 힘으로 도울 거란 걸 안다면 정말 놀랄 것입니다. 당신에게 필요한 것을 가져다줍니다. 그것은 책, 강의, 선생님 또는 당신에게 깊은 의미를 갖도록 해주는 어떤 친구가 갑작스럽게 던지는 한 마디 말일 수도 있습니다. 우주는 이렇게 당신을 돕습니다. 놀라지 마세요. 때때로 상태가 더 좋아지기 전에 잠시 더 나빠질 수 있습니다. 그것은 이미 그 과정이 시작되었다는 뜻이니까 괜찮습니다. 오래된 실마리가 풀리는 과정입니다. 그러니 그저 쭉 그것을 따라가세요. 겁을 먹고 당황하지 말고 안 된다고 생각하지도 마세요. 여러분의 확언과 여러분이 새롭게 심고 있는 믿음을 가지고 계속 이러한 작업을 이어가세요.

성장 과정

물론 변화를 결심하는 순간에서 결과가 생길 때까지는 과도기가 있습니다. 이전의 방식과 새로운 방식 사이에서 당신은 망설이게 될 겁니다. 다시 과거로 돌아갈까 아니면 내가 살아보고 싶은 삶으로, 내가 되고 싶은 방식으로 좀 더 앞으로 나가볼까 하고 말입니다. 그런 과정은 자연스럽고 당연한 과정이라는 것을 잊지 마세요.

"글쎄, 나 이런 거 뭔지 알아." 라고 마치 다 아는 것처럼 말하는 사람들도 있습니다. 그럴 때 저의 대답은 "다 아신다구요? 그렇다면 그거 하고 있나요?" 어떻게 하는지 아는 것과 실제로 그것을 하는 것은 분명히 다른 부분입니다. 당신이 새로운 부분에 힘이 생겨 새로운 영역으로 온전히 옮겨 정착할 때까지 시간이 걸릴 거예요. 그때 까지는 정신을 바짝 차리고 변화하려는 노력을 계속 기울이세요.

예를 들어, 대부분의 사람들은 그들의 확언을 3회 정도 해보고 보통 포기합니다. 그러고나서 이렇게 말하죠. "확언은 별로 효과가 없어." "암튼 엉터리야." **우리는 변화를 이루기 위해 연습할 시간을 충분히 줘야 합니다.** 그 변화는 반드시 행동이 수반되어야 합니다. 제가 말씀드렸듯이 가장 중요한 것은 확언을 말한 후에 당신은 그에 맞는 행동을 해야 합니다. 이 과도기를 거치면서, 여러분이 변화를 만들어 가는 각각의 작은 단계에서 당신을 칭찬해 주어야 하는 것도 기억하세요. 뒷걸음질 치며 당신을 자책한다면 당신이 바라는 변화로부터 당신은 더 멀어져 갑니다. 낡은 개념에서 새로운 것으로 전환하는 과정에서 사용할 수 있는 모든 도구를 사용하십시오. 그리고 당신 안에 있는 내면의 아이에게 안전하다고 안심시켜 주세요.

작가 제럴드 잼폴스키 Gerald Jampolsky 는 사랑이란 두려움의 끈을 놓아주는 것이라고 합니다. 두려움을 놓은 자리에는 사랑 또는 두려움이 남게 됩니다. 만약 우리 마음이 사랑의 공간에 있지 않다면 두려움에 빠지게 됩니다. 고립, 분리, 분노, 죄책감, 외로움과 같은 모든 상태가 바로 사랑이 없는 두려움의 공간에서 만들어진 것입니다. 두려움에서 사랑으로 옮겨 가세요. 그리고 좀 더 그 사랑의 공간에서 지속적으로 머물도록 사랑을 키워가세요.

변화할 수 있는 방법은 다양합니다. 여러분은 내면의 기분을 좋게 하기 위해 매일 무엇을 하나요? 다른 사람을 탓하거나 희생자가 된다면 기분이 좋아질 수가 없어요. 당신이 기분 좋기 위해서 하고 있는 것은 무엇인가요? 당신과 당신 주변 사람들과의 관계에서 평화를 얼마나 경험하고 있나요? 지금 그렇지 못하다면 평화로운 관계를 시작해볼 의향은 있나요? 내면의 조화와 평화를 창조할 마음을 가져보는 건 어떨까요?

스스로에게 물어보아야 할 질문이 하나 더 있습니다. 그것은 바로 **'본인이 정말 변하고 싶은가?'** 입니다. 당신의 인생에서 없는 것에 끊임없이 불평하기를 원하나요? 아니면 지금의 당신보다 훨씬 더 멋진 삶을 정말로 펼쳐보고 싶나요? 정말 변하기를 원한다면 변할 수 있습니다. 그 변화와 관련된 일을 진심으로 하길 원한다면 당신의 삶에 더 나은 변화가 반드시 일어날 겁니다. 그것을 위해 다른 사람이 해줄 수 있는 것은 없습니다. 당신의 변화에 힘을 발휘할 사람은 오직 당신 자신이라는 것을 잊지 마세요.

기억하세요, 내면의 평화를 유지하는 것은 우리가 전 세계의 마음이 하나로 연결되어 같이 느끼고 평화로운 사람들과 연결되도록 도울 것입니다. 영성은 이 지구 곳곳을 영혼의 차원으로 연결하며, 이제 막 경험하기 시작한 우주 영성의 감각은 세상을 더 좋게 변화시킬 것입니다.

제가 영성을 말할 때, 꼭 종교를 의미하는 것은 아닙니다. 종교는 누구를 사랑하고 어떻게 사랑하며 어떤 사람이 가치 있는지 알려줍니다. 저에게 우리 모두는 사랑받을 가치가 있고, 우리 모두는 사랑스럽습니다. 우리의 영성은 우리의 더 높은 원천과의 직접적으로 연결되며, 우리는 그것을 위한 중개인이 필요하지 않습니다. 영성은 우리가 사는 이 행성에 매우 깊은 영혼의 단계에서 서로를 연결할 수 있다는 것을 알아차려보세요.

우리는 살아가며 하루 중 몇 번씩 문득 잠시 멈추어 이렇게 자문할 때가 있습니다.

"내가 지금 연결되어 있는 사람들은 어떤 부류의 사람들이지?"

질문한 적이 없다면 한번 이번 기회에 물어보세요.

"지금 내가 연결되어 있는 상태와 환경에서 내가 무엇을 정말 믿고 무엇을 얻고자 하는 걸까?"

"내가 어떤 감정을 느끼지?"

"내 주변에 이 사람들이 내게 요구하는 것들이 정말 내가 바라는 것인가?"

"내가 이것을 왜 하고 있는 거지?"

이런 부분을 생각해보세요. 자신의 생각과 감정을 자세히 들여다 볼 필요가 있어요. 시작해보세요. 본인에게 정직해지는 시간이 필요합니다. 당신이 생각하고 있는 것과 믿는 것이 무엇인지 찾아내야 해요. 지금까지 의식 없이 루틴대로 살아가는 자동주행모드로 계속 살아가서는 안 됩니다. "그냥 이게 저라는 사람입니다. 저는 이런 일을 해요."라는 간단히 의식 없는 방식에서 벗어나서 자문해보세요. 당신은 그것을 왜 하나요? 만약에 그것이 긍정적이거나 성장할 수 있는 경험이 아니라면 그것이 어디에서 왔는지 알아봐야 합니다. 그것을 언제 처음으로 했나요? 이렇게 시작해보세요. 당신 안에 놀라운 무한 지성이 있다는 걸 잊지 않았죠? 그것과 연결되어 깊이 고민하는 시간을 가져보세요.

스트레스란 두려움의 다른 이름

요즘 사람들은 스트레스에 대한 이야기를 자주 꺼냅니다. 모두가 무언가에 스트레스를 받고 있는 것 같습니다. 스트레스가 마치 유행어인 것 같더군요. 가끔 보면 도피하고 싶을 때 핑계로 쓰는 것 같기도 합니다. "저 너무 스트레스 받아서요.", "이건 너무 스트레스를 줘요.", "이것도, 저것도 다 스트레스예요."

저에게 스트레스란 삶의 끊임없는 변화에 대한 두려움이 반영된 반응입니다. 그것은 우리의 감정에 책임을 지지 않으려고 할 때 사용하는 변명이기도 합니다. 만약 당신이 '스트레스'라는 단어를 '두려움'이라는 단어와 동일시 할 수 있다면, 변명을 하기 보다는 그 두려움의 요소들을 제거하면 되겠나는 생각을 하기 시삭할 수 있어요.

변화 그리고 전환

다음에 여러분이 얼마나 스트레스를 받는지 생각할 때 무엇이 여러분을 두렵게 하는지 자문해보세요.

다음과 같이 물어보세요. "내가 얼마나 번 아웃이 되었나? 내 자신에게 얼마나 부담을 느끼고 있는가?, 왜 나는 내 힘을 흩어 버리는 거지?" 당신에게 내면의 조화와 평화를 이루지 못하게 방해하는 두려움을 만들어 내는 것이 바로 당신 자신이라는 것을 발견하셨나요?

스트레스가 있는 상태에서는 내면의 조화가 이뤄질 수 없습니다. **'내면의 조화'라는 것은 스스로에게 매우 만족한 평화로운 상태에 있는 것을 말합니다.** 스트레스와 내면의 조화가 동시에 존재하기란 불가능합니다. 만약 당신이 평화롭다면 당신은 한 번에 한 가지 일을 합니다. 당신은 여러 가지 것들이 당신을 괴롭게 하지 않습니다. 당신이 스트레스를 느낄 때는 그 두려움을 해소해서 보내 줄 무언가를 해야 합니다. 그래야 당신이 안전하게 삶을 살아갈 수 있습니다. "스트레스"라는 단어를 "발뺌용"으로 사용하지 마세요. "스트레스"와 같은 작은 단어에 당신의 삶을 변명하게 하는 권한을 주지 마세요.

그 어떤 것도 당신을 못 통제하지 못함

삶이란 여러 개의 문들이 열리고 닫히는 과정이라는 생각이 들지 않나요? 이 방에서 걸어 나와 전혀 다른 경험을 가지고 있는 또 다른 방으로 걸어 들어가는 과정이요. 많은 사람들은 부정적인 패턴들과 오래된 한계들, 더 이상은 당신에게 자양분이 없거나 유익하지 않은 상황들을 기준으로 문을 닫으려고 합니다. 반면에, 새로운 문을 열고 그곳에서 펼쳐질 멋진 새로운 경험들을 찾는 과정에 있음을 아는 이들도 있습니다.

우리는 이 지구에 여러 번 왔을지도 모르겠네요. 그리고 올 때마다 마치 우리가 학교에 가는 것 같이 다른 배움과 교훈을 배우게 된다고 생각해요. 우리가 이번 생애에 오기 전에 정신적으로 진화하기 위해 무엇을 배울지 결정을 하죠. 일단 우리의 배움이 결정되면 우리 주변에 모든 환경과 상황들은 우리에게 그 교훈을 배울 수 있도록 도와준다고 믿어요. 심지어 우리의 부모님, 성별, 생년월일 그리고 인종까지도 포함해서 말이죠. 지금 여기까지 살아온 당신은 옳은 선택들을 해온 겁니다.

　지금까지 인생에 여러 굴곡을 거쳐 오면서 당신이 안전하다는 사실을 당신에게 알려주는 것은 꼭 필요합니다. 그 굴곡들은 그저 변화일 뿐입니다. 상위자아가 당신의 영적인 성장을 위한 최고의 길로 당신을 이끌어 줄 거라는 사실을 믿으세요. 조셉 캠벨 Joseph Campbell은 이런 말을 했죠. **"당신의 축복을 따라가세요."** 기쁨, 평화, 치유, 번영, 사랑으로 가는 문을 열어주세요. 이해, 동정, 용서와 자유를 향한 문도 열어주세요. 자존감, 자기 가치, 자기 사랑으로 가는 문을 열고 있는 당신을 바라보세요. 당신은 영원합니다. 당신은 경험에서 경험으로 영원히 계속될 것입니다. 이 행성의 마지막 출입구를 지나간다 할지라도 그것은 끝이 아닙니다. 그것은 또 다른 새로운 모험의 시작입니다.

　궁극적으로, 당신은 누구에게도 변화를 강요할 수 없습니다. 대신 여러분은 그들이 원한다면 바꿀 수 있는 긍정적 심리적인 분위기를 제공할 수 있습니다. 하지만, 당신은 다른 사람들을 위해서나 스스로를 위해 다른 사람들에게 변화를 강요할 수 없다는 것을 알아야 합니다. 각각의 존재는 나름의 교훈을 얻기 위해 온 것인데 이를 고쳐주면 결국 스스로 배우지 못하기 때문에 당장은 변한 듯 보여도 결국에는 다시 같은 행동을 반복하게 될 것입니다. 그들은 무엇을 해야 할지에 대해서 아직 깨닫지 못했기 때문입니다.

　당신의 형제와 자매들을 사랑하세요. 그들을 있는 그대로 놔두세요. 진실은 항상 그들 안에 있고 그들은 그들이 원하는 어느 순간에도 변할 수 있다는 것을 받아들이세요.

제15장
서로 사랑해도 안전한 세상

지구를 파괴할 수도 있고 치유할 수도 있습니다.
매일 매일 우리가 사는 지구에 사랑스럽고 힐링 되는 에너지를 보내세요.
진심은 반드시 변화를 가져옵니다.

우주는 변화와 이동의 시기에 있습니다. 우리는 오래된 질서에서 새로운 질서로 가고 있고, 어떤 사람들은 그것이 물병자리 시대에서 시작됐다고 말하죠. 적어도 점성가들은 그것을 그런 식으로 묘사하곤 합니다. 점성술, 수비학, 손금학, 그리고 심령 현상의 모든 방법들은 저에게 단지 삶을 묘사하는 방식에 지나지 않습니다. 그들은 우리에게 삶을 약간 다르게 설명합니다.

흥미롭습니다. 점성가들은 우리가 물고기자리 시대에서 물병자리로 이동하고 있다고 말합니다. 물고기자리 시대에서는 우리가 자신을 지켜주고 우리를 위해 무언가를 할 사람들을 찾았다고 합니다. 그러나 우리가 지금 진입하고 있는 물병자리 시대는 달라요. 사람들은 스스로가 자신을 보호하고 지킬 능력이 있다는 것을 인정하면서 물병자리 시대 안으로 들어가기 시작했습니다.

우리가 좋아하지 않는 것을 바꾼다는 것은 정말 놀라운 해방이지 않나요? 사실, 우리가 더 의식적으로 더 인지하는 만큼 지구가 변하고 있는지는 확실하지 않습니다. 우리가 오랫동안 고민해왔던 상황들 이를테면 가족기능장애, 아동학대, 우리의 멸종위기 행성 등 오랜 시간 동안의 이슈들이 수면 위로 떠오르고 있습니다.

다른 모든 것들이 그렇듯 우리는 변화를 이루기 위해 먼저 인식하는 작업을 해야 합니다. 그 작업의 시작은 우리의 정신적인 부분을 청소하는 것입니다. 우리가 정신적으로 청소하는 것과 같은 방식으로 우리 지구도 정화되어 갑니다.

우리는 지구를 그저 공간의 의미에서 살아 숨 쉬는 유기체, 실체, 존재 그 자체로 보기 시작하고 있습니다. 지구가 숨을 쉽니다. 지구도 심장 박동이 있어요. 그것은 아이들을 돌봅니다. 우리가 필요로 할 수 있는 모든 것을 제공해줍니다. 그것은 완전한 균형을 이룹니다. 숲이나 자연 속에서 시간을 보낸 적이 있죠? 그때 지구상의 모든 시스템이 어떻게 완벽하게 작동하는지 느껴지지 않나요? 지구는 절대적이고 완벽한 균형과 조화를 이루며 살아가도록 설정되었습니다.

그러나 너무 많은 것을 알고 있는 위대한 우리 인류는 이 균형과 조화를 깨면서 지구를 파괴하기 위해 최선을 다하고 있는 듯 합니다. 우리의 더 바라는 탐욕은 지구의 조화로움에 엄청난 방해가 됩니다. 우리는 우리가 가장 잘 안다고 생각하죠. 그런 무지와 탐욕이 우리가 속한 살아 숨 쉬는 유기체를 파괴하고 있습니다. 만약 우리가 지구를 파괴한다면, 우리는 어디에서 살게 될까요?

제가 사람들에게 지구를 더 아껴 달라고 말할 때, 그들은 당장 직면하고 있는 문제들에 의해 벅찬 상태가 되어 있었습니다. 겨우 한 사람이 무언가를 하고 있다고 해서 그 한사람의 영향이 사람이 전체 계획에 영향을 미치지는 않을 것 같다고 생각하지만, 그렇지 않습니다. 결코 그렇지 않습니다. 모두가 작게라도 실천한다면, 그것은 크게 불어나죠. 물론 당장 당신의 눈앞에서 효과를 볼 수는 없겠지만 믿어보세요. 대지구가 그걸 총체적으로 느끼고 있답니다.

제가 운영하고 있는 구호단체에는 책을 팔 수 있는 작은 테이블이 마련되어 있습니다. 최근에 물건을 넣을 가방이 다 떨어졌습니다. 그래서 저는 쇼핑하러 갔을 때마다 받은 쇼핑백을 모아야겠다고 생각했습니다.

처음에는, "오, 주말까지 그렇게 많은 가방을 가질 수 없을 거야!"라고 생각했지만, 제가 착각한 거였어요.

가방이 원하는 만큼 많이 생겼습니다. 직원 중 한 명이 같은 일을 겪었다고 했습니다. 그의 말에 따르면, 그가 쇼핑백들을 모으기 시작할 때까지 그가 한 주에 그렇게 많은 쇼핑백을 사용했었는지 몰랐다고 했어요.

그리고 대지구의 관점에서 보면, 우리가 한두 시간의 편안한 사용을 위해 베어버리는 나무들이 꽤 많다는 겁니다.

왜냐하면 우리는 보통 그 쇼핑백을 버리기 때문입니다. 못 믿겠으면 일주일 동안만 해 보세요. 받는 모든 쇼핑백을 보관하고 얼마나 많이 사용하는지 느껴보세요.

저는 천으로 된 쇼핑백을 사용합니다. 가끔 그걸 가져오는 것을 깜박할 때면 저는 큰 가방을 달라고 요청합니다. 그래서 다음 들릴 가게에서도 그 큰 가방 안에 물품을 넣습니다. 여러 개를 다 받지 않습니다. 아무도 제가 그렇게 한다고 뭐라고 하는 사람은 없어요. 너무 합리적인 것 같아요.

유럽 사람들은 오랫동안 천 쇼핑백을 사용해오고 있습니다. 영국에서 온 친구는 미국식 종이 가방을 집에 들고 가고 싶어서 여기 슈퍼마켓에 쇼핑하러 가는 것을 좋아했어요. 그는 종이 가방이 매우 미국적이고 매우 세련되었다고 생각했습니다. 귀여운 전통일 수도 있지만, 진실은 우리가 세계적으로 생각하기 시작해야 하고 이러한 작은 전통들이 우리 환경에 미치는 영향을 고려해야 한다는 것입니다.

미국 사람들은 특히 제품의 포장에 대해 특별함을 가지고 있습니다. 몇 년 전 멕시코에 있을 때 전통시장을 방문했는데, 꾸밈없이 있는 그대로 그저 가지런히 놓여있는 과일과 야채에 매료된 적이 있었습니다. 미국에 있는 것들만큼 세련되지는 않았지만, 제 눈에는 오히려 자연스럽고 건강해 보였지만, 나와 함께 있던 사람들 중 몇몇은 끔찍하고 매력적으로 보이지 않았나 봅니다.

시장의 다른 곳에는 분말 향신료가 담긴 채 열린 통이 있었습니다. 옆에 있는 그 모든 통들이 너무 밝고 다채로워 보여서 다시 한 번 신기했어요. 하지만 친구들은 그렇게 열린 통에 담긴 향신료를 절대 사지 않을 거라고 말했고 저는 "왜?" 라고 물었죠. 깨끗하지 않아서 그렇답니다. 이유를 다시 물었더니 팩으로 포장되어 있지 않기 때문이라는 답이 돌아왔습니다. 저는 웃음이 나왔습니다. 생각해보셨나요? 포장에 넣기 전에 향신료가 어디에 있었을까요? 우리는 선물하는 것에 너무 익숙해져서 리본과 예쁜 포장을 붙이지 않으면 받아들이기 어렵게 되었습니다.

우리가 환경을 위해 할 수 있는 작은 노력과 조율 할 수 있는 것들이 있습니다. 설령 천 쇼핑백을 사거나, 양치질을 하면서 수도꼭지를 잠그는 것이 전부라 하더라도, 그 일을 해낸다면 그것은 지구에 큰 기여를 하게 됩니다.

제 사무실에서는 가능한 한 많이 절약합니다. 저희 건물에는 매주 재활용 가능한 복사 용지를 수거해서 재생용지 공장으로 가져가는 관리인이 있어요. 우편 봉투는 재사용합니다. 비록 비용이 조금 더 늘지만, 우리는 가능하다면 재생용지를 책에 사용합니다. 때로는 구할 수 없는 경우도 있지만, 계속 요구하면 결국 충분한 용지가 나올 것이라는 것을 알고 있기 때문에 항상 요청합니다. 이런 방식은 환경보전에 분명 효과가 있습니다. 작은 요구이지만 이것을 계속해가면서 우리는 집단적인 힘으로서 다양한 방법으로 지구를 치유하는 것을 도울 수 있습니다.

집에서 저는 유기농 정원사입니다. 정원에 쓸 퇴비를 만듭니다. 사용한 초

목들은 전부 퇴비 더미로 들어갑니다. 상추 한 잎도, 나무 한 잎도 예외가 될 수는 없습니다. 버려진 것을 다시 땅으로 돌려보내야 한다고 믿거든요. 이런 저를 아는 친구들은 야채 손질까지 해서 준답니다. 그들은 그것들을 냉동고에 있는 봉투에 넣고 방문할 때 수집품을 제 퇴비 통에 넣습니다. 그 통으로 들어간 것은 자양분이 가득한 풍요로운 땅으로 거듭나게 해줍니다. 재활용을 실천했기 때문에, 우리 정원은 제가 필요로 하는 모든 것들을 아낌없이 생산해내며, 또한 아름답습니다.

영양가 있는 음식 먹기

우리의 행성은 우리가 스스로를 돌보기 위해 필요한 모든 것을 주도록 설계되었습니다. 지구는 우리가 필요한 모든 영양분을 가지고 있습니다. 만약 우리가 지구의 음식을 먹는다면, 우리가 자연 설계의 일부이기 때문에 건강해질 것입니다. 하지만, 우리는 똑똑한 지성으로 트윙키즈Twinkies초콜렛 바와 같은 인공적인 음식을 디자인했는데, 왜 그것은 우리의 건강이 그렇게 좋지 않은지 의문이네요. 많은 사람들이 식단에 립 서비스를 합니다. 우리는 설탕이 든 간식을 먹기 위해 연달아 손을 뻗을 때 "네, 안 좋은 거 알아요"라고 말합니다. 우리 할아버지 세대에 베티 크로커Betty Crocker 나 클라렌스 버즈아이Clarence Birdseye 같은 사람들이 최초의 냉동식품을 내놓았을 때가 생각납니다. 우리는 "와 세상 참 좋아졌다!"라고 말했었죠. 그 뒤를 이어 냉동식품과 반 제조상태의 식품들이 쏟아져 나왔죠. 그 후 수 세대가 지나면서 이 나라에는 진짜 음식을 맛볼 수 없는 사람들까지 나오게 되었죠. 모든 것은 통조림, 가공, 냉동, 화학 처린된 식품, 그리고 궁극적으로 전자레인지에 의해 처리되고 있죠.

저는 최근에 군대에 있는 젊은이들이 20년 전 젊은이들이 가지고 있던 건강한 면역체계를 가지고 있지 않다는 글을 읽었습니다. 우리가 스스로 만들고 회복해야 할 자연 식품을 우리 몸에 주지 않는다면, 어떻게 건강이 평생 지속될 것이라고 기대할 수 있겠어요? 여기에 마약, 담배, 알코올 남용, 자기혐오가 더해져, 질병이 번성하기에 완벽한 환경에 있습니다.

저는 최근에 "책임 있는 운전 코스"라는 수업을 수강하면서 매우 흥미로운 경험을 했습니다. 강의실에 가보니 그곳에는 자동차 보험료를 할인 받기 위해서 겉치레로 온 55세의 사람들로 가득했습니다. 우리는 아침 내내 질병, 즉 나이가 들면서 생길 수 있는 모든 질병에 대해 수다 떠는 것이 재미있다고 생각했습니다. 우리는 나이가 들면서 눈과 귀와 심장에 이상이 생길 수 있는 모든 것에 대해 이야기했습니다. 점심시간이 되었을 때, 사람들의 90퍼센트는 거리를 가로질러 가장 가까운 패스트푸드점으로 달려가는 것이었습니다.

저는 속으로 '아직도 모르겠어'라고 생각했죠, 그렇죠? 하루에 1,000명의 사람들이 흡연으로 죽습니다. 1년에 36만 5천명인 거죠. 매년 50만 명 이상의 사람들이 암으로 죽는다는 사실도 알고 있습니다. 매년 백만 명의 사람들이 심장마비로 죽는다는 사실도요. 100만 명! 이것을 알면서, 왜 우리는 여전히 패스트푸드점으로 달려가고 우리의 몸에 그렇게 신경을 쓰지 않을까요?

지구와 우리 자신을 위한 치유

변화의 과도기를 느리게 하는 것이 에이즈라는 병입니다. 에이즈는 우리가 얼마나 서로를 적대시하고 편견을 가지고 있는지 여실히 보여줍니다. 우리는 에이즈 환자들에 대해서 너무나 무관심합니다. 내가 지구상에서 꼭 변했으면 하는 부분인 동시에 내 힘으로 해내고 싶은 일 중 하나는 서로 안전하게 사랑하는 세상을 만드는 것입니다.

우리가 어렸을 때, 우리는 우리가 너무 말랐거나 뚱뚱하거나, 너무 못 생겼거나, 너무 수줍어도 있는 그대로의 모습으로 사랑받기를 원했습니다. 우리는 이 행성에 와서 먼저 무조건적인 사랑을 배워서 우리 자신을 위해 사랑을 베풀고, 그 다음에 다른 사람들에게도 똑같은 무조건적인 사랑을 주기 위해 온 것입니다. '그들'과 '우리'로 구분 짓는 생각을 버려야 해요. 그들과 우리는 없습니다. 오직 우리만 있을 뿐입니다. 가치 없는 사람들 또는 모자란 사람들도 없습니다.

사실 우리 모두는 하나입니다. 저기에 어떤 한 사람이 건강하지 않는 한 우리는 정신적으로 건강할 수 없습니다. 우리 중 많은 사람들은 편견 없이 정상적이고 자연스러운 가정에서 자랐습니다. 이 그룹이나 저 그룹으로 나누는 것은 충분하지 않았습니다. 우리는 더 나은 우리라는 느낌을 갖기 위해서 우리와 다른 집단이라는 편 가르기를 내려놔야 합니다. 우리가 다른 사람이 충분히 좋지 않다고 말하는 한, 우리 스스로에게 우리가 결국 충분하지 않다는 것을 주입하고 있음을 기억하세요, 우리는 모두 서로의 거울입니다.

〈오프라 윈프리 쇼〉에 초대받았을 때를 기억합니다. 꽤 잘 이겨내고 있는 에이즈 환우 다섯 명과 함께 TV에 출연했습니다. 우리 6명은 전날 저녁에 저녁을 먹기 위해 만났고, 그것은 믿을 수 없을 정도로 강력한 모임이었습니다. 우리가 저녁을 먹으려고 자리에 앉았을 때, 에너지가 남달랐습니다.

눈물이 나기 시작했습니다. 왜냐하면 저는 수년 동안 정말 간절히 미국 대중들에게 그들이 희망이 있다는 긍정적인 메시지를 전달하기 위해서 노력해왔습니다. 이 사람들은 스스로 치유하고 있었고, 그것은 쉽지 않았습니다. 의학계는 그들이 죽을 것이라고 말했으니까요. 우리는 시행착오를 거치며 여러 가지 다양한 방법으로 실험을 해야 했고, 기꺼이 자신들의 한계를 뛰어 넘어서 그들의 삶을 펼쳐냈습니다.

우리는 다음날 녹화를 했고 정말 아름다운 쇼였습니다. 다섯 명의 환우들 외에도 다른 여성 에이즈 환우들도 소개되었습니다. 관심을 갖지 않는다고 해서 에이즈로부터 자유로워질 수는 없습니다. 저는 그 사실을 미국이 마음을 열고 깨닫기를 바랐습니다. 에이즈는 우리 모두에게 영향을 끼칩니다. 제가 부대에서 내려왔을 때 카메라가 잡히지 않는 곳에서 오프라가 와서 "루이스, 루이스, 루이스"라고 울먹인 후 제게 다가와 꼭 안아주었습니다.

그날 우리는 희망의 메시지를 전달했다고 생각합니다. 버니 시겔 박사가 모든 형태의 암을 치유한 사람이 있다고 말하는 것을 들었습니다. 그래서 항상 희망이 있고, 희망은 우리에게 가능성을 줍니다. 더 이상 할 수 있는 게 없다고 말하며 두 손 들고 포기하는 대신에 뭔가 해볼 만한 것이 있으니까요.

에이즈 바이러스는 있는 그대로의 역할을 하고 있습니다. 정부와 의료계가 충분히 빠르게 움직이지 않고 있기 때문에 에이즈로 인해 죽는 이성애자들이 점점 더 많아질 것이라는 사실을 알기에 마음이 아픕니다. 에이즈가

"게이" 질병으로 인식되는 한, 긴급하게 필요한 관심을 받지 못하게 될 것입니다. 그렇다면 얼마나 많은 "이성애자"가 죽어야 에이즈가 합법적인 질병으로 간주되는 걸까요?

우리 모두가 더 빨리 편견을 버리고 이 위기에 대한 긍정적인 해결책을 위해 노력할수록 지구 전체가 더 빨리 치유될 것이라고 생각합니다. 그러나 사람들이 고통을 받도록 내버려 두면 지구를 치유할 수 없습니다. 나에게 에이즈는 지구 오염의 일부입니다. 캘리포니아 연안의 돌고래가 면역 결핍증으로 죽어가고 있다는 사실을 알고 계십니까? 나는 그것이 그들의 성행위 때문이라고 생각하지 않습니다. 우리는 우리 땅을 오염시켜 많은 식물이 먹기에 부적합합니다. 우리는 우리 물에서 물고기를 죽이고 있습니다. 우리는 우리의 공기를 오염시키고 있습니다. 그래서 지금은 산성비와 오존층에 구멍이 생겼습니다. 그리고 우리는 계속해서 우리 몸을 오염시키고 있습니다.

에이즈는 끔찍하고 무서운 질병이지만 에이즈로 죽어가는 사람들의 수는 암, 흡연, 심장병으로 죽어가는 사람들보다 훨씬 적습니다. 우리는 우리가 만드는 질병을 죽일 수 있는 훨씬 더 강력한 독극물을 찾고 있지만 생활 방식과 식단을 바꾸고 싶지는 않습니다. 우리는 질병을 억제하기 위해 어떤 약을 원하거나 치료하기보다는 외과적으로 제거하기를 원합니다. 우리가 그러한 문제들을 더 많이 억제할수록 그 문제들은 다른 방식으로 더 많이 나타납니다. 더욱 놀라운 것은 무엇인지 아십니까? 약과 수술로 치료할 수 있는 질병은 겨우 10%라는 사실입니다. 그렇습니다. 우리가 화학 물질, 방사선 및 수술에 쓰는 모든 돈에도 불구하고 그것들은 우리 질병의 10퍼센트의 도움만 준다는 사실입니다.

다음 세기의 질병은 새로운 박테리아 변종에 의해 유발된다고 합니다. 우리의 약해진 면역 체계에 영향을 미칠 것이라는 기사를 읽었습니다. 이 박테리아 변종은 돌연변이를 일으키기 시작했고, 그래서 우리가 현재 가지고 있는 약물로는 치료가 어려울 것이라고 합니다.

명백한 것은 우리가 면역 체계를 더 많이 구축할수록 우리 자신과 지구를 더 빨리 치유할 것이라는 겁니다. 우리의 물리적 면역 체계만을 말하는 것이 아닙니다. 우리의 정신적, 육체적 면역 체계도 포함됩니다.

제가 보는 치료와 치유는 두 가지 다른 결과를 가져옵니다. 치료는 팀의 노력이 필요하다고 생각합니다. 당신은 의사가 고칠 것으로 기대하겠죠. 그들은 우리의 증상을 돌볼 수는 있겠지만, 문제를 해결하지는 않습니다. 치유란 자기 자신을 온전하게 만드는 것입니다. 치료가 되려면 당신과 주치의 또는 의료 전문가가 함께 하는 팀의 일원이어야 합니다. 당신을 육체적으로 치료할 뿐만 아니라 당신을 한 사람으로 전인적으로 바라보는 의사들이 많이 있습니다.

우리는 개인뿐만 아니라 사회적인 신념 체계 속에서 잘못된 신념으로 살아가고 있습니다. 귀 통증이 가족 유전이라고 말하는 사람들이 있습니다. 비가 오면 감기에 걸리거나 매년 겨울에는 세 차례 감기에 걸린다고 믿는 사람들이 있습니다. 또는 사무실에서 누군가 감기에 걸리면 전염성이 있기 때문에 모두가 감기에 걸립니다. "전염성"은 생각입니다. 그리고 생각은 실제로 전염성이 있죠.

많은 사람들이 질병이 유전된다고 말합니다. 꼭 그렇지는 않다고 생각합니다. 저는 우리들이 부모님의 정신적인 패턴대로 선택을 한다고 생각합니다. 아이들은 잘 알고 있습니다. 그들은 부모, 심지어 자신의 질병까지도 모방하기 시작합니다. 아버지가 화를 낼 때마다 결장대장의 일부을 수축시키면 아이는 그것을 받아들입니다. 몇 년 후 아버지가 대장염에 걸리면 아이도 대장염에 걸리는 것은 놀라운 일이 아닙니다.

암이 전염되지 않는다는 것은 누구나 알고 있지만 왜 가족에게서 발병할까요? 원망의 패턴이 가족에 있기 때문입니다. 원한은 마침내 암이 생길 때까지 쌓이고 쌓입니다.

우리는 의식적이고 지적인 선택을 할 수 있도록 모든 것을 자각해야 합니다. 어떤 것들은 우리를 두렵게 할 수 있지만 그것은 깨우치는 과정에서 일어날 수 있는 감정입니다. 그리고 우리가 할 수 있는 것들이 있습니다. 아동 학대와 에이즈, 노숙자와 기아에 이르기까지 우주의 모든 것이 우리의 사랑을 필요로 합니다. 사랑받고 인정받는 작은 아이는 강하고 자신감 있는 어른이 되기 마련이죠. 우리를 포함하여 모든 생명을 위해 필요한 모든 것이 여기 바로 지구행성에 있습니다. 우리가 그 지구를 받아들인다면 그것은 항상 우리를 돌볼 것입니다. 과거의 한계에 갇혀 생각하지 맙시다.

이 놀라운 10년의 잠재력이 자신에게도 있다는 것을 인지합시다. 우리는 세기의 마지막을 치유의 시간으로 만들 수 있습니다. 우리의 몸, 감정, 그리고 우리가 만들어 내던 모든 다양한 혼란을 청소할 수 있는 힘이 우리 안에 있습니다. 주위를 둘러보고 보살핌이 필요한 곳을 찾을 수 있습니다. 우리 각자가 선택하는 삶의 방식은 우리의 미래와 세상에 엄청난 영향을 미칠 것입니다.

당신은 이 시간 속에서 당신의 개인적인 성장 방법을 지구 전체에 적용할 수 있습니다. 자신을 위해 일하지 않고 지구를 위해서만 일을 하면 균형이 맞지 않고, 자신을 위해서만 일하고 거기에서 멈추면 그 또한 균형이 맞지 않습니다.

이제 어떻게 우리 자신과 환경의 균형 맞추기를 시작할 수 있는지 봅시다. 생각이 우리의 삶을 형성하고 창조한다는 것을 알고 있죠. 우리는 항상 철학대로 살지 않습니다. 그럼에도 불구하고 우리는 생각을 기본전제로 살아갑니다. 우리가 당면한 세상을 바꾸고 싶다면 생각을 바꿔야 합니다. 더 멋진 세상으로 바꾸길 원한다면 세상과 우리들에 대한 생각을 바꿔야 합니다.

세상의 문제에 대해 불평하는데 쏟는 모든 노력을 긍정적으로 확언하고 시각화하는 데 사용한다면 상황을 반전시킬 수 있습니다. 마음을 사용할 때마다 같은 생각을 가진 사람들과 연결된다는 것을 기억하십시오. 다른 사람에 대한 판단, 비판, 편견은 그 생각을 하는 다른 모든 사람들과 연결되게 합니다. 그러나 명상하고, 평화를 시각화하고, 자신을 사랑하고, 지구를 사랑한다면 이러한 사람들과 연결되고 있는 것입니다. 당신은 집에 있고, 병상에 누워 있을 수 있고, 내면의 평화를 실천함으로써 마음을 사용하는 방식으로 지구를 치유하는 데 여전히 도움이 될 수 있습니다. 언젠가 유엔의 로버트 슐러Robert Schuller가 "인간은 우리가 평화를 누릴 자격이 있음을 알아야 한다"고 말한 것을 들었습니다. 참으로 진실한 고백입니다.

만약 우리가 젊은이들에게 세상에서 무슨 일이 일어나고 있는지 깨닫게 하고 그들이 그것에 대해 무엇을 할 수 있는지에 대한 선택권을 줄 수 있다면, 우리는 정말로 의식 변화를 보기 시작할 수 있습니다.

아이들에게 지구를 보존해야 한다는 것을 어릴 때부터 가르쳐야 합니다. 그렇게 한다면 아이들은 중요한 일을 하고 있음에 안심할 수 있습니다. 비록 어떤 성인들은 여전히 주변 세계에서 일어나는 일에 대해 책임감을 느끼지 않지만 전 세계적으로 지구 오염의 장기적인 영향을 깨우치고 변화를 위해 노력하고 있습니다. 그러한 사실이 우리 아이들에게도 영향을 끼치게 됩니다. 그린피스Greenpeace 나 어스세이브Earth-save 와 같은 생태 재단에 가족이 함께 참여하는 멋진 일들이 생기기도 합니다. 이런 부분은 커서 알아도 된다고 생각하지만 결코 그렇지 않습니다. 아이들에게 지구의 주인의식을 가지고 책임을 받아들일 수 있도록 인지시키는 것은 빠른 시기일수록 좋습니다.

추천하고 싶은 책이 하나 있습니다. 존 로빈스John Robbins 의《새로운 미국을 위한 다이어트Diet For A New America -육식이 건강을 망치고 세상을 망친다 1,2》라는 책입니다. 베스킨 라빈스Baskin-Robbins 아이스크림 사업의 상속인인 존 로빈스가 총체적이고 평화로운 지구를 만들기 위해 최선을 다하고 있다는 것은 참 흥미롭습니다. 사실 그는 국가의 건강을 착취하는 사람들의 자녀들 중 일부였습니다. 그런 그가 돌아서서 지구를 돕기 위해 일을 한다는 것은 놀랍습니다.

자원 봉사자 집단도 정부가 감당하기에 부족한 부분을 자발적으로 돕고 있습니다. 정부가 우리의 환경을 치유하는 데 도움을 주지 않는다 하여 우리는 가만히 앉아서 기다릴 수 없습니다. 우리는 작은 힘이라도 보태는 마음으로 함께 모여서 보살펴야 합니다. 우리 모두는 우리의 역할을 할 수 있습니다. 그 역할이 무엇일지 어디에 도움을 줄 수 있을지 알아보는 것도 훌륭한 일입니다. 자신의 위치에서 가능한 것부터 시작해 보십시오. 지금 어떤 특별한 활동을 할 수 없다면 한 달에 한 시간 정도만 시간을 내어 환경을 위한 활동을 해보십시오.

분명한 것은 지금이 행성을 치유 회복하는 것이 절박한 시점이라는 사실입니다. 우리는 더 이상 이 행성에서 살 수 없게 되거나 행성을 치유해내거나 해야 하는 지점에 있습니다. 더 이상 정부가 알아서 해줄 거라 방관하면 안 됩니다. 개인적으로 그리고 집단적으로 우리가 주도적으로 참여해야 합니다.

과거와 미래의 과학 기술과 어제, 오늘, 그리고 내일의 영적 진리를 혼합할 더 많은 기회들이 있습니다. 지금은 이러한 요소가 결합되는 시간입니다. 폭력적인 행동은 어릴 적 트라우마적 외상을 겪은 아동에게서 비롯된다는 것을 이해할 수 있게 되었습니다. 이러한 지식과 기술을 결합하여 그들이 변화하도록 도울 수 있습니다. 우리는 전쟁을 시작하거나 사람들을 감옥에 가두고 그런 사실을 묻어버리는 과거의 행위들을 더 이상 지속하지 않습니다다. 대신, 자기 인식, 자존감, 자기 사랑을 장려합니다. 시대에 맞는 변화를 위해 사용한 가능한 도구들도 있습니다. 우리는 그것들을 사용해야 합니다.

라자리스Lazaris라는 여러분과 공유하고 싶은 멋진 명상이 있습니다. 행성의 한 지점을 선택하십시오. 그 곳은 어디든 될 수 있습니다. 멀거나 가까운 곳일 될 수도 있습니다. 당신이 치유를 돕고 싶은 행성의 어떤 장소이면 됩니다. 그곳을 사람들이 잘 먹고 잘 입고 안전하고 평화롭게 사는 평화로운 곳으로 상상해 보십시오. 매일 시간을 내어 상상해보세요.

당신의 사랑을 지구를 치유하는 일에 쓰는 건 어떨까요? 당신은 중요합니다. 당신의 사랑과 당신 안의 모든 장엄한 선물을 나눔으로써 우리가 우리의 집이라고 부르는 이 아름답고 청록색의 연약한 행성의 에너지를 바꾸기 시작할 것입니다. 그렇게 될 겁니다!

후기

노래를 잘 못 부르던 때가 생각납니다. 저는 여전히 노래를 잘 못하지만 훨씬 더 용감해졌습니다. 워크샵과 지원 그룹이 끝날 때 노래로 사람들을 인도합니다. 언젠가는 교훈을 얻고 배울 것입니다. 그러나 저는 아직도 미숙합니다.

어느 행사에서 제가 노래로 모두를 이끌기 시작했는데, 사운드 시스템 담당자가 마이크를 껐습니다. 저의 보조인 조셉 배티모 Joseph Vattimo가 말했어요, "너 지금 뭐 하니?" 다른 남자가 말했어요, " 루이스 Louise가 음이탈 났어!" 저는 너무 창피했어요. 이제, 그것은 더 이상 중요하지 않습니다. 그냥 가슴이 터지도록 노래를 부르면 조금 더 트이는 것 같더군요.

저는 제 인생에서 몇몇 놀라운 경험들을 해왔고, 그 중 하나가 제 마음을 아주 깊이 열어준 경험이었습니다. 에이즈를 가진 사람들과 함께 일해오고 있는 것입니다. 3년 전에는 쳐다보지도 못했던 사람들을 이제 안아줄 수 있어, 제 개인적인 한계를 많이 넘어섰습니다. 그에 대한 보상으로, 저는 많은 사랑을 찾았습니다. 제가 어디를 가든, 사람들은 저에게 엄청난 사랑을 줍니다.

1987년 10월, 조셉과 저는 워싱턴 D.C.로 가서 정부의 원조를 요청하는 행렬에 참여하였습니다. 얼마나 많은 사람들이 에이즈 추모 퀼트에 대해 알고 있는지 몰랐습니다. 그것은 정말 놀랍습니다.

전국의 많은 사람들이 모여서 에이즈로 죽은 사람을 추모하기 위해 퀼트 패치를 만들었습니다. 이 패치들은 많은 사랑으로 만들어졌고 전 세계의 패치들과 함께 합쳐져서 거대한 퀼트가 되었습니다.

우리가 워싱턴에 있을 때, 그 조각들은 여러 부분으로 나누어 워싱턴 기념비와 링컨 기념비 사이에 전시되었습니다. 아침 6시, 우리는 퀼트 위에 있는 사람들의 이름을 읽기 시작했습니다. 우리가 그랬듯이, 사람들은 패치를 펼쳐서 다른 것들 옆에 붙였습니다. 여러분이 상상해 볼 수 있듯이 그 광경은 굉장히 감성적인 시간이었습니다. 사람들은 곳곳에서 울었습니다.

책을 읽으려고 목록을 들고 서 있는데 어깨를 두드리는 게 느껴졌어요. 누군가가 "뭐 하나 물어봐도 될까요?"라고 말했습니다. 뒤돌아보니 제 뒤에 서 있던 젊은이가 제 이름이 적힌 배지를 보고 외치더군요. "루이스 헤이! "와, 세상에" 그리고 그는 너무 반가워 내 품에 몸을 던졌습니다. 우리는 서로를 안고 있었고, 그는 그저 울고 또 울었습니다. 마침내 자신을 억제할 수 있을 때, 그는 자신의 연인이 나의 책을 여러 번 읽었다고 말했고, 그가 죽기 전에, 그의 연인이 그에게 제 책에 있는 치료법을 읽어 달라고 부탁했다고 합니다. 그는 애인이 함께 그 문장을 천천히 읽었습니다. 그의 애인이 마지막으로 한 말은 "모든 것은 다 괜찮아 All is well."였고 그는 죽었습니다.

그때 저는 그 사람 앞에 있었습니다. 그는 크게 감동받았습니다. 그가 충분히 마음을 가라앉혔을 때, 저는 말했습니다. "저에게 무엇을 묻고 싶었나요?" 그는 연인의 패치를 제시간에 끝내지 못한 것 같았고, 제 리스트에 그의 연인 이름을 추가해 주길 바랐습니다. 그저 우연히 저를 골랐던 거죠. 저는 이 순간의 기억이 생생합니다. 왜냐하면 인생은 정말 단순하고 중요한 것들도 단순하다는 것을 보여주었기 때문입니다.

에멧 폭스 Emmett Fox의 말을 인용하고 싶습니다. 에멧 폭스는 40년대, 50년대, 60년대 초에 매우 인기 있는 영적 스승이었고, 제가 아는 가장 명확한 선생님 중 한 분이셨습니다. 그는 아름다운 책을 몇 권 썼고, 그가 가장 좋아하는 말 중 몇 가지를 아래에 소개합니다;

"충분한 사랑으로 맞설 수 없는 어려움은 없습니다. 충분한 사랑으로 치유되지 않는 병은 없습니다. 충분한 사랑으로 열리지 않는 문은 없습니다. 사랑으로 건널 수 없는 심연은 없습니다. 충분한 사랑으로 무너지지 않을 벽은 없습니다. 그리고 충분한 사랑으로 만회하지 못할 죄는 없습니다. 그러니 문제가 얼마나 깊이 자리 잡고 있는지는 중요하지 않습니다. 얼마나 미래에 대한 전망이 희망적이지 않은지, 얼마나 문제가 뒤죽박죽 됐는지, 얼마나 실수가 큰지, 사랑을 충분히 깨달으면 모든 것이 녹아버릴 것입니다. 그리고 만약 당신이 충분히 사랑할 수 있다면, 당신은 세상에서 가장 행복하고

강력한 사람이 될 것입니다."

　가장 행복하고 가장 강력해지는 방법을 알려드렸습니다. 이것은 진실입니다. 그렇다면 세상에서 가장 행복하고 강력한 사람이 될 수 있는 그 공간에 가려면 어떻게 해야 할까요? "내면이라는 우주 여행" 그것에서 시작됩니다. 우리는 이제야 비로소 우리 안에 있는 힘에 대해 배우기 시작했습니다. 우리가 시야를 좁힌다면 발견하지 못할 것입니다. 우리가 우리 자신에게 더 많은 것을 열수록, 우리는 우리를 도울 수 있는 보편적인 에너지를 더 많이 찾을 것입니다. 믿어보세요 우리가 할 수 있는 놀라운 성과들이 있습니다.

　지금 심호흡을 같이 해볼까요? 가슴을 열고 심장을 펼 수 있는 공간을 주세요. 꾸준히 연습하면 조만간 당신을 가로막던 장벽들이 무너지기 시작할 거예요. 오늘이 당신의 시작이 될 거예요. 사랑합니다.

부록

개인과 지구의 치유를 위한 명상법

혼란스러운 시대를 살면서 갈피를 못 잡을 때에는 우리가 우주의 중심임을 기억하세요. 내면의 용감함을 믿고, 당신은 스스로 할 수 있는 것보다 더 많은 일을 해낼 수 있다고 믿으세요.

세미나와 지지 그룹을 마칠 때는 항상 명상을 합니다. 세 명이 짝을 이루어 손을 잡고 서로의 에너지를 나누는 명상을 합니다. 이는 세상에 우리의 에너지가 필요한 사람들에게 나눠주는 효과가 있습니다. 때로는 명상할 때 아주 깊은 깨우침을 얻기도 합니다.

내면아이와 접속하기

할 수 있는 모든 방법을 동원하여 내면아이를 이해하고 그 아이가 어떤 심경이고 지금 어떤 감정인지 살펴보세요. 만약 내면아이가 불만족스럽다면 그 아이를 안심시키고, 그동안 방치해서 미안하다고 용서를 구하세요. 당신이 오랫동안 내면아이를 무시하고 버려둬서 미안하다고 하세요. 이제는 절대로 내면아이를 떠나지 않겠다고 약속하세요. 아이가 원할 때 언제든 말을 걸고, 손을 잡아주고, 늘 그 자리에 있겠다고 말해주세요. 만일 아이가 두려움에 겁먹고 있다면 손을 잡아주세요. 그 아이가 화를 내고 있다면, 화내도 괜찮다고 말해주세요. 그리고 당신이 내면아이를 얼마나 사랑하는지도 말해 주세요.

당신 안에 있는 내면아이와 당신은 둘 다 원하는 세상을 창조할 수 있는 힘이 있습니다. 당신의 마음과 생각의 힘 안에 있습니다. 이제부터 당신이 창조하는 멋진 세상을 지켜보세요. 내면아이가 자유롭게 웃으면서 밝게 안심하고 친구들과 행복하게 뛰어 놀 수 있는 그런 세상을 상상하세요. 자유롭게 뛰어다니고, 꽃을 만지고, 향기를 맡으며, 나무를 껴안아 보세요. 나무에 달려있는 빨간 사과를 따서 한 입 베어 무는 상상도 하구요. 나무를 타고 꼭대기까지 올라가보세요. 나무 위에 집을 지어도 좋군요. 내면아이와 상상하는 것은 기쁨과 미소를 넘치게 합니다. 당신의 또 다른 모습인 내면아이에게 다가가 그를 보면서 꼭 껴안아 주세요. 작은 나. 그 나를 따뜻한 가슴으로 껴안아 주세요.

내면아이와 당신이 아름답고 멋진 안전한 곳에서 건강하게 지내는 모습을 보세요. 부모님과 친구들, 동료들과 건강한 관계를 맺고, 가는 곳마다 환영받는 모습을 지켜보세요. 특별한 사랑을 하고, 원하는 곳에서 살고 있고, 원하는 일을 하는 모습을 바라보세요. 그 모두가 다 건강합니다. 너무나도 건강하고 활기차고 여유로운 모습이네요.

건강한 세상

살기 좋은 세상을 그려보세요. 모든 아픔이 치유되고 집 없는 사람들이 잘 보살핌을 받고, 불편한 과거의 일들이 사라지고, 병원이 사라진 자리에는 아름다운 정원이 있는 집들이 지어지는 것을 상상하세요. 세상에 존재하는 모든 죄수들이 자신을 사랑하는 법을 깨닫고 책임감과 자유로운 몸으로 진정으로 사람들에게 사랑을 받는 모습을 그리고 철장 밖으로 나오는 걸 상상하세요. 모든 경전 속에 있는 죄책감과 원죄에 대한 가르침이 사라지고, 정부가 올바르고 청렴하게 우리의 사회를 운영하는 모습을 상상하세요.

이제 밖으로 나가 신선한 빗방울을 느껴보세요. 비가 멈추면 아름다운 무지개가 떠오르며 태양이 비추고 대기는 청명하고 맑고 깨끗해집니다. 그 신선한 향기가 가슴 속과 폐속 깊이 느껴집니다. 강물과 개울과 호수가 찬란하게 윤슬로 반짝 반짝 빛나고 녹음이 짙게 우거진 숲을 보세요. 숲이 나무로 가득차고 꽃과 과일, 야채가 가득한 풍요로운 땅에서 모든 사람들이 풍요롭게 사는 모습을 상상 또는 시각화합니다. 사람들이 치유되고 병이라는 말은 과거가 되겠지요.

이번에는 다른 나라로 의식을 옮겨 풍요가 지구 전체에 흘러넘치는 모습을 보세요. 편견과 비난, 평가는 과거의 유물이 되어 사라집니다. 모두 총을 내려놓고 서로 조화를 이루고 살아가게 되며, 국경이 없어지고 단절도 사라집니다. 그렇게 모두가 하나의 원으로 되어 지구가 공동으로 단합하고 서로 도와 사랑으로 완전히 치유되는 세상을 상상하세요.

여러분이 단지 이 모든 것을 상상의 힘과 마음과 정신의 노력으로 새로운 세상을 만들었습니다. 힘은 무한합니다. 그러므로 당신의 힘은 참으로 중요합니다. 당신이 상상하는 세상을 항상 그리세요. 그 세상을 만들기 위해서 할 수 있는 일들을 다 하세요 신은 우리 모두를 축복하지 벌주지 않습니다.

치유의 빛

당신의 마음 깊은 곳을 들여다보며 바늘 끝의 점처럼 작은 크기로 밝게 빛나는 빛을 찾아보세요. 그 빛은 아주 아름다운 색을 띠고 있습니다. 그 빛이 사랑과 치유 에너지의 중심입니다. 그 작고 아름다운 빛이 천천히 밖으로 반사되어 점점 더 크게 번져서 다시 당신의 가슴 속으로 들어옵니다. 그 빛이 머리 끝 정수리에서 발가락 끝까지, 손과 손가락 마디마다 머리, 어깨, 배, 허리, 엉덩이, 허벅지, 종아리 등 몸의 불편한 모든 곳을 치유한다고 상상하세요. 모든 근육의 긴장이 이완되고 아름다운 빛이 몸에서 빛나고 있습니다. 이제 당신은 사랑의 치유 에너지가 되었습니다. 당신은 온 몸이 빛과 함께 숨을 쉴 때마다 진동합니다. 자신을 향해 걸을 때마다 이렇게 확언하세요.

"내가 숨을 쉴 때마다 나는 점점 더 건강해지고 치유된다."

빛이 당신의 몸 안에 있는 모든 불편함을 씻기고 건강하도록 밤에 잠을 자는 동안에도 치유합니다. 빛이 당신에게서 뿜어져 나와 주변의 불편한 모든 사람들에게 빛을 나누어 그들이 치유됩니다. 얼마나 멋진 특권을 가지고 있나요. 당신의 빛이 병원, 요양원, 고아원, 감옥, 정신병원 등 희망을 잃은 사람들이 있는 곳으로 퍼져 나가도록 허용하세요. 당신의 빛이 세상으로 하여금 희망과 깨달음과 평화를 일으키도록 하세요.

빛이 고통과 아픔을 지닌 모든 가정 속으로 퍼지게 하세요. 당신의 빛과 사랑과 치유의 에너지가 모두에게 평온을 선사합니다. 교회나 명상 센터, 종교 시설로 스며들어가 돌처럼 딱딱한 심장들을 녹이고 진정으로 조건 없는 무조건적인 사랑을 실천하게 하세요. 당신의 새로운 심장이 내뿜는 찬란한 빛이 국회로 들어가 차가운 정치인의 마음을 녹이고 깨달음과 진실의 메시지를 전하도록 하세요.

성공 에너지 받기

우리 모두는 마음속에 긍정적인 면이 있다는 것을 알아차리세요. 마음을 열고 멋진 새로운 생각들이 들어오도록 두 팔을 벌려 환영하세요. 전에 없던 방법으로 이제는 인생에 번영과 성공을 의식 속으로 끌어들일 수 있습니다. 우리는 모두 최고의 것을 받을 자격이 있습니다. 기꺼이 마음을 열어 받아들이세요. 수입은 계속해서 증가할 것입니다. 가난한 생각을 버리고 이제는 부유하고 풍요롭다는 생각을 하세요.

우리 모두는 스스로를 사랑하는 존재입니다. 자기 자신에게 자애로운 마음으로 축복하고 건강하고, 평화롭고, 행복하기를 바라세요. 인생은 우리가 필요한 모든 것을 채워줄 것이란 걸 믿으세요. 우리는 성공에서 성공으로 기쁨에서 기쁨으로 영광에서 영광으로 풍요에서 풍요로움으로 거듭날 겁니다. 우리 모두는 우리를 창조한 그 무한한 힘이 내면에 있습니다. 자신의 위대함을 증명하세요. 우리는 신성하고 위대한 삶의 반영입니다. 마음을 열고 모든 세상의 좋은 것들과 이득을 받아들이세요. 우리 모두는 할 수 있어요.

내면아이 환영하기

왼손을 심장에 얹고 오른손을 왼손 위에 포개고 눈을 감습니다. 그리고 내면의 아이를 고개를 숙여 심장 안에서 바라보는 것으로 그치지 말고 스스로 그 아이가 되어 보세요. 당신의 목소리로 부모를 대신해서 이 세상에 태어나 열심히 살고 있는 자신을 크게 환영하고 축하해 보세요.

"우리는 너를 만나서 너무나도 행복해. (자신의 이름)를 너무나도 기다리고 있었어. 우리 가족의 일원이 되어서 참으로 고마워. 너는 우리에게 너무나도 소중하고 중요한 존재야. 우리는 네가 (아들, 딸)이어서 너무나도 좋단다. 너의 성 그대로 아름답고, 행복하고, 기쁜 존재야. 우리는 너의 개성을 사랑하고 있는 그대로 너의 특별함을 사랑해. 네가 없다면 우리 가족은 완전하지 못할 거야. 우리가 너를 안아주고 사랑을 듬뿍 주고 싶구나. 우리는 네가 너의 모든 가능성을 펼칠 수 있도록 도울 거야. 우리는 너의 성장을 돕지만 우리처럼 되라고 강요하지 않고 또 그렇게 되려고 애쓸 필요도 없어. 너는 너만의 영적인 목적과 길이 있어. 너는 너 자신이 되면 그것으로 충분해. 너는 너무나도 예쁘고 총명한 아이야. 창의력도 넘치고 기발한 아이디어들을 내서 우리를 깜짝 놀라게 하지. 우리가 너 같은 아이를 식구로 맞이한 것이 너무나도 기뻐. 우리 가족을 선택해줘서 고마워. 너는 축복받은 아이란다. 우리 가족으로 와서 우리를 환하게 비춰줬어. 사랑한다. (   )야. 정말로 사랑한다."

내면아이가 위의 명상처럼 자라고 행동할 수 있도록 하루에도 몇 번씩 이 명상을 하길 바랍니다. 아침에 일어나자마 자기 전에 이 글을 거울 앞에 써서 붙이고 읽어보세요. 친구에게도 이 명상을 들려주는 것도 좋고 자기 전에 자신의 목소리로 녹음하여 듣고 잠재의식에 새로운 긍정의 메시지를 입력해 새로운 자신이 되길 바랍니다.

부모님에게 듣고 싶었던 말을 스스로에게 해주세요. 주로 칭찬이나 인정이 많을 것입니다. 당신 안에 있는 내면아이는 자신이 가치 있고 이 세상에 꼭 필요한 사랑이 가득한 존재이기를 바라고 있습니다. 내면아이가 원하는 것을 해주세요. 지금 당신의 나이가 몇 살이든, 몸이 얼마나 아픈지, 혹은 두려움에 빠져서 헤어나오지 못하든지 상관없이, 당신 내면에 있는 조그만 아이는 사랑을 받고 싶어합니다. 내면아이에게 **"너가 행복하길 원해. 너가 사랑 받기를 원해. 너를 사랑해."** 라고 말해주세요. 이것이 당신의 진실입니다. 우주가 당신을 이 자리로 보냈고, 그래서 당신은 지금 이 곳 있습니다. 언제나 당신은 사랑받는 존재였고, 앞으로도 그럴 것이고 영원히 사랑받으며 살 것입니다. 그러므로 항상 영원히 행복한 사랑 속에서 거하게 될 것입니다.

사랑은 치유

사랑은 가장 강력한 치유의 힘입니다. 사랑을 향해 활짝 마음의 문을 여세요. 기꺼이 사랑하고 사랑을 받아들이세요. 안전합니다. 성장하고 건강하게 생활하는 자신을 바라보세요. 그리고 창조적인 만족을 얻은 자신을 바라보세요. 여러분은 안정과 평화 속에서 살고 있습니다.

당신이 아는 모든 사람들에게 사랑과 인정과 지지를 보내세요. 우리가 이런 생각을 세상으로 내뿜으면 우리도 똑같은 것을 받게 됩니다. 사랑의 원으로 당신의 가정, 친구, 동료와 용서하고 싶었지만 어떻게 하는 줄 몰라서 용서하지 못했던 사람들, 과거에 나에게 잘못했던 모든 사람들을 품어 안으세요. 에이즈와 암을 앓고 있는 사람들, 대체요법 치료사들, 간호사들, 의사들, 관리인들에게도 모두 사랑을 보내세요. 에이즈와 암이 종식된 세상을 바라보세요. 마음의 눈으로 '암 치료법 발견, 에이즈 치료 성공!"라고 적힌 신문의 헤드라인을 시각화 하세요.

이 사랑의 순환 서클 속에 자신도 포함시키세요. **스스로를 용서하세요.** 부모님과 당신이 조화롭고 멋진 관계를 맺고 있는 것을 보세요. 양쪽 모두가 변치 않는 사랑과 존경과 감사함을 느끼고 있다고 믿으세요. 사랑의 원이 전 지구를 덮고 자신의 안에서 사랑을 발견하도록 마음의 문을 여세요. 그리고 세상 모두가 존엄성을 가지고 평화와 기쁨 안에 있는 모습을 그리세요.

당신은 사랑을 받을 가치가 있습니다. 당신은 아름다우며 힘이 있습니다. 그러니 세상에 존재하는 모든 좋은 것들에 마음을 여세요. 할 수 있습니다.

진정한 자신으로 존재할 자유

스스로 완전해지려면 먼저 자신을 있는 그대로 받아들여야 합니다. 마음의 문을 열고 자신의 장점과 단점을 모두 인정하세요. 그 장단점을 모두 포용할 공간을 마련해야 합니다. 세상에 존재하는 그 모든 것이 당신입니다. 당신도 아름답고 저도 아름답고 우리 모두는 아름답습니다. **당신의 가슴이 자신에 대한 사랑으로 가득 찰 때 다른 사람들에게 나눌 사랑 역시 충만하게 됩니다.**

사랑이 당신 존재의 모든 면을 채우고 주변 사람들에게도 그 사랑이 스며들도록 하세요. 당신 안에 흘러넘치는 사랑을 모두가 느낄 수 있도록 많이 그 사랑을 나누세요. 아이가 있다면 아이들에게도 넘치는 사랑을 주세요. 이제 모든 사람들의 내면에 있는 내면아이가 기쁨에 차서 서로 춤을 추고 뛰고, 신나게 재주를 넘으면서 소리를 크게 내며 웃습니다. 내면의 순수함이 그대로 나타나는 것을 지켜보세요.

당신의 내면아이도 그 속에 함께 어울리게 하세요. 춤추게 하고 자유와 안전을 느끼게 하세요. 되고 싶은 것이 있다면 할 수 있도록 도와주세요. 당신은 이미 완벽하고 완전한 존재입니다. 그리고 당신이 만든 세상도 당신과 같이 완전합니다. 반드시 그렇게 될 겁니다.

치유 에너지 공유하기

두 손을 합쳐서 빠르게 비벼보세요. 그리고 따뜻해진 그 손의 기운을 타인들과 나눠보세요. 치유의 에너지는 다른 사람과 나눌 때 영광이 더 커집니다. 이 행동은 어려운 것이 아닌 쉽고 간단합니다.

친구들을 만날 때 조금씩 시간을 내어 치유 에너지를 나눠 주세요. 우리는 아주 손쉽게 기도가 담긴 손길의 따뜻한 에너지를 나누고 받을 수 있어요. 우리는 타인을 고쳐줄 수 없지만, 낫기를 기도하고 바래줄 순 있어요. "내가 너를 지켜주고 사랑 에너지를 보내줄게." 이렇게 매일 아픈 사람들을 위해 기도해 보세요. 함께 하면 답을 찾을 수 있습니다.

모든 질병은 끝이 있습니다. 모든 위기도 반드시 끝이 납니다. 치유의 에너지를 함께 느껴보세요. 그 에너지와 지혜가 우리 안에서 깨어나도록 하세요. 우리는 치유될 가치가 있는 사람들입니다. 성스러운 우리는 사랑하고 완전해질 권리가 있어요. 사랑은 언제나 모든 사람들이 원하는 것을 구하게 해주고 앞으로도 그럴 겁니다.

사랑의 서클

아주 안전한 곳에 있는 당신을 바라보세요. 모든 짐과 고통과 두려움과 공포를 그 안전한 곳에 놓아두고 마음을 푹 쉬게 하세요. 과거의 부정적인 패턴과 습관들도 깨끗이 털어 버리세요. 그리고 그 습관들이 거친 물살에 떠내려가는 것도 자주 상상하세요. 이제 두 팔을 벌린 채 안전한 장소에 서 있는 자신을 바라봅니다.

"나는 마음을 열고 (   )을 받아들일 것이다."

괄호 안에는 인생에서 간절히 원하는 것을 넣어서 100번 외워보세요. 자신에게 꼭 원하고 간절한 것을 소원하도록 하세요. 원치 않는 것을 넣지 마세요. 가능하단 걸 반드시 믿으세요. 완전하고 건강한 자신을 바라보세요. 평화 속에서 사랑으로 가득 차 있는 자신의 모습을 보세요.

우리에게 필요한 것은 인생을 바꿀 수 있는 오직 한 생각입니다. 우리는 미움의 원 위에 서 있을 수도 있고, 사랑과 치유의 원 안에 서 있을 수도 있어요. 저는 사랑의 원 안에 서 있는 것을 선택했으니 다른 사람들도 그렇게 할 수 있어요. 자신을 진정으로 창의적으로 표현하길 원합니다. 우리는 언제나 자신이 평화롭고 안전하기를 바라고 있어요.

우주 안에서 세상 모든 사람들이 당신과 연결되어 있음을 믿으세요. 당신의 원 안에 사랑이 다른 사람들에게 미칠 수 있도록 마음과 마음이 전해지도록 자주 명상하세요. 당신의 사랑이 타인의 사랑과 합쳐질 때 더 큰 사랑이 올 수 있음을 믿으세요. 이렇게 긍정 확언을 해봅시다.

"나는 모두를 격려하는 사랑의 생각을 내보내고 그것이 다시 몇 배가 되어 돌아올 것을 믿는다."

그리고 세상이 거대한 사랑의 빛의 원으로 둘러싸여 거듭 발전하는 모습을 바라보세요.

당신은 사랑받을 가치가 있는 사람

우리에게 필요한 모든 것은 완벽한 시간과 공간과 순서대로 나타납니다. 우리 모두는 스스로 더 많이 사랑할 수 있는 능력이 있습니다. 우리 모두가 사랑받을 자격이 있다는 걸 압니다. 우리는 행복하고 건강하고 사랑하는 동시에 사랑을 받을 가치가 있는 사람들입니다. 세상의 모든 아이들은 멋지고 아름다운 인생을 살 권리가 있어요.

사랑으로 둘러싸여 있는 자신의 모습을 바라보세요. 행복하고 건강하고 완전한 당신이 바라는 삶을 그려보세요. 아주 상세히 자세하게 그려보세요. 당신에게 자격이 있음을 믿으세요. 치유의 에너지로 내면을 채우게 하여 사랑이 밖으로 흘러 넘치게 하세요.

당신의 집과 방에서 마침내 거대한 사랑의 원이 들어설 때까지 당신의 사랑에너지를 가득 채워 흐르게 하세요. 사랑의 순환을 느끼면 당신에게 나간 사랑이 다시 들어오는 것도 느낄 수 있어요. **가장 강력한 치유의 힘은 사랑입니다. 사랑이 흐르고 순환되게 하세요. 사랑의 힘으로 당신의 몸을 정화하세요. 당신이 바로 사랑입니다.**

새로운 시대

우리 앞에 치유의 시간으로 가는 거대한 문이 열리는 중입니다. 과거에는 이해하지 못했던 치유의 힘입니다. 우리 안에 내재된 놀라운 능력을 현재 지구 사람들은 배우고 있는 중입니다. **사랑이 우리 안에 있는 해답이며 가장 올바른 길로 이끌어줄 힘입니다.**

활짝 열린 문 안으로 들어가 보세요. 여러 갈래 길로 펼쳐진 치유의 길이 나타날 것입니다. 그 중에서 자신에게 맞는 길을 찾아가세요. 모든 사람들에게는 각자의 치유 방식이 있습니다. 자신에게 맞는 것이 다른 사람들에게는 맞지 않을 수도 있어요. 대부분의 사람들은 치유가 필요하지만 상처가 있을 수 있어요. 그러므로 마음의 문을 열고 그 안으로 들어가도 안전하다는 것을 항상 인식하세요. 우리가 겪는 모든 일은 단지 변화의 과정일 뿐입니다.

자신이 곧 세상의 영혼

이 세상을 구원할 수 있는 것은 자신뿐입니다. 하나의 주제를 놓고 힘을 모으면 답을 찾을 순 있어요. 우리가 항상 물리적인 신체를 뛰어넘어 그것보다 더 큰 힘의 존재 자아가 존재한다는 것을 느낄 거예요. 성격과 질병, 과거의 모든 것을 다 뛰어 넘어서 우리보다 더 큰 위대한 존재가 내면에 있다는 것을 알아차리세요. 우리 존재의 중심에는 순수한 영혼이 있습니다. 그것은 언제나 그 자리에 있었고, 앞으로도 그렇고 영원히 그럴 겁니다. 우리는 영혼의 존재들입니다.

우리는 자신을 사랑하기 위해, 타인을 사랑하기 위해 이 곳에 왔습니다. 그 사랑을 통해 지구를 치유할 해답을 찾을 수 있습니다. 우리는 놀라운 치유의 시간들을 경험하고 있습니다. 세상 모든 것이 변화하고 있지만, 우리는 그 변화의 모든 것의 원인을 알지 못해요. 최선을 다해 삶을 치유하고 있을 뿐입니다. 힘든 시간을 지나고 있고, 어려운 시기가 닥치지만 그것은 반드시 지나갈 겁니다. 해결방안이 반드시 나타나요.

우리는 영혼이면서 자유로운 존재입니다. 이것은 누구도 빼앗을 수 없는 영적 차원의 권리이며 서로 영혼들은 연결되어 있어요. 우리 영혼은 모두 하나이며 자유롭습니다. 우리 모두가 자유로운 존재예요.

안전한 세상

손을 내밀어 누군가의 손을 잡아보세요. 우리는 수 많은 것을 만지고 교류하고 관계를 맺으면서 살아갑니다. 긍정적인 것들과 부정적이 것들에 대해서도 말하고 서로 이야기를 나눕니다. 낯선 사람에게 다가가 "안녕하세요?"라며 말을 거는 것이 얼마나 힘든 일인가에 대해서도 말합니다. 많은 사람들이 아직도 스스로 자신을 돌볼 수 있다는 것을 믿지 않습니다. 우리는 그래서 외롭고 혼란스러울 때도 있습니다.

그러나 자신의 내면을 보며 삶이 변화하는 모습을 봤잖습니까. 과거의 문제는 더 이상 문제가 되지 않습니다. 하룻밤 사이에 변화가 급격히 진행되지는 않겠지만, 끊임없이 노력하면 반드시 긍정적인 변화가 있을 거예요.

그러므로 우리 모두는 사랑의 에너지를 내뿜어 주변 사람들과 그 에너지를 나누도록 합시다. 마음을 열어 세상 사람들에게 지지와 관심을 보내어 사랑이 가득한 지구의 서클로 초대합시다. 사랑의 힘을 집이 없어 거리에서 배회하는 부랑자들에게도 보냅시다. 고통에 찬 사람들도 사랑을 나누고 부정하는 사람들에게도 포기하지 말고 사랑을 전합시다. 우리 곁을 떠나려고 준비하고 있는 사람들과 이미 떠나버린 사람들에게도 사랑을 보냅시다.

그들이 우리의 사랑을 받아들이든 받아들이지 않든 모두를 향해 사랑의 힘을 보냅시다. 사랑이 거부된다 하더라도 상처받지 않고 지구 전체를 가슴으로 껴안고, 그 안에 모든 동식물들과 사람들을 포용합시다. 미워하는 사람들도 좌절하게 만든 사람들도 다 포용하세요. 우리와 다른 방식으로 사는 사람들 때문에 사악하다고 일컬어지는 사람들도 용서로 모두 포용하세요. 자신이 안전하다는 것을 느끼게 되면 그들 역시 자신의 진실한 모습을 바로 보게 될 것입니다. 그래서 사랑으로 끌어안는 것이 서로가 안전한 세상이 되도록 하는데 중요합니다.

지구에는 평화의 새싹이 돋아나고 있습니다. 실감하지는 못하겠지만 우리 모두는 그 싹이 나는데 도움을 주고 있어요. 당신이 가진 힘에 감사하세요. 당신은 아름다운 존재입니다. 당신이 얼마나 멋진지 자신에게 가르쳐주세요. 그것이 당신이라는 존재의 진실이며 이것은 틀림없는 사실입니다.

내 안의 모든 나를 사랑하기

다섯 살 무렵의 시절로 돌아가 봐요. 조그만 꼬마를 향해 두 팔을 벌리고 이렇게 말하세요.

"나는 너의 미래야. 너에게 사랑을 주려고 왔어."

아이를 두 팔로 안고 현재로 함께 돌아와 거울 앞에 서서 서로 사랑하는 눈으로 마주보세요. 아이가 잘 안 떠올려진다면 5세 때 사진을 찾아보세요. 5세 때 모습을 상상해보세요.

아직 우리 안에는 몇 가지 더 잃어버린 부분이 있습니다. 태어난 순간으로 돌아가 보세요. 이제 막 힘든 여정을 마치고 세상에 나온 당신의 온몸이 젖은 채 무방비 상태로 세상의 차가운 공기를 느끼고 있습니다. 빛은 눈이 부시도록 밝고, 탯줄은 아직 이어져 있고, 당신은 겁먹고 울고 있어요. 그러나 작은 당신은 이 세상에서 삶을 시작할 준비가 되어 있습니다. 이제 그 작은 생명을 사랑해주세요.

이번에는 막 걸음마를 할 때로 가보세요. 넘어졌다가 일어나고 또 넘어지고를 반복하고 있습니다. 그러다가 자신도 모르게 걸음마를 성공한 순간이 너무나도 대견합니다. 그 작은 아이를 사랑으로 껴안아주세요.

이제 당신은 열 살이 되었습니다. 그때 어떤 일이 있었는지 모두 기억이 잘 날 겁니다. 멋진 시절이었을 수도 있고, 무서운 순간들이 많았을 수도 있어요. 살아남기 위해 최선을 다하고 있는 자신의 모습도 보일 겁니다. 이제

겨우 열 살이 된 자신을 사랑하세요. 꼭 안아주세요.

　사춘기에 막 접어든 10대 시절로 돌아가 보세요. 이제 다 자랐다는 기분으로 당신은 들떠 있습니다. 하지만 또래 압력으로 힘든 일도 겪습니다. 최선을 다해 삶의 중심을 잡으려고 노력하고 있어요. 노력하는 그 소년과 소녀를 사랑해 주세요.

　시간이 흘러서 이제는 당신도 고등학교 졸업식장에 서 있네요. 이제 부모보다 더 많은 것을 알고 자신이 원하는 방식대로 삶을 시작할 준비가 되어 있네요. 용기로 충만하고 동시에 미래에 대한 막연한 두려움을 느끼는 그 아이를 사랑해주세요.

　처음 직장에 출근하던 날을 기억하나요? 처음으로 자신의 손으로 돈을 벌고 집으로 가져와 부모님께 용돈을 드리던 기억이 자랑스럽게 느껴질 것입니다. 주어진 일을 잘 해내고 배워야 할 것이 너무나도 많은 당신을 사랑해 주세요. 열심히 일을 하는 자신에게 사랑의 힘을 넣어주세요.

　그밖에 당신의 인생에서 중요한 변화의 계기가 된 시기를 회상해 보세요. 결혼, 아이 탄생, 처음으로 장만한 집, 좌절할 때와 힘들 때 너무 기뻐서 눈물을 흘리던 때 도 있을 겁니다. 그 모든 순간들을 당신은 잘 겨녀 내 왔고 자랑스럽게 지금 성장했습니다. 그 사람을 사랑해 주세요.

　지금의 나를 있게 해 준 과거의 모든 시간과 함께 거울 앞에 서 보세요. 그리고 서로를 사랑의 눈으로 쳐다보세요. 당신의 미래가 앞으로 다가올 것입니다. 그것도 역시 당신의 일부입니다. 그 미래의 당신을 두 팔을 벌려 안아주세요. 그리고 이렇게 말하세요.

"나는 너를 사랑하러 왔어."

　당신은 기쁜 마음으로 또 다른 자신을 사랑으로 포옹하게 될 것입니다.

힘 느끼기

자신의 힘을 느끼세요. 당신이 들이쉬고 내쉬는 호흡의 힘을 느끼세요. 당신이 가진 소리의 힘과 사랑의 힘, 용서의 힘과 변화를 맞아들이는 힘을 느끼세요. 당신은 아름다우며 성스럽고 위대한 존재입니다. 당신은 세상의 모든 것을 누릴 자격이 있어요. 그러니 힘을 강하게 느껴보세요. 두 팔을 벌려 새로운 날들을 사랑으로 맞이하세요. 그리고 당신의 힘을 느껴보세요.

빛의 발견

파트너가 있다면 마주 앉아 두 손을 잡아 보세요. 상대의 눈을 바라보세요. 깊을 숨을 들이마시고 내쉬고 모든 두려움을 털어내세요. 다시 한 번 심호흡을 하고 모든 편견을 버린 후 자신의 앞에 있는 그 사람의 모든 부분을 받아들이세요. 당신이 보고 있는 것은 당신의 반영이며, 당신 안에 깃든 영혼의 반영입니다.

안심해도 좋습니다. 우리는 모두 하나입니다. 같은 공기를 마시고 같은 물을 마시고 지구가 주는 것들을 함께 먹습니다. 우리 모두는 욕망을 가지고 있어요. 건강하기를 바라고, 사랑하고 사랑 받기를 바라죠. 그리고 평화롭고 평안한 삶을 원해요. 또한 깊은 만족감을 느끼기를 바래요.

당신 앞에 앉은 사람을 사랑으로 바라보세요. 그리고 그가 전해주는 사랑을 기쁜 마음으로 받아들이세요. 당신은 안전합니다. 파트너를 보며 항상 건강하기를 기도하세요. 그에게 사랑이 충만한 관계와 사람들이 좋게 크게 몰려오는 것을 상상해주세요. 그의 안전을 기원하고 그가 하는 모든 것이 당신에게 더 크게 돌아올 것이라는 것을 기억하세요. 가장 아름답고 좋은 기운을 전해주고 그에게 받을 가치가 있음을 인정하세요. 그리고 당신의 사랑을 기꺼이 받는 파트너의 모습을 보세요. 우리는 서로에게 사랑의 빛을 발견하게 될 것입니다.